사티어 부모·자녀 성장모델
아름다운 사람 만들기

아름다운 사람 만들기 (개정증보판)

Copyright ⓒ by 김영애가족치료연구소 All Rights Reserved

초판 1쇄 인쇄 2015년 5월 1일

    지은이   김영애
    펴낸이   김영애

    펴낸곳   김영애가족치료연구소
    등록   제 2-541호
    주소   서울시 용산구 서빙고로 67 용산파크파워 103동 502호
    전화   02-793-6150 / 팩스 02-793-6151
  홈페이지   www.familycounseling.co.kr

        ISBN : 978-89-91567-30-6 (03180)

본 저작물은 저작권법에 따라 등록되어 있으며, 저작권법 및 국제협약에 따라 보호를 받습니다.
이 책의 전체 또는 일부, 그림이나 도표를 변조, 복사하거나 배포 또는 전송하는 등의
무단이용 행위를 엄격히 금합니다.

저작권등록 제C-2015-013351호

현재 한국사티어부부가족상담교육원 | 김영애가족치료연구소 소속 부모역할 활동 강사 이외에는
이 책을 근거로 한 어떤 형태의 강의나 워크숍도 행할 수 없습니다.

사티어 부모 · 자녀 성장모델

아름다운 사람 만들기

김영애 저

머리말

여러 가족들을 만나면서 부모들이 겪는 삶의 어려움이 그들의 어린 시절에서 비롯되었고, 그들의 자녀들이 겪고 있는 문제 또한 부모의 문제에서 비롯되었음을 절실하게 깨닫게 되었다. 따라서 자녀들의 문제를 다루기 위해서는 먼저 부모의 문제를 다루어야 하고, 그 문제의 배경인 부모의 내면을 다루어야 하며, 부모의 내면을 다루기 위해서는 내면을 형성하기 시작한 그들의 어린 시절을 다루어야 한다. 이러한 이유로 이 책의 구성은 무엇보다 부모들이 자신들의 모습과 정직하게 마주할 수 있도록 도움을 주는 방향에 초점을 맞췄다.

부모에게 큰 문제가 없다하더라도 자녀양육에 대한 방법을 잘 몰라 힘들어 하는 부모가 많다. 이 책에는 제한적으로나마 자녀양육 과정에서 알아야 할 내용들을 포함하고 있다. 따라서 이 책에 소개된 자녀양육 방법들은 단지 일반적인 가이드라인에 불과하므로, 이 방법들을 적용하기에 앞서 내 자녀에게 맞는 방법인지 확인하는 단계를 거치기 바란다.

부모들은 자녀를 사랑하지만 사랑을 전달하는 방법을 잘 모를 때가 많다. 때문에 깊은 교감을 나누기 보다는 지시하고 통제하고 강요하며 서로에게 상처를 준다. 자녀가 자기 자신을 사랑하고 나아가 다른 사람을 사랑할 수 있는 능력을 기르기 위해서는 부모와 자녀가 마음으로 연결되는 경험을 해야 한다. 이러한 경험을 돕기 위해 이 책에서는 사티어의 의사소통 방식을 소개하고 있다.

때로는 부모의 노력에도 불구하고 자녀에게 문제가 발생하면 부모들은 자신들의 인생이 실패했다고 판단하고 좌절하기도 한다. 그러나 인간이 완벽할 수 없는 것처럼 부모도 완벽하지 않다. 자녀들도 완벽한 부모 혹은 완벽하게 부모역할을 해주는 부모를 원하는 것은 아니다. 단지 자녀들은 부모가 자신들을 이해해주고, 인정해주며, 수용해주고, 사랑해주기를 바랄 뿐이다. 환경이 아무리 열악해도 부모로부터 이런 경험을 할 수 있는 자녀는 행복하다. 이렇게 중요하고 의미 있는 시간을 경험하는 부모 역시 참으로 행복한 사람이다. 자녀양육의 시간은 짧으나 그 보람은 영원하기 때문이다.

이 책은 그동안 만난 수많은 가족들, 그리고 그들과 함께 한 많은 시간이 만들어낸 것이다. 집필 과정에 헌신적으로 참여한 이슬에게 진심으로 고마움을 표한다.

2015년 봄이 트는 삼월에
저자 김 영 애

차례

머리말 · 4

I. 부모편

1. 양육적인 부모가 되기 위한 가족 이해 · 10
1. 체계로서의 가족에 대한 이해 · 12
2. 가족지도를 통한 부모 자신에 대한 이해 · 27
3. 효율적 가족 운영을 위한 규칙에 대한 이해 · 38

2. 양육적인 부모가 되기 위한 인간 이해 · 52
1. 사티어의 인간에 대한 통합적 이해 · 54
2. 일치성과 자존감에 대한 이해 · 66

3. 양육적인 부모가 되기 위한 부모역할 · 80
1. 양육적인 부부관계 · 80
2. 양육적인 부모역할 · 88
3. 양육적인 부모의 태도 · 100

II. 자녀 양육편

1. 양육적인 부모가 되기 위한 자녀 이해 · 110
1. 자녀의 발달단계에 따른 자존감 형성 · 111
2. 자존감형성과 스트레스 · 119

2. 양육적인 부모가 되기 위한 발달단계 이해 · 123
1. 발달단계의 이해 · 123
2. 발달목표와 부모역할 · 131
3. 가족과 자녀의 발달과업 · 133

3. 양육적인 부모가 되기 위한 지침 · 188
   1. 맞벌이 부부와 자녀양육 · 188
   2. 규칙과 훈육 · 191
   3. 인터넷 · 게임 중독 · 196
   4. 학습과 관련된 양육과제 · 200
   5. 자녀의 이성교제와 성문제 · 209

Ⅲ. 의사소통편

1. 부모의 의사소통 방식 · 216
   1. 비일치적 의사소통 · 216
   2. 가족의 의사소통 규칙 · 225

2. 적절한 부모 · 자녀의 의사소통 · 228
   1. 사녀의 발달단계에 따른 의사소통 · 228
   2. 자녀를 중심으로 한 의사소통 · 235

3. 일치적 빙산 의사소통에 대한 이해 · 242
   1. 의사소통의 기본 기술 · 242
   2. 빙산의사소통 · 244

   마지막말 · 268
   참고문헌 · 269

I. 부모편

대부분의 부모들은 임신하기 전부터 자녀에 대한 그림을 그린다. 어떤 부모는 얼굴 모습, 미래직업까지 매우 구체적인 모습을 그리기도 하고, 어떤 부모는 막연하게 그리기도 한다. 어떤 그림을 그렸든 충분히 좋은 부모가 되기 위해서는 사랑, 수용, 인정, 상식, 지혜, 헌신, 웃어넘길 수 있는 유머와 여유, 모험심 그리고 자녀양육의 어려움을 감당할 수 있는 인내심이 있어야 한다. 또 이런 부모가 되기 위해서는 자신이 성장과정에서 겪은 부모와의 경험에 대한 충분한 자각이 필요하다. 가족은 우리를 만들고, 우리는 또 우리와 닮은 가족을 만들어내기 때문이다.

> 자녀들은 부모로부터 세상을 살아가는데 필요한 대부분의 것을 배웁니다. 스스로 어떻게 행동해야 하는지, 어떻게 자신을 보호해야하는지, 어떻게 자신을 돌보아야 하는지, 다른 사람들과의 관계는 어떻게 맺어야 하는지 등을 배웁니다. 부모는 그들의 부모에게 배운 그대로 자녀들을 인정하거나 또는 인정하지 않으면서 자녀들을 가르칩니다. Satir, Conjoint Family Therapy, 1987, p. 145.

1. 양육적인 부모가 되기 위한 가족 이해

　양육적인 가족환경 즉, 자녀의 성장을 촉진시키는 가족환경은 자녀에게 자신의 고유한 정체성과 자원을 충분히 드러낼 수 있는 최적의 환경을 제공한다. 최적의 가족 환경이란 ① 세상은 살 만한 곳이고, ② 나는 이 세상을 잘 살아갈 수 있는 힘을 가진 존재이며, ③ 다른 사람들과 좋은 관계를 맺을 수 있다는 신념을 키워주는 건강한 양육적인 환경을 말한다. 이런 가족은 ④ 진정성이 있고, 정직하고, 신뢰와 사랑이 넘치며, 긍정적인 에너지가 흐른다. ⑤ 식구들은 서로에게 관심이 있고, ⑥ 자신의 긍정적인 경험뿐만 아니라 부정적인 경험에 대해서도 구체적으로 명확하게 말할 수 있으며, ⑦ 새로운 모험을 시도할 때 격려해주고, ⑧ 실수를 해도 다시 도전할 수 있는 용기를 갖도록 지지한다. 또한 ⑨ 각자의 다름이 받아들여지고, ⑩ 성별이나 나이 때문에 차별하지 않으며, ⑪ 규칙은 일관성이 있되 상황에 따라 변화할 수 있는 융통성을 제공한다. 어떤 가족에게나 힘든 고비는 있기 마련이다. 그러나 부모가 힘든 고비를 잘 버티고 인내하며 행복하게 살 때 자녀도 그렇게 사는 방법을 배우게 된다.

　반면에 양육적이지 못한 가족은 서로의 다름을 받아들이지 못한다. 서로 지지하기보다는 지속적으로 비난하고, 의견 차이를 해결하지 못하며, 누가 옳은지 그른지를 따지고, 의심하며, 방어적으로 대한다. 이들은 타인의 시선에 민감하여 타인이 좋다고 평가하는 기준에 맞추어 자녀를 강력하게 통제하려 한다. 이러한 통제를 받게 되면 자녀들은 온전한 자기의 삶을 살지 못하기 때문에 억울하다는 피해의식을 갖게 되고, 항상 불행의 원인이 외부에 있다고 여긴다. 그로 인해 세상으로부터 보상 받아야 공평하다고 믿는 왜곡된 신념을 형성하게 된다. 이처럼 양육적이지 못한 가족의 경우, 서로에 대한 소통이 원활하지 못하여 가족의 분위기가 싸늘하고 냉랭하며, 무겁고, 우울하고, 공격적이고, 지루하며, 항상 긴장하기 때문에 몸도 경직되어 있다.

이런 가족이 양육적인 가족으로 변화하려면 지난 일을 후회하고 자책하기 보다는 가족의 문제를 자각하고, 새로운 방향으로 나아가려는 행동을 취하여야 한다. Satir, The Newpeople Making, 1988, p. 9-18.

작업하기)

1. 나는 어떤 가족환경에서 성장하였는가?
2. 내가 경험한 부모님의 양육방식은 어떠한가?
3. 현재 나의 양육방식은 어떠한가?
4. 부모님의 양육방식과 나의 양육방식을 비교해 본다.

1. 체계로서의 가족에 대한 이해

사티어는 가족 전체를 하나의 체계로 보는 '가족치료'라는 심리상담 분야의 새로운 영역을 개척하였다. 그것은 내담자의 문제가 그 개인의 문제라기보다 가족이 제대로 기능을 하지 못할 때 발생한다고 보는 관점에 근거한다. 따라서 자녀의 문제는 가족의 중심축인 부모, 가족의 문제가 해결되지 않으면 쉽게 좋아지지 않는다. 서로 다른 특성을 지닌 아버지, 어머니, 큰 아들, 동생 네 식구의 예를 살펴보면, 이 가족의 큰 아들은 소위 문제아로서 항상 사고를 일으키며 그로 인해 언제나 아버지와 어머니의 질책을 받곤 한다. 표면적으로 볼 때 큰 아들은 가정불화의 주된 원인으로서 큰 아들의 문제만 해결되면 가정이 화목해질 것처럼 보인다. 그러나 이를 가족치료의 관점에서 보면 가족전체의 상호작용 방식을 변화시켜야 함을 알 수 있다.

평소 우울증을 겪고 있던 어머니는 남편에 대한 분노와 우울한 감정을 큰 아들을 야단침으로써 일부 해소하기 때문에 남편에게 화를 덜 내게 된다. 가정에는 관심이 없고 오로지 일에만 몰두하던 아버지는 부인의 성화가 잦아드니 오히려 일에 더 몰두할 수 있게 된다. 큰 아들이 가정불화의 원인으로 지목되고 있기 때문에 동생은 특별히 무언가를 하지 않아도 부모의 사랑과 인정을 받게 된다. 큰 아들은 자신이 받고 있지 못한 관심이 동생에게 집중됨에 따라 부모의 관심을 끌고자 점차 심한 문제행동들을 하게 되며 다시 똑같은 상호작용이 반복된다. 이 예시에서 알 수 있듯 큰 아들의 문제행동은 가족전체의 상호작용에 대한 결과물이다. 즉, 큰 아들의 문제를 해결하기 위해서는 부모의 부부관계가 변해야 하고, 두 아들에 대한 부모의 태도와 상호작용이 변해야 한다.

위 예시처럼 많은 부모들이 처음에는 문제 행동을 보이는 자녀만 치료하면 된다고 생각하지만 곧, 부모 자신들의 문제가 해결되지 않으면 자녀들의 문제가 해결되지 않는다는 것을 깨닫게 된다.

유아침대 위에 매달린 모빌 장난감을 보라. 이 장난감에는 다양한 모양과 크기의 모빌들이 매달려 있다. 모양과 크기가 서로 달라도 모빌을 연결한 줄의 길이를 조정하거나 모빌의 무게를 변화시키면 자연스럽게 균형이 맞아 평형을 이루게 된다. 가족도 이와 같다. 식구들은 서로 개성이 다르고 성장 수준도 모두 다르다. 따라서 모빌과 같이 가족의 한 구성원이 변화될 때 다른 식구들의 변화까지 생각하지 않을 수 없다. Satir Model, 1988, p. 137.

모든 부분들은 서로 다른 부분들과 연결되어 있고, 한 부분의 변화는 다른 부분들의 변화를 이끌어낸다. 즉, 가족 내 어느 한 구성원의 변화 또는 어떤 하나의 사건이 가족 구성원 모두에게 영향을 끼친다. 따라서 가족을 진단하기 위해서는 그 시점에 가족에게 영향을 끼치는 다양한 자극과 요소들에 대해 이해하는 것이 중요하다. Satir, V. and Baldwin, M. (1983), p. 191.

아래의 사례를 중심으로 가족을 체계적 관점에서 살펴보자.

• 수진이 아버지
수진이의 아버지는 어려서부터 늘 큰 형과 비교당하며 심한 차별대우를 받고 자랐다. 부당한 대우에 반항할 때면 부모로부터 매를 맞곤 했다. 그런 성장과정을 거친 수진이의 아버지는 자신의 감정은 물론 자기내면을 전혀 알지 못한 채, 알코올 중독과 일중독에 빠지게 되었다. 억압된 분노는 조그마한 자극에도 쉽게 폭발하였고, 분노의 원인을 자신이 아닌 외부에서 찾곤 하였다. 특히 술을 마신 후에는 아내에게 언어적, 물리적 폭력을 휘두르기까지 하였다. 수진이와 수진이 동생도 아버지 앞에서는 두려워 아무 말도 하지 못했다.

• 수진이 어머니

수진이의 어머니는 엄격한 아버지와 까다로운 어머니 밑에서 성장하였다. 아버지와 어머니의 기대에 어긋난 행동을 해본 적이 없고 그렇다고 해서 자기주장을 뚜렷하게 내세워본 적도 없다. 부모의 기대에 부응하여 국내 일류대학교를 나왔을 뿐만 아니라, 외국의 일류대학원에서 박사학위까지 취득하였다. 화려한 학력과 더불어 친정 부모님의 경제적 지원까지 받고 있었지만 남편의 폭력에 전혀 저항하지 못할 만큼 무기력하다.

• 수진이 남동생

수진이 동생은 부모의 사랑을 충분히 받고 자랐다. 부모 말을 잘 들었고, 누나도 잘 따랐다. 부모의 관심이 누나에게 쏠렸기 때문에 조금은 부모의 기대에서 자유로웠다. 그러나 누나가 부모와 갈등을 일으키면서 점차 말수가 적어졌고, 가족들의 갈등에 끼어들지 않으려 하면서 점점 가족들과 멀어지고 있다. 최근에는 방에만 틀어박혀 조용히 음악과 게임에 빠져 살고 있다.

• 수진이

수진이는 조울증 진단을 받은 사춘기 소녀다. 어려서부터 심리치료와 정신과 치료를 받았다. 폭력적인 아버지와 무기력한 어머니 사이에서 자란 수진이는 지나치게 공격적인 탓에 미술치료를 받기 시작하였으나, 효과는 거의 없었다. 점차 수진이의 폭력성이 심각해져 아버지로 인한 부부갈등이 있을 때면 오히려 수진이는 어머니를 대신해 아버지를 공격하였고, 어머니는 자녀들 편이 되어 남편을 비난하였으며, 남편은 자녀들 편을 드는 아내를 공격하는 패턴이 고착되었다. 즉, 수진이는 힘이 없는 어머니 대신 아버지와 싸우고, 어머니는 딸 뒤에 숨어서 불행한 결혼생활을 버텨왔다.

• 수진이 증상
수진이는 경계선 인격 장애와 조울증으로 진단되었다. 수진이는 역기능적 가족에서 볼 수 있는 잠재된 문제들을 고스란히 짊어지고 있는 것이다. 결과적으로 수진이의 가족은 수진이를 희생시켜 건강하지 못한 가족체계를 유지시키고 있는 셈이다.

수진이의 내면에서는 공격적인 아버지 이미지와 연약한 어머니 이미지가 수시로 충돌하기 때문에 항상 갈등과 혼란을 느낀다. 이 갈등은 다른 사람들과의 관계를 맺을 때에도 드러나는데 어느 순간에는 공격적인 아버지의 모습이 또 다른 순간에는 아무 힘이 없는 어머니의 모습이 드러난다. 힘이 있다고 느끼는 순간 조증 증세가 나타나고, 반대로 무력하다고 느끼는 순간 우울 증세가 나타난다. 역기능 체계 안에서 자신의 참 모습을 알지 못하는 수진이는 순간순간 자기 모습이 아닌 부모의 이미지를 밖으로 투사하며 외부와 관계를 맺는다. 수진이 본인의 '나' 라는 정체성은 어딘가에 숨어서 나오지 못하고 있다.

1) 상호작용 패턴이 가족의 특징을 만든다.

위 예시에서 알 수 있듯, 수진이의 가족은 그 가족만의 상호작용 패턴을 가지고 있다. 우선 아버지의 경우 일 중독, 알코올 중독의 문제가 있지만 그러한 문제를 적극적으로 해결하려 하기보다는 본인에 대한 불만을 오히려 아내에게 화내고 폭력을 행사하는 것으로 풀었다. 아내는 그런 남편의 폭력에 대해 순종하기만 하며 자기주장을 펴지 못했다. 수진이가 폭력적으로 변하기 전까지 아이들 역시 어머니와 같이 아버지의 폭력에 복종하는 방식의 상호작용을 해왔고, 이러한 상호작용의 결과로 마치 아버지는 군주, 어머니는 무수리, 아이들은 졸병과도 같은 이 가족만의 지배·복종의 가족형태를 형성하게 되었다.

2) 시간의 흐름에 따라 상호작용 패턴은 달라진다.

시간의 흐름에 따라 수진이네 가족도 상호작용하는 패턴에 변화를 겪게 된다. 수진이는 부모에게 대들어서는 안 된다는 생각이 있었으나 사춘기에 들어서면서 아버지의 폭력성에 전면으로 반항하기 시작했다. 마음속에 억압되어있던 분노가 어느 순간에 아버지에 대한 폭력적인 반항의 형태로 드러나게 되었다. 수진이의 반항은 아버지 본인의 행태에 대한 각성으로 이어지기도 했지만, 이는 가정 내에 또 다른 폭력의 상호작용 패턴을 만들고 말았다.

이 무렵 어머니의 행동에도 변화가 일어난다. 자기주장 한 번 제대로 펴지 못하던 어머니였지만 더 이상 자녀들이 자신처럼 폭력을 당하는 것을 견디지 못하게 되었다. 수진이 어머니의 내면에도 부모에게 순종해야 한다는 생각이 있었으나 자식에 대한 보호 본능이 이를 넘어서게 된 것이다. 세 사람이 이러한 변화를 겪는 동안 상대적으로 부모의 사랑을 받고 자라던 아들은 슬그머니 이 가족관계에서 빠지게 되었다. 조용히 자기 방에서만 생활하며 가족 관계에 적극적으로 개입되길 꺼리게 된 것이다. 결국 수진이의 부모님은 서로에 대한 갈등의 골이 점점 더 깊어지게 되었고, 수진이의 반항은 더욱 심해졌으며, 아들은 심리적으로 이 가정에서 멀어지게 되었다.

이렇듯 순조롭지 못한 상호작용 패턴의 변화 속에서 현재의 가족체계가 유지될 경우, 수진이네 가족처럼 갈등의 문제를 드러내거나, 반대로 방관자의 입장을 취하는 구성원이 생겨나는 등의 증상이 나타나게 된다.

3) 부적절한 상호작용은 가족의 기능을 저하시킨다.

수진이의 어머니는 걸핏하면 아이들에게 폭력을 휘두르는 남편을 더 이상 남편으로 생각하지 않게 되었다. 남편의 폭력에 조용히 순응하던 아내의 모습은 찾아볼 수 없으며 오히려 이제는 남편의 폭력에 적극적으로 맞서게 되었다. 수진이의 폭력성은 점점 더 심각해져 아버지를 때리기에 이르렀고 그렇게 수진이의 분노가 폭발할 때면 수진이의 아버지조차 어찌할 도리가 없게 되었다. 수진이는 점차 우울증과 조증을 오가며 술을 마시고, 폭력을 행사하며 교우들과 문제를 일으키고 심지어는 자해를 할 정도의 지경에 이르렀다.

부적절한 상호작용이 유지, 강화됨에 따라 수진이의 상황은 점점 더 악화되었고, 이제는 모든 가족구성원들이 수진이의 문제를 해결하기 위해 달려들어야 할 정도로 가족 전체의 기능이 제 구실을 하지 못하게 되었다.

4) 한 구성원의 증상으로 가족체계가 유지되기도 한다.

어떤 자녀가 가족 내에서 문제를 일으키는 역할을 담당하게 되는지의 과정에 대해서는 아직도 의견이 분분하다. 근래의 연구에 의하면 부모가 갈등의 중심에 자녀를 끌어들이기도 하지만 동시에 자녀가 부모의 욕구를 눈치채고 스스로 그 역할을 담당하기도 한다는 견해가 있다.

주로 이러한 역할을 담당하게 되는 자녀는 문제를 일으켜 비난을 받거나, 부모의 자존심을 높여주는 역할을 하거나, 혹은 형제서열의 특징으로부터 영향을 받기도 한다. 이런 역할은 형제간에 돌아가면서 감당하기도 하고, 한 자녀 이상이 함께 담당하기도 한다. 자녀가 어떠한 증상을 보이는 소위 문제아가 되면 부모는 그 자녀의 증상에 집중하게 됨에 따라 자신들의 문제를 잊게 된다. 결국 자녀의 문제행동은 바람직하지 않더라도 가족체계를 유지시키는 무의식적 노력의 결과로 이해할 수 있다.

수진이의 가족도 부부관계의 균형이 맞지 않았고, 소원한 부부관계를 당사자들이 적극 개선하지 못하였기 때문에 수진이가 어머니의 편을 들면서 스스로 문제아의 역할을 담당했다고 볼 수 있다. 수진이가 어머니의 편을 들 때 어머니는 마음의 위안을 얻은 것처럼 느낄 수 있지만 궁극적으로는 딸의 희생을 담보로 부부관계가 유지된 것이고 나아가 가족체계가 유지된 것이다.

5) 부부관계가 건강해야 자녀도 건강하다.

자녀가 태어나는 순간 '아빠-엄마-나'의 '삼인군 관계 三人群 primary triad'가 형성된다. 부모가 건강할 경우, 아버지나 어머니 중 한 사람이 자녀와 친밀한 관계를 맺을 때 다른 한 사람이 소외감을 느끼지 않으며, 반대로 자녀 역시 아버지와 어머니의 관계에서 자신이 제외되어도 불안함을 느끼지 않는다. 그러나 부부관계가 불안정한 경우, 부모가 자녀를 통해 외로움을 달래거나 자녀를 분풀이의 대상으로 삼기도 한다. 또한, 부모는 자녀가 자신들의 감정을 달래주는 역할을 해주기를 원하기 때문에 그 자녀는 아버지와 어머니의 관계 사이에 끼이게 된다.

이렇게 아버지와 어머니의 관계 사이에 끼이게 된 자녀는 부부관계의 중심 인물이 되면서 관심과 인정을 받는다. 이러한 관심과 인정은 부적절한 것이지만 때로는 자녀가 부모의 관심을 자신에게 묶어두기 위해 오히려 문제를 일으키기도 한다. 결국 이 자녀는 항상 부모로부터 긍정적 혹은 부정적 관심을 받게 되며, 이렇게 부부관계에 끼인 자녀는 부모에게 초점이 맞추어져 부모의 상태를 예민하게 파악하고 반응하면서 부모 중 한 사람과는 심리적으로 엉키게 되고 또 다른 부모와는 심리적으로 멀어지게 된다.

수진이 역시 아버지와 어머니의 관계 사이에 끼여 자신의 정체성을 잃어버린 채 자발성, 동기, 삶의 목적 등을 상실하였다. 수진이와 같은 경우 끝까지 부모와 정서적으로 애증의 관계로 엮이거나, 부모의 감정을 과도하게 돌보려 하거나 또는 부모의 관심과 인정을 받으려 독립하지 못한 채 부모의 곁을 맴돌게 된다.

한편 수진이의 동생처럼 직접적으로 아버지와 어머니의 관계 사이에 끼이지 않은 자녀라 할지라도 가족으로부터 벗어나고자 하는 욕구가 생기게 되며, 그 영향으로 인해 앞으로의 인간관계, 배우자와의 관계, 가족관계에 있어서도 어려움을 겪는다.

6) 가족구성원들은 서로의 차이점을 수용해야 한다.

'열린 가족체계'의 가족은 적절하게 개방적이면서 동시에 그 가족만의 체계를 유지하려는 응집력이 있다. 가족이 변화에 적절하게 개방적이기 때문에 구성원들의 자존감은 높고 의사소통이 분명하며 자신의 개체성을 키워가면서 성장한다. 또한 가족구성원 간의 균형이 잘 유지되고 있으며, 가족구성원이 성장하는데 도움이 되는 분명한 규칙을 가지고 있다. 이런 가족의 형태는 현실적이고 합리적이며 건설적이다. 또한 바람직한 상호작용을 통해 식구들의 자존감, 자신감, 자율성, 신뢰 등을 높인다.

반면 변화를 거부하고 지나치게 폐쇄적인 '닫힌 가족체계'의 가족은 식구들의 자존감이 낮고 의사소통이 불분명하며 규칙은 모호하고 지키기 어려운 것들이 많다. 이런 가족형태는 모든 가족구성원들이 똑같은 의견, 생각, 감정, 가치관 등을 공유하길 기대하기 때문에 개인의 의사를 밝히기 어렵다. 이러한 이유로 가족구성원들은 다른 구성원들로부터 거부당하거나 문제아로 지목될까 두려워 말을 꺼내기 조심스러워지고, 솔직한 자기표현이 불가능해진다. 더불어 식구들 간의 차이점은 위험한 것이라고 받아들이게 되며, 이 가족 내에서 살아가기 위해서는 자신의 의사를 드러내지 않아야 한다고 느끼게 된다. 이러한 가족에게는 문제가 많이 발생하고, 항상 혼란스러우며, 서로에게 파괴적이다.

수진이의 가족은 닫힌 가족체계의 가족이라 할 수 있다. 독재자처럼 군림했던 아버지의 규칙에 아내와 자녀들이 따라야 했고, 가족구성원 간의 의사소통이 불분명했다. 이러한 가족 내에서 살아가기 위해 수진이네 식구들은 자신의 의사를 감춘 채 서로에 대해 폭력적으로만 반응하거나, 아예 가족에 대해 무관심해지게 되었다. 결국 가족구성원들은 가족으로부터 정서적 지지나 친밀감을 충족하려 애쓰게 되고, 어떠한 희생을 치르고라도 가족의 하나 됨을 지키려고 한다. 그러면서 가족체계는 더욱 폐쇄성이 짙어지게 되며, 이러한 문제가 외부로 표출될 정도로 심각해짐에 따라 친척이나 이웃들에게 그 가족의 문제가 알려지게 되는 경우가 흔하다.

7) 가족구성원 및 세대 간에 적절한 경계선이 유지되어야 한다.

우리는 관계를 맺을 때, 타인에게 자신을 어느 정도 개방할지 그 경계선을 정한다. 나 자신을 잃지 않고, 타인의 영역에 무리하게 침범하지 않을 정도의 적절한 경계선이 지켜질 때 우리는 건강하고 좋은 관계를 맺을 수 있다. 개인과 개인, 부부, 부모·자녀, 부모 세대, 조부모 세대, 자녀 세대 간에도 경계선이 있어야 하며, 가족 내 적절한 경계선을 지키는 것은 관계를 맺고 유지하는데 매우 중요하다.

───────	‧‧‧‧‧‧‧	─·─·─·─·─
경직된 경계선	산만한 경계선	명확한 경계선

사티어는 사람과 사람 사이의 심리적 경계선을 '경직된 경계선, 산만한 경계선, 명확한 경계선'으로 구분하였다. 이 경계선은 타인과의 관계를 맺을 때 나의 영역을 유지하면서 타인에 대한 나의 개방정도를 적절히 조절하는 역할을 하게 되는데, 이는 마치 밀물과 썰물을 조절하는 수문과도 같다. 물의 양을 조절하기 위해서 수문을 열고 닫는 것처럼 나의 내면 상태를 적절한 수준으로 유지하기 위해서는 심리적 경계선도 조절할 수 있어야 한다. 경직된 경계선은 외부의 영향을 두려워 한 나머지 수문을 계속 닫아놓기 때문에 안의 물이 썩게 되고, 산만한 경계선은 수문이 항상 열려있어서 외부의 것이 너무 많이 들어와 내 것이 사라지게 된다.

이처럼 가족관계에서도 서로의 경계선을 지나치게 넘나들면 부모와 자녀가 얽히게 되는데, 이를 '엉킨enmeshed 관계'라고 말한다. 처음에는 부모가 자녀를 간섭하고 통제하지만, 나중에는 서로 의존하고 통제하면서 경계선이 모호해지고 혼란을 경험한다. 부부나 부모·자녀 사이에 이 경계선을 적절하게 유지하지 못하는 경우 문제가 발생하는데, 수진이네 가족의 모습을 통해 그 예를 확인할 수 있다.

수진이 아버지는 성장과정에서 부모로부터 자신의 경계선을 존중받지 못했다. 형과 비교당하면서 인격적 존중을 받지 못했고, 아버지의 매질로 신체적, 심리적으로도 존중받지 못했다. 즉 성장과정에서 아버지에 의해 자신의 영역을 지속적으로 침범을 당함에 따라 나와 타인 사이에 지켜져야 할 적정한 선, 존중해야할 선을 배우지 못한 것이다. 수진이의 어머니 역시 남편처럼 적절한 경계선을 경험하지 못했다. 부모님의 영향으로 수진이의 아버지는 아내와 자녀들의 경계선을 침범하였고, 나중에는 수진이가 아버지에게 폭력을 행사하게 되면서 아버지의 경계선을 침범하게 된다. 결국 수진이도 부모 또는 타인과의 관계 속에서 지켜지고 존중되어져야 할 경계선에 대해 알지도 못할 뿐만 아니라, 존중할 줄도 모르게 된 것이다.

작업하기) 현재 나의 가족 평가하기

1. 우리 가족의 모습은 어떻게 표현할 수 있는가?
2. 우리 가족은 정서적으로 친밀한가? 친밀하면서도 서로의 고유성을 존중하고 있는가?
3. 우리 가족은 새로운 것을 받아들이거나 변화할 수 있는 유연함이 있는가?
4. 우리 가족은 현재 안정적인 상태인가? 불안정적인 상태인가?
5. 우리 가족은 갈등이 발생할 때 어떻게 해결하는가?(문제회피, 싸움, 협상, 지난 방식 반복 등)
6. 우리 가족은 자녀들이 부모와 다른 의견을 쉽게 표현할 수 있는가?
7. 우리 가족은 부정적인 감정(분노, 슬픔 등)을 솔직하게 표현할 수 있는 분위기인가?
8. 우리 가족은 서로의 경계선을 존중하고 있는가? 식구들 사이에 또는 세대와 세대 사이에 경계선이 명확한가? 가족과 외부와의 경계선은 어떠한가?
9. 우리 가족 중에 누가 어떤 문제를 갖고 있는가? 그 문제는 그 사람만의 문제인가 아니면 가족 전체의 문제인가?
10. 우리 가족의 부부관계는 어떠한가? 서로 수용하고, 친밀하고, 인격적으로 동등한 관계를 맺고 있는가? 역할 분담은 적절하게 이루어지고 있는가?
11. 자녀들의 관계는 어떠한가?(친밀, 적대, 부모를 제외하고 자녀들끼리 뭉침 등)
12. 우리 가족은 서로에 대해 어떠한 마음을 갖고 있는가? (감사, 존중, 따뜻함, 사랑, 행복 또는 소외, 간섭, 통제 등)
13. 우리 가족은 가족구성원 개인의 가치를 높게 평가하고 있는가?

8) 가족구성원은 각자의 역할을 감당해야 한다.

가족은 서로 다른 두 사람이 만나 하나의 가족체계를 형성하는 것이기 때문에 가치관, 생활방식, 규칙 등 많은 것들이 다르기 마련이다. 유연한 부부는 서로의 차이점을 수용하고, 조절하고, 협상하는데 반해 그렇지 않은 부부의 경우 모든 영역에서 갈등이 발생하고 혼란이 뒤따르게 된다.

구성원들이 일정한 역할을 맡는 것은 가족을 잘 운영하기 위해 필수적이다. 아버지는 생계를 책임지고, 어머니는 가사와 자녀양육을 책임지는 등 가족구성원들은 가족 내에서 어떠한 역할과 기능을 담당하게 된다. 그러나 만일에 어머니가 생계를 책임지게 되면, 역할에 고정되지 말고 아버지도 가사와 자녀양육의 역할을 맡아야 한다.

대개 부부의 경우 한 가족의 부모이면서 그들의 부모를 봉양해야 하는 자식이기도 하며, 한 직장의 직원으로 소속되는 등 여러 역할을 동시에 담당하고 있다. 따라서 가족구성원들은 가족 내에서 자신의 역할이 무엇인지 분명하게 알아야 하고, 한 사람이 어떤 역할을 감당하지 못하는 상황에 처하면 다른 사람이 그 역할을 대신할 수 있는 유연성이 있어야 한다. 그런데 그 역할에 대한 책임이 지나치게 과중하여 아예 책임을 지지 않으려고 할 경우 문제가 발생한다.

부모가 부모역할을 제대로 하지 못하게 되면 자녀가 부모역할을 떠맡게 된다. 예를 들어, 자녀들은 연령에 따라 그 연령에 알맞은 부모의 적절한 돌봄이 필요한데, 그런 돌봄을 받지 못하고 심리적, 신체적, 물질적 책임을 떠맡게 되는 것이다. 그러면 마치 웃자란 보리처럼 속이 텅 빈 어른이 되어 공허감을 느끼게 된다. 이들은 겉으로 보기에는 독립적으로 보이지만 내면에는 불안감이 높고, 지나친 책임감으로 인해 다른 사람의 책임까지도 떠맡는 역할을 하려한다. 이렇게 역기능적인 가족에서는 자녀들이 희생자, 심판자, 구원자, 순교자, 영웅 등의 역할을 배워 반복한다고 사티어는 말하고 있다. 그리고 이런 역할을 반복하다 보면 자기 성장에 쓸 에너지마저 소모하게 된다.

작업하기)

1. 식구들이 모여 함께 해야 할 집안 일들을 작성한다.
2. 식구들 각자가 해야 할 일들을 작성한다.
3. 일의 진행표를 만든다.
4. 일주일 중 시간을 정해 일과를 점검하고, 계획표를 수정할 것이 있으면 수정한다.
5. 다시 수정한 진행표에 따라 해야 할 일들을 진행한다.

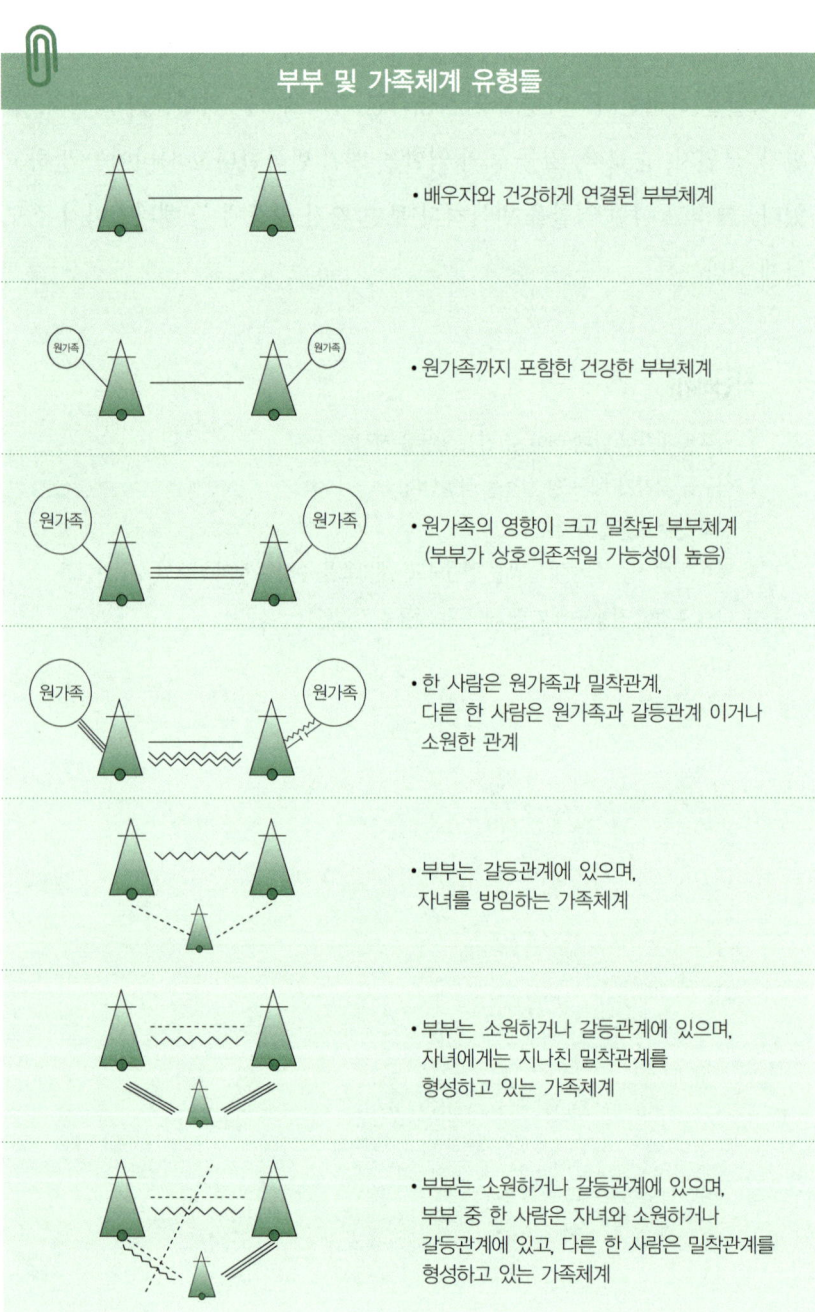

2. 가족지도를 통한 부모 자신에 대한 이해

사티어는 서로 영향을 끼치는 복잡한 가족의 관계망을 이해하기 위해 가족을 하나의 체계로 보고 원가족까지 살펴볼 수 있는 그림도표인 가족지도를 개발하였다.

> 부모의 영향이 자녀에게 전달되듯, 부모 역시 그들의 부모로부터 영향을 받아 성장하면서 그들이 배운 것을 자녀에게 전달한다. 따라서 부모세대뿐만 아니라 부모세대를 훨씬 너머 수많은 윗세대의 영향이 현재의 자녀에게 전달되고 있는 것이다. 나는 치료를 받으려는 부모들이 아직도 어른이 되지 못한 채 그들의 부모 밑에서 어떻게 인생을 살아가야 하는지에 대해 분명한 또는 불분명한 규칙들을 배우고 있는 아이들처럼 보인다. 나는 부모들이 가족을 이룰 때에 마치 건축가가 여러 재료들을 가지고 집을 짓듯 그들이 원가족으로부터 배운 것들을 재료로 가족이라는 집을 짓는 건축가라고 본다. 부모 두 사람은 그들의 가족으로부터 배운 것들을 의식적, 무의식적으로 섞어 가면서 현재의 가족환경을 조성하기 때문이다. Satir, V. (1964, 1983), p. 145.

• 원가족이란 사람들이 성장할 때의 가족을 말한다.

1) 가족의 역동에 대한 일반적인 이해

부부가 자신의 모습을 정확하게 파악하기 위해서는 부부 각자가 자신의 가족으로부터 받은 영향을 깨닫는 것이 중요하다. 부부에게 영향을 끼친 부모 역시 그들의 부모로부터 영향을 받았기 때문에 적어도 삼 세대까지 거슬러 올라가면서 반복되는 패턴 등을 살펴보면 부모가 자신을 이해하고, 자녀에게 전달되는 것이 무엇인지 알 수 있다. 아래의 사례를 통해서 한 가족의 역동이 서로 어떻게 영향을 끼치는지 살펴보자.

• 진우네 가족지도

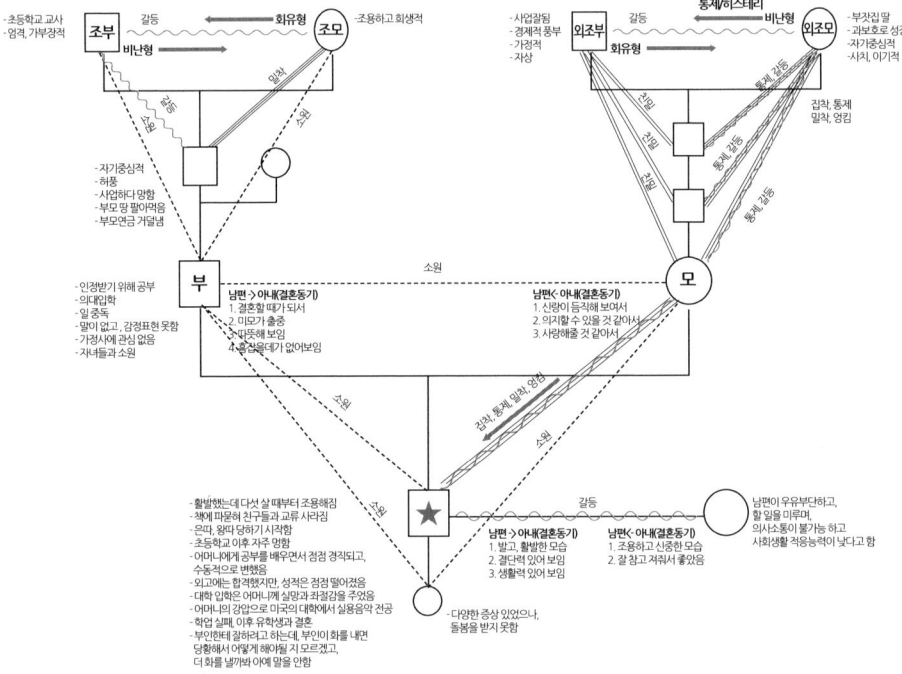

• 진우의 친가

진우의 할아버지는 초등학교 교사로 엄격하고, 가부장적이었기 때문에 아내와 자녀들이 모두 그에게 복종하였다. 진우의 할머니는 전형적인 한국의 어머니상으로 조용하고 희생적인 사람이었다. 남편에게 순종하고 시부모를 극진히 모시고, 특히 큰 아들을 몹시 사랑하였다. 진우의 큰 아버지는 지나친 사랑과 인정을 받고 자란 탓에 자기중심적이고, 허풍이 있는 사람이었다. 무리하게 사업을 시도하다 부모의 재산을 탕진하기도 하였다. 진우의 아버지는 둘째 아들로, 형보다 사랑과 인정을 받지 못하고 자랐다. 부모의 인정을 받기 위해 공부에 집중하여 의대에 입학하였고 그때부터 부모의 인정을 받을 수 있었다. 진우의 큰 아버지가 부모님을 모셨는데, 더 이상 모시고 싶지 않다는 아내의 뜻대로 큰아버지는 부모님을 동생인 진우의 아버지에게 맡기게 되었다. 진우의 아버지가 부모님을 모시게 되면서 제사까지 떠맡게 되었고, 그 짐은 고스란히 진우의 어머니가 짊어지게 되었다. 그러나 진우의 아버지는 아내의 그러한 노고를 고마워하는 일이 없었고, 시누이들과 시어머니의 험담에 힘들어하는 아내의 볼멘소리를 가볍게 넘기곤 하였다. 진우의 아버지는 일에만 파묻혀 지냈으며, 말수가 적고 감정을 쉽게 표현하는 법이 없었다. 평소 가정사에 관심이 없었기 때문에 가족, 특히 자녀들과는 매우 소원하게 지냈다.

· 진우의 외가

진우의 외할아버지는 사업을 크게 일으켜 경제적으로 풍요로웠으며, 그 시대의 아버지들과는 달리 가정적이어서 아내와 자녀들에게 자상한 아버지였다. 특히 진우의 어머니는 이남일녀 중 막내로 태어나 더 귀여움을 받았다. 진우의 외할머니는 부잣집에서 태어났지만 외할머니의 어머니 즉, 증조 외할머니를 두 살 때 여의고 새어머니를 맞이하게 되면서 심리적인 변화를 겪게 되었다. 증조 외할아버지를 비롯한 모든 식구들이 외할머니가 새어머니에게 구박받을까 싶어 과한 보호를 하였다. 결과적으로 진우의 외할머니는 자기가 원하는 것은 반드시 자기 맘대로 해야만 하는 고집쟁이가 되고 말았다. 남편도 통제하려 하였고 남편이 자기 말을 듣지 않으면 히스테리 발작을 일으키곤 하였다. 또한 사치스러웠고, 이기적이었으며 특히 딸인 진우 어머니에게 집착하는 경향으로 인해 일거수일투족을 통제하였다. 팔십이 넘어서도 딸이 사는 옷까지 참견을 한다. 대학교를 나온 진우 어머니는 외할머니의 뜻대로 결혼을 하였다. 진우의 외할머니가 보기에 사윗감이 듬직하고 얌전하며 잘나가는 대학병원의 의사였고, 집안도 교육자 집안이었기에 흠잡을 데가 없어 보였기 때문이다. 진우의 어머니 역시 신랑감이 든든해 보였으며 말보다는 행동으로 사랑을 표현해줄 것 같은 생각에 어머니가 원하는 바에 따라 결혼을 하게 되었다.

· 진우의 부모

이러한 성장 배경을 가지고 두 사람이 결혼은 하였으나, 친밀한 관계를 형성하는 데 실패하였다. 남편은 말이 없는 사람인데다 집안일에는 관심이 없고, 오로지 형을 제치고 부모에게 효도하는 것을 무엇보다 중요하게 여겼다. 아내는 모든 일을 친정어머니와 의논했고, 많은 시간을 친정어머니와 함께 보내곤 하였다. 진우의 어머니는 사사건건 자신의 삶에 간섭하는 친정어머니가 답답하긴 했지만 결국 무슨 일을 결정하려면 친정어머니의 의견을 물어 따르곤 하였다. 진우 아버지와 진우 어머니 두 사람은 친밀한 관계는 아니었지만 크게 싸우는 일이 없었기에 외부에서 보면 매우 점잖고 의좋은 부부처럼 보였다. 겉으로 보기에 크게 문제될 것 없는 부부였는데, 그런 두 사람 사이에 문제가 발생한 것은 큰 아들 진우가 태어나면서부터이다. 진우가 태어나자 아내의 모든 관심은 아이에게 쏠렸고, 부부 사이는 점점 더 멀어지게 되었다.

· 진우의 상황

진우에게 이상이 생긴 것은 다섯 살 때부터이다. 더 어릴 때에도 책을 좋아하긴 하였지만 다섯 살이 되면서부터는 활발하던 아이가 갑자기 조용해지고 좀 더 책에 파묻혀 친구들과 지내는 시간이 거의 없어지게 되었다. 점차 친구들과의 교류가 사라지게 되었고, 결국 진우는 친구들로부터 따돌림을 당하기 시작했다. 진우 어머니는 진우가 초등학생이 된 이후부터 자주 멍하게 있는 아들을 붙잡고 공부를 가르치기 시작하였다. 진우는 어머니가 시키는 대로 하였지만 표정은 점점 경직되어 갔고 가르쳐주는 것만 공부하는 매우 수동적인 아이로 변해갔다. 비싼 과외를 시켜 외고에 합격하였지만 진우의 성적은 점점 떨어졌고, 이후 명문대에 입학하지 못해 진우 어머니는 실망과 좌절감을 경험했다. 이렇게 진우 어머니가 진우에게 집착하는 동안 남편과는 사무적인 관계만을 유지하는 정도였다. 그 무렵 두 살 터울로 태어난 여동생에게도 다양한 증상이 나타나기 시작하였다. 그러나 진우 어머니의 관심은 진우에게만 쏠려 있었다. 진우 어머니와 진우는 한

덩어리가 되어 두 사람 사이에는 어떤 경계도 없어지게 되었고, 아들은 더욱 더 어머니에게 의존하게 되었다. 남 보기에 부끄러운 대학에 들어갔다는 이유로 진우 어머니는 억지로 진우를 미국 유명대학에 보내 컴퓨터 공학을 전공하게 하였다. 그 학교를 졸업한 후 적당한 회사에 취직시키면 어머니로서의 책임이 끝날 것 같았기 때문이다. 그러나 진우는 학위 취득에 실패하였고, 곧 교포를 만나 결혼을 하게 되었다.

· 진우의 결혼생활

진우와 진우의 아내 민서는 유학 도중 만나게 되었다. 민서는 진우의 조용하고 신중해 보이는 태도가 마음에 들었으며, 자기가 화를 내도 잘 참고 받아줘서 좋았다. 진우도 민서의 밝고 활발한 태도가 맘에 들었으며, 결단력 있고 생활력이 강해서 좋았다. 이렇게 서로의 좋은 점에 이끌려 결혼을 하게 되었으나, 두 사람은 결혼하기 전부터 싸우기 시작하였다. 무엇보다 진우의 학위취득 실패가 갈등을 일으키는 원인이 되었다. 민서는 진우가 우유부단하고, 해야 할 일을 미루며, 의사소통이 불가능하고, 사회적응력이 현저히 낮다고 주장했다. 한편 진우는 잘하려 하는데 아내가 화를 내면 당황해서 어쩔 줄 모르겠고, 아내의 화를 돋우지 않게 하기 위해 아예 입을 다물게 되었다고 주장했다. 결국 민서가 이제는 더 이상 진우와의 결혼생활을 이어가지 못하겠다고 시어머니에게 통보하였다.

2) 자신에 대한 이해를 돕기 위한 가족지도 작업

(1) 현재 가족을 포함한 삼세대 가족지도를 작성한다.
(2) 부모나 형제자매, 그리고 자신을 나이 순서에 따라 배열하고 나이, 성별, 종교, 교육수준, 직업, 연애기간, 결혼동기, 결혼유무, 결혼시기, 자녀유무, 대처방식 등 중요한 정보들을 작성한다.
(3) 가족구성원들 사이의 정서적 관계를 선으로 표시한다.
(4) 각 가족구성원들의 성격을 긍정적 형용사, 부정적 형용사로 작성한다.

가족지도에 사용되는 관계선

- 편안한 관계 ─────── 관계가 안정적이고, 지지적일 때
- 친밀한 관계 ═══════ 정서적 교류가 많고 친밀함을 느낄 때
- 밀착된 관계 ≡≡≡≡≡ 정서적으로 심하게 엉켜 경계선이 불분명할 때
- 소원 ---------- 정서적 거리가 멀거나 관계를 회피할 때
- 갈등 〰〰〰 갈등관계일 때
- 심화된 갈등 〰〰〰 경계선이 혼란스러워 갈등관계에 있으면서도 정서적으로 분리되지 못할 때
- 격화된 갈등 〰〰〰 지나치게 정서적으로 엉켜 경계선이 무너졌을 때 (언어적·신체적 폭력 가능성 있을 때)
- 정서적 단절 ──┤├── 모든 정서적 관계가 끊어졌을 때
- 별거 ───/─── 법적으로 혼인관계가 유지되고 있지만, 사실상 부부관계가 끝났을 때
- 이혼 ───//─── 법적으로 혼인관계가 끝났을 때
- 방향표시 a ⇌ b 관계의 방향을 나타낼 때

가족지도에 사용되는 기호

- 사망했을 때 X
- 임신했을 때 △
- 유산했을 때 ▲
- 사산했을 때 ●
- 가족지도를 작성하는 사람 ☆

작업하기) 가족지도 작성하기

작업하기) 가족지도 읽기

- 조부모의 부부관계는 어떠한가?
- 현재 부부의 관계는 어떠한가?
- 부부가 친밀하고 단단한 관계를 맺고 있는가?
- 부부가 배우자 외에 다른 자녀와 더 친밀한 관계를 맺고 있지는 않은가(삼인군)?
- 윗세대로부터 내려온 관계를 맺는 방식이 반복되는가? 그 관계방식이 긍정적인가? 부정적인가?
- 조부모와 부모, 조부모와 손자, 손녀와의 관계는 어떤가? 이 관계에 갈등은 없는가?
- 윗세대가 현재 가족에 끼치는 영향이 있는가? 그 영향이 긍정적인가? 부정적인가?
- 윗세대 부모가 현재 자녀 내외에게 기대하는 바는 무엇인가? 또 자녀 내외가 자식들에게 기대하는 바는 무엇인가?
- 식구가 태어날 때 가족에게 힘든 일이 벌어진 경우가 있는가? 그 사건을 어떻게 다루었는가?
- 가족구성원 중 누군가가 심각한 질병을 앓았던 경험이 있는가? 그 상황에 어떻게 반응했는가?
- 생일, 기념일 등 중요한 날을 어떻게 보냈는가?
- 어린 시절을 되돌아 볼 때 좋았거나 힘들었던 기억이 있는가?
- 사춘기 이후 가족관계에 어떤 변화가 있었는가?
- 어린 시절의 대처방식을 그대로 유지하고 있는가? 변화시킨 것이 있는가?
- 식구 중에 사망한 사람이 있는가? 그 사람에 대해 자녀들이 알고 있는가? 그 사람을 지나치게 좋은 사람으로 만들지는 않았는가? 사망한 사람의 영향이 아직도 많이 남아있는가?
- 시간이 흘렀음에도 사망한 사람 이야기가 나오면 눈물이 흐르는가?
- 가족 내에 밝히기 어려운 비밀이 있는가?
- 가족구성원들이 각자가 꼭 해야만 하는 역할은 무엇이라고 생각하는가? 본인도 그렇게 생각하는가?
- 구성원 중에서 자기가 해야 할 역할보다 다른 역할을 더 많이 하고 있는 사람이 있는가?
- 나의 원가족은 어떤 가족이었는가? 부부가 함께 원가족에서 경험한 것들을 리스트로 작성한다.
- 현재 나의 가족은 어떤 특징을 지니고 있는가? 원가족과 현재 가족의 유사한 부분이 있는가? 현재 가족과 같이 있으면 어떤 감정이 드는가?

작업하기) 가족관계 유형 조각하기

가족은 아래 유형들 중 하나의 유형이 지배적일 수도 있고, 여러 유형이 혼합되어 있을 수도 있다. 그리고 상황에 따라 유형이 변할 수도 있다. 현재 자기 가족의 유형은 어떠한지 아래의 유형들에 비추어 생각해 본다.

- 가족 A : 가부장적인 가족

    (부부) 비난형의 군림하는 남편 / 회유형의 복종하는 아내
    (자녀) 아버지를 닮은 아들(비난형), 어머니를 닮은 딸(회유형)

- 가족 B : 갈등이 항상 표출되는 가족

    (부부) 서로 비난하고 공격하는 부부
    (자녀) 자녀들끼리 몹시 싸우거나 다른 아이들에게 공격적
    (자녀들의 유형) 부모를 회유하여 싸움을 그치게 하려는 자녀
                  불안하여 조용히 숨어있는 자녀
                  과잉행동하며 공격적인 자녀
                  감정을 차단하여 냉담하며 초이성적인 자녀
                  두려워 그 상황을 회피하려는 자녀

- 가족 C : 배우자 중 한 사람이 자녀와 밀착되어 삼각관계를 만드는 가족

    (부부) 가족으로부터 소외되고 부권을 상실한 아버지
          자식을 과잉보호하며 통제적인 어머니
    (자녀들의 유형) 순종적이며 의존적인 자녀
                  밀착된 부모와 갈등관계를 일으키는 자녀
                  심리적 배우자의 역할을 하면서 죄책감을 느끼는 자녀

- 가족 D : 편애하는 가족

    (부부) 한 자녀만을 편애하는 부부 또는 각각 편을 갈라 편애하는 부부
    (자녀) 형제간에 서로 질투하고 싸우고 공격적
    (자녀들의 유형) 분노를 공격적으로 표출하는 자녀
                  사랑받지 못한다고 느끼거나 자기가 못났다고 여기는 자녀
                  자기가 잘났다고 느끼지만 다른 형제에게 죄책감을 느끼는 자녀

- 가족 E : 중독자가 있는 가족
    - (부부) 중독증을 지닌 배우자 / 동반의존 상태의 배우자
    - (자녀들의 유형) 불안으로 인해 무력감 등의 증상을 지닌 자녀
        - 부모역할을 감당하며 지나치게 모범적이고 책임감이 강한 자녀
        - 중독증의 부모와 같이 충동적인 행동을 하는 자녀

- 가족 F : 역할분담이 공평하지 않은 가족
    - (부부) 한 배우자가 모든 일을 떠맡아 하는 과대 기능자
        - 한 배우자는 수수방관하는 과소 기능자
    - (자녀) 부모역할을 떠맡은 과대 기능자
        - 이기적이고 게으른 과소 기능자

- 가족 G : 가족 구성원들이 격리된 모래알 가족
    - (부부) 함께 살지 않거나, 각자 자신의 관심에만 충실하고 친밀감이 형성되지 못한 부부
    - (자녀유형) 남을 배려할 줄 모르는 자녀
        - 사랑의 결핍으로 산만한 자녀
        - 소속감을 못 느끼고 방황하는 자녀
        - 가족과 단절되어 홀로 존재하는 자녀
        - 억압된 분노를 공격적으로 표현하는 자녀

- 가족 H : 잔소리와 통제가 지나친 가족
    - (부부) 쫓아다니며 간섭하는 배우자 / 비위를 맞추면서 무능해지는 배우자
    - (자녀유형) 소극적이고 무기력한 자녀
        - 반항하고 비행을 저지르다 가출하는 자녀

- 가족 I : 지나치게 밀착된 가족
    - (부부) 부부가 서로를 통제하면서 자녀들도 함께 통제
        - 서로 의존적이며 외부의 영향을 차단
    - (자녀유형) 의존적인 자녀
        - 정신 이상의 자녀
        - 문제를 일으키는 자녀

- 가족 J : 이상적인 가족

　　　(부부, 자녀) 적절한 경계가 있고, 개방적
　　　　　　　조화롭고 서로 의지가 되며, 외부와도 연결되어 있음
　　　　　　　구성원은 각자의 것을 추구하지만 친밀감이 있음

3. 효율적 가족 운영을 위한 규칙에 대한 이해

모든 조직은 조직을 효율적으로 운영하기 위한 다양한 규칙들을 가지고 있다. 국가 간의 규칙, 국민들이 지켜야하는 규칙, 가족을 포함한 다양한 집단 내에서 구성원들에게 요구하는 규칙들이 있다. 규칙의 기본 목적은 구성원들이 서로의 권리를 침해하지 않으면서 최대의 행복을 누리도록 도우려는 데 있다. 가족에도 그 가족만의 규칙이 있는 것은 이러한 이유 때문이며, 가족 내의 규칙은 가족구성원들이 함께 행복한 삶을 꾸려가고, 사회적으로 적절한 구성원으로 성장하게 하려는 목적을 지니고 있다.

우리의 부모는 우리들 주위에서 일어나는 수많은 것들을 평가하면서 세상에 대해서 그들이 알고 있는 것을 우리에게 가르친다. 양육자로서 부모는 자녀들에게 행동에 대한 규칙을 가르치며 따를 것을 요구한다. 어머니, 아버지, 자녀의 삼인군 속에서 자녀는 부모로부터 사랑의 방식, 자기존중, 자기개념, 자기보호, 자신감, 신체 돌봄, 의사소통 방식 등 삶의 전반에 관한 규칙들을 배우게 된다. 자녀는 부모의 인정을 받아야 살 수 있기 때문에 자녀의 정체성은 부모에 의해서 결정된다. 특히 가족규칙은 부모의 인정 기준이기 때문에 가족규칙에 따라 살면서 부모의 사랑을 받을 수 있는 보장을 받게 된다. 그러나 결과적으로는 자녀의 고유성은 무시되고 자기가 아닌 가짜 자기가 만들어지게 된다. Satir, V., et. al. (1991), p. 20-22.

1) 가족운영을 위한 규칙 이해

가치관에 근거한 규칙은 사회, 가족, 그리고 개인에 걸쳐 존재한다. 아주 사소한 것에서부터, "나는 어떤 존재인가? 다른 사람을 어떻게 대할 것인가?

인생을 어떻게 살 것인가? 세상을 어떻게 바라볼 것인가? 삶이란 무엇인가? 삶의 태도는 어떻게 해야 할 것인가? 죽음을 어떻게 대할 것인가?" 등 존재 가치와 관련된 것들까지 다양하다. 우리가 지니고 있는 규칙을 가만히 살펴보면 '나'라는 존재는 마치 수많은 규칙으로 둘러싸인 규칙 덩어리인 것처럼 여겨지기도 한다.

그러나 법에도 예외가 있듯 가족이 지키는 규칙도 예외와 타협이 있어야 한다. 어떤 부모는 마치 신의 법령같이 자신의 규칙을 가족이 철저하게 지켜 줄 것을 주장하기도 한다. 이렇게 규칙이 강력해지면 '가족규칙'이 되어 버린다. '가족규칙'이란 말은 가족치료 분야에서 사용되는 용어로, 가족 내에서 부적절하게 강화되어 구성원들에게 지나치게 엄격히 요구되는 규칙을 말한다. 이러한 가족규칙들은 "어린아이는 화를 내서는 안 된다.", "부모에게 말대꾸하면 안 된다.", "집안의 일을 다른 사람에게 말해서는 안 된다.", "남에게 신세를 져서는 절대로 안 된다.", "자기 할 일은 반드시 자신이 해야 한다."와 같이 분명하게 언어로 표현되기도 하고, "엄마를 슬프게 해서는 안 된다.", "아버지가 집에 안 들어오실 때 무엇을 하시고 있는지 물어서는 안 된다."와 같이 살아가면서 은연중에 터득하게 되는 것들도 있다. 가족규칙은 대개 '절대로', '언제나', '해야만 해', '해서는 안 된다'와 같은 극단적인 말들로 표현된다.

가족의 일반적인 모든 규칙은 부모의 가족으로부터 부모를 통하여 자녀에게까지 전달된다. 이런 점에서 부부가 된다는 것은 남편 가족의 규칙과 아내 가족의 규칙이 만나는 것으로 서로 다른 규칙들끼리 충돌하여 갈등을 유발할 가능성이 높다. 두 사람이 만나 가정을 이룰 때 부부는 각자의 가족으로부터 물려받은 일련의 규칙을 가지고 새로운 가족을 형성한다. 이들이 가지고 있는 규칙은 삶의 전 영역에 대한 것으로 부부관계, 친밀감의 거리, 양육방식, 집안일의 분담, 경제관리, 위생, 어른에 대한 태도, 가족 및 집안 비밀의 개방정도, 부모에 대한 순종, 체벌, 생각과 감정의 표현, 직업의 선택 등 크고 작은 모든 것들이 포함되어 있다. 따라서 한 사람은 미래를 위해 저축할 것을 규칙으로 요구하는 반면, 다른 한 사람은 현재의 삶을 즐기는 것을 규칙으로 요구하기도 한다.

부모들이 자녀에게 전수하려고 하는 규칙들은 부모 자신의 성장과정에서 적용했던 규칙들이거나 혹은 스스로 힘든 삶을 살아오면서 지키려고 만든 것들이 대부분이다. 부모의 자존감과 일치성이 낮을수록 불안감이 높기 때문에 자신이 지키던 혹은 지키려고 애쓰는 규칙들을 자녀들에게도 지킬 것을 요구한다. 물론 강력한 규칙들도 문제지만 적절한 규칙이 없는 것도 문제다. 부모가 자존감이 낮을수록 자녀들에게 규칙을 지킬 것을 요구하지 못하기도 한다. 특히 산만한 부모는 자신들조차 규칙을 지키기 힘들어한다. 결국 자녀들도 지켜야 할 규칙을 잘 모르거나, 규칙을 지켜야 한다는 의지와 능력, 자기조절 능력이 제대로 형성되지 못한다.

2) 상황에 적절한 규칙 적용

가족에게 필요조건인 규칙을 자녀에게 제시할 때에는 적절히 적용해야 하는데, 그러기 위해서는 부부 사이에 조율이 있어야 한다. 부부 각자가 가진 규칙의 내용이나 실행 강도가 서로 많이 다를 수 있기 때문이다. 이런 차이는 부부 갈등을 유발하고, 이 갈등을 해결하지 못하게 될 경우 자녀들에게 혼란을 불러일으킨다. 부모 모두 혹은 부모 중 어느 한 사람이 자녀들에게 강하게 규칙을 요구할 경우, 자녀들은 자율성과 고유성을 상실하여 자기를 잃어버릴 우려가 있다. 그리고 이 상실은 가족 전체 혹은 어느 한 구성원을 통해 특정한 증상으로 드러난다.

재희 아버지는 외아들로 어머니의 사랑을 독차지하면서 성장했다. 부모님의 사랑을 등에 업고 모든 것을 자기 마음대로 하던 재희 아버지는 마치 집안에서 왕처럼 살았다. 이런 성장배경 때문에 얼핏 보기에 힘이 있어 보였다. 그래서 한 때 학생회장도 하였지만 잘난 척 하는 버릇 때문에 친구들 사이에서도 환영받지 못했고, 직장생활도 오래 하지 못했다. [세상은 나를 중심으로 돌아가야 한다.]

다행히 사업을 하는 아내의 수입이 중산층 생활을 하는데 별 문제가 없을 만큼 충분했고, 본인이 악착같이 돈을 모으려 했기 때문에 경제적인 어려움은 없었다. 재희 아버지는 고등학교 입학 후 집안이 어려워지면서 힘든 시기를 겪은 적이 있다. 그 때 받았던 경제적 타격은 자신에게 엄청난 두려움과 불안을 느끼게 했기 때문에, 돈을 모아야 한다는 마음뿐만 아니라 앞날을 미리 준비해야 한다는 마음도 생기게 되었다. [불행은 언제 닥칠지 모른다. 돈이 없으면 인생을 살기가 어렵다. 반드시 절약해야만 한다.] 그로 인해 모든 것을 혼자 결정하면서 아내와 딸에게 자신의 결정에 반드시 따를 것을 강력하게 요구하였다. [가족의 모든 것은 가장인 내가 결정해야 한다.]

아내는 이런 남편이 싫었다. 남편이 모든 것을 자기 마음대로 하는 것을 허락할 수 없었다. 그러나 그의 의견을 바꾼다는 것은 불가능했다. [아내는 남편에게 순종해야한다.] 남편의 결정을 바꾸기 위해 불같이 화를 내본 적도 있으나 결국 약간의 흔들림만 있을 뿐 결국 남편은 아무것도 변하지 않았다. [나는 남편을 절대로 이길 수가 없다.] 남편은 아내의 이런 점이 싫었다. 남편은 자기 결정을 끝까지 주장하여 관철시키면서도, 아내의 반응이 무섭고, 고집이 너무 세서 당할 재간이 없다고 호소했다. 이러한 부부관계는 재희에게 그대로 전달되었고, 재희는 불안감, 긴장감, 우유부단함, 완벽주의 등의 성격적 특성을 지닌 채 성장했다.

재희는 서른 살이 넘어 연하의 남자친구를 사귀게 되었는데, 이때 부모가 격렬히 반대하였다. 재희는 그 반대가 곧 지금까지 부모의 문제라고 여겨왔던 잘못된 가치관이 반영된 것이라고 느꼈다. [부모의 명령에서 벗어나야 성인이 된다. 나는 부모의 의견을 반드시 거부하여야 한다.] 부모가 원하는 것은 좋은 학벌과 직업, 집안배경 등 다른 사람들한테 내세울 만한 것들인데, 이것을 결혼의 전제조건이라고 여기는 건 잘못된 것이라고 판단했기 때문이다. [어른들은 속물이다.] 그래서 결혼만큼은 결코 부모에게 순종할 수가 없었다. 결국 부모의 결사적인 반대에도 재희는 연하의 남자친구와 결혼했다. [나는 독립적이어야 한다.] 하지만 그동안 스스로 판단하고 결정하는 훈련이 안 된 재희는 남자의 일부분을 확대 해석한 탓에 남자를 긍정적으로만 보았지 그 이면의 문제점은 보지 못했다. 결혼은 곧 실패로 끝나게 되었고, 재희는 다시 부모에게 돌아오게 되었다. [나의 판단은 옳은 적이 없다. 부모에게 순종하는 것이 결국 인생을 옳게 사는 것이다.]

어쩌면 재희의 결혼은 아버지, 어머니와의 갈등관계에서 어머니를 정서적으로 지지하면서 아버지에게 대항하는 것으로 가족체계의 역동을 깨뜨리려 했던 무의식적인 움직임이었을지 모른다. 그러나 가족체계가 워낙 단단하였기 때문에 다시 모든 게 원상복귀 되었다. 이제 재희가 부모로부터 독립하여 자신을 찾는 과제는 먼 미래에나 실현가능한 과제로 남게 되었다.

사춘기의 자녀가 자신의 정체성 형성을 위해 부모의 가치관에 도전하곤 하는데, 이때 자녀의 관점이 수용되고 타협의 과정이 잘 이루어진다면 부모와 자녀 모두 성장하게 된다. 반대로 규칙을 과도하게 요구하거나 혹은 규칙이 지나치게 없는 경우 가족 전체가 혼란에 빠진다. 그 결과 가족은 소속감 없이 제멋대로 행동하거나, 지나치게 경직된 가족이 되어 버린다. 이와 같이 적절한 규칙과 규칙의 집행력이 없는 가족은 가족체계뿐만 아니라 가족 구성원 모두에게 부정적인 영향을 끼친다.

무엇보다 자녀에게 규칙을 전달할 때는 일관성이 있어야 한다. 규칙의 내용도 부부가 타협하여 일관성이 있어야 하고, 규칙을 지키게 하는 방식에도 일관성이 있어야 한다. 예를 들어, 한 사람은 아이들은 그냥 내버려 두면 저절로 자신의 일을 잘하게 된다고 믿고 반대로 아이들은 어려서부터 버릇을 잘 들여야 자신의 일을 제대로 할 수 있다고 믿는 경우가 있다. 또 한 사람은 늦게까지 공부할 것을 요구하고, 다른 한 사람은 건강을 위해 일찍 자라고 하는 경우도 있다. 이렇게 부모가 상반된 규칙을 준수하도록 요청할 경우 자녀들은 누구의 규칙을 따라야 할 것인가! 누구의 규칙을 따르든 결국 자녀는 한 사람을 배반할 수밖에 없고, 이는 자녀에게 죄책감을 심어준다. 또한 부모가 기분에 따라 규칙위반의 허용여부를 결정한다면 아이는 부모의 눈치만 보게 되고 규칙을 내면화시키기 어려워진다. 그러므로 부모가 서로 조절하여 자녀에게 모순되지 않게 규칙을 전달해야 한다. 또한 의사소통 규칙을 포함한 모든 규칙은 자녀들에게 분명하고 구체적으로 전달될 필요가 있다. 만약 부부가 규칙조절에 실패하고 의식적으로든 무의식적으로든 각자의 상반된 규칙을 자녀들에게 전달하게 될 경우, 자녀들은 혼란스러워진다.

많은 가족들이 자녀들에게 규칙을 정확하게 설명하지도 않고 그저 따를 것을 요구하거나 애매모호하게 요구하여 갈등을 겪곤 한다. 부모는 자녀에게 요구하는 규칙이 지킬 수 없는 극단적인 규칙은 아닌지 확인하고, 규칙을 전달하는 방식에도 모순이 없는지 살펴보아야 한다.

3) 자녀를 지배하는 부모의 규칙 탐색

규칙은 자녀의 모든 면에 적용된다. 어린아이들은 부모의 사랑을 잃거나 혹은 부모에게 버림받을까 두려워 부모의 규칙을 잘 따르려고 한다. 그러나 현재 자녀의 삶에 부모가 제시한 규칙이 도움이 되지 않는다면, 이 규칙들을 변화시킬 책임은 이제 부모 자신에게 있다는 사실을 기억해야 한다. 다양한 규칙 중 가장 영향력이 큰 것은 의사소통에 관한 규칙이다. 자녀들은 자라면서 부모와 상호작용을 하는 동안 부모의 상호작용 방식뿐만 아니라 규칙까지 내면화한다. 부모가 부모 입장에서만 말을 하거나, 또는 자녀에게 주는 비언어적 메시지와 언어적 메시지 사이의 불일치가 클 경우 자녀들은 혼란을 겪게 되어 부적절한 반응을 하게 된다. 한 예로, 대부분의 부모는 자신들도 이유 없이 화를 내면서, 자녀들이 화내는 것을 혼내기도 한다. 부모들이 혼을 내는 이유는 자녀들의 행동과 버릇이 나빠져 다른 인간관계에서 나쁜 영향을 미칠 것이라고 믿기 때문이다. 때로는 화를 내는 것이 정당하고 필요할 수도 있는데, 화를 낸다고 항상 혼낸다면 자녀들은 '정당하지 않아도 부모의 규칙을 따라야 해. 그리고 우리 집에서는 절대로 화를 내서는 안 돼. 착한 사람은 화를 내지 않지.' 라고 스스로 부정적 감정에 대한 규칙을 자연스럽게 내면화하게 된다.

(1) 정서에 대한 규칙

"두려워하면 겁쟁이다. 다른 사람에게 약한 모습을 보여서는 안 된다. 화를 내는 것은 옳지 않다. 가족끼리 화를 내서는 안 된다." 와 같은 규칙은 우리가 있는 그대로 감정을 경험하고 표현하는 것을 극도로 제한한다. 이러한 규칙은 우리가 느낄 수 있는 감정과 느껴서는 안 되는 감정을 분류한다. 또는 말해도 되는 사실과 말해서는 안 되는 사실들이 무엇인지를 정해주기도 한다. 사티어는 많은 역기능 가족에서 성장한 자녀들이 부모들이 요구하는 규칙에 대해 혼란을 겪는다고 말하였다. 예를 들어, 아버지가 어머니에게 심한 욕을 한 경우, '우리는 아버지가 어머니에게 욕한 것을 다른 사람에게 말해도 될까? 아버지는 우리에게는 욕하지 말라고 하면서 자신은 욕을 하는데 나는 어떻게 반응해야 할까? 이러한 모순에 대해 이해할 수 없다면 어떻게 행동해야 할까?' 라는 생각들을 하면서 표현을 부자연스럽게 조절할 것이다.

이제 부모는 자신들이 성장한 가족이 이러한 문제들을 어떻게 다루었는지 돌아보자. 우리의 가족은 무슨 얘기든 자유롭게 할 수 있었는가? 아니면 선한 것, 옳은 것, 적절한 것, 상황에 맞는 것에 관해서만 말해야 했는가? 또는 "어떤 일이 있어도 우리 가족은 행복하게 보여야만 해." 라는 말을 듣지는 않았는가? 이러한 규칙 때문에 감정을 선별적으로 수용하거나 차단, 무시하는 일이 계속되면 습관적으로 자신의 감정과 싸우거나 감정을 억누르게 된다.

(2) 성性 역할에 대한 규칙

가부장적인 가치관은 무엇보다 성 역할에 부정적인 영향을 끼친다. 여성에게는 다소곳한 여성상을 요구하거나 남성이나 어른에게 복종하라는 규칙이 많고, 남성에게는 강한 사람이 되기 위해서 더 많이 참고 감정을 억압하라는 규칙이 많다. "남편이 말하면 잠자코 다소곳이 들어라. 부모님께 말대답해서는 안 된다. 여자가 그렇게 자기 의견을 내세우면 일을 그르친다. 남자가 마음 약한 말을 하면 안 된다. 남자가 말이 많으면 안 된다. 남자는 점잖게 있어야 된다." 와 같은 규칙들이 여기에 해당한다. 특히 남성 중심 사회에서는 남성이 공포심을 갖거나 나약한 모습을 보이는 것을 결코 용납하지 않는다. 행여나 남성이 그런 약한 마음을 갖는다면 그것은 혼자서만 간직해야 한다. 이밖에도 남편이나 아내, 또는 아버지나 어머니의 역할에 대한 규칙이 있다. 어떤 가족은 집안에서 누가 무엇을 하고 무엇을 해서는 안 되는지를 정하고, 이를 지킬 것을 강력하게 요구하기도 한다. 특히 딸과 아들에 대한 차별대우, 기대하는 역할 등은 엄격하게 구별되어 왔고 여전히 이런 규칙은 우리의 의식 속에 남아있다.

(3) 기대표현에 대한 규칙

우리는 살면서 기대할 수 있는 것과 기대할 수 없는 것을 자연스럽게 알게 된다. 가령 오랜 세월 우울증에 걸려 있는 어머니에게 돌봄을 기대해서는 안 되고, 먹고 살기 위해서 온갖 궂은일을 하는 부모에게는 아무리 필요한 것이 있어도 요구할 수 없다. 부모로서 기대해서는 안 되는 것도 있지만, 상황을 보고 자녀들 스스로 만드는 기대 규칙도 있다. 이렇게 습득한 기대 규칙은 성장 후에도 계속 영향을 미쳐 그 기대에 맞추어 살려고 한다. 예를 들어, 어린 시절 부모에게 사랑 받지 못한 사람은 성장한 후에도 "나에게 사랑을 달라고 하지 말고 내가 줄 때까지 기다려. 사랑은 내가 줄 때 받는 거야." 라는 무언의 규칙에 따라 자녀에게 표현하기도 한다. 또한 "사랑하는 사이라면 서로가 상대의 마음을 다 알아야 한다."고 비현실적으로 믿는 연인이나 부부들의 경우처럼 어떤 부모들은 자녀들이 부모의 마음을 다 헤아릴 것을 기대한다. 내가 표현하지 않아도 상대방이 미리 내 마음을 다 알고 내가 원하는 대로 해주어야 한다는 생각은 지극히 자기중심적이다.

(4) 경험과 행동에 대한 규칙

"점잖고 겸손한 사람들은 자기 마음대로 행동하면 안 된다.", "다른 사람과 다른 행동을 해서는 안 된다." 등의 규칙들은 행동을 제한한다. 우리들 대부분은 어렸을 때 절대 보아서는 안 되는 것, 절대 들어서는 안 되는 것, 절대 말하거나 만져서는 안 되는 것에 대해서 배운 적이 있을 것이다. 사람들은 이러한 규칙들을 일반화하려 한다. 그리고 일단 일반화시킨 규칙에 대해서는 그 규칙의 원래 의도와는 상관없이 엄격하게 지키는 데만 초점을 맞춘다.

가족규칙의 예

[가족]
- 집안의 일을 집 밖에서 이야기해서는 안 된다.
- 부모를 비판하거나 비난해서는 안 된다.
- 부모에게 걱정을 끼쳐서는 안 된다.
- 부모나 어른의 말을 거역하면 안 된다.
- 누나 또는 형처럼 잘 해야 한다.
- 무엇이든지 부모와 의논한 후에 결정해야 한다.
- 다른 사람들 앞에서 부모가 창피 당하지 않게 해야 한다.
- 부모만 사랑해야 한다.
- 부모가 원하는 것은 다 해야 한다.
- 가족과 떨어져서는 절대 안 된다.
- 부모 곁에 늘 있어야 한다.
- 부모가 원하는 것은 반드시 도와야 한다.

[인간]
- 사람은 최선을 다해야 한다.
- 남을 돕는 사람이 되어야 한다.
- 꼭 성공한 사람이 되어야 한다.
- 사람은 겸손해야 한다.
- 사람은 잘난 척해서는 안 된다.
- 사람은 이기적이어서는 안 된다.
- 자랑하면 안 된다.
- 자만은 결국 자신을 낭떠러지로 몰아간다.

[언어]
- 말이 많으면 안 된다.
- 행동보다 말이 앞서면 안 된다.
- 기분이 좋다고 해서 감정을 가볍게 드러내면 안 된다.
- 부모 앞에서 절대 화를 내서는 안 된다.
- 식구들끼리 화를 내거나 싸워서는 안 된다.
- 부모에게 말대꾸해서는 안 된다.
- 거짓말해서는 안 된다.
- 떠들면 안 된다.
- 꼬치꼬치 캐물어서는 안 된다.
- 부모 의견에 반대해서는 안 된다.
- 나에게 생기는 일은 부모에게만 이야기해야 한다.

[행동]
- 어떤 경우에도 약속과 시간은 반드시 지켜야 한다.
- 부모가 시키는 대로, 말하는 대로 행동해야 한다.
- 예의 바르게 행동해야 한다.
- 요령 있게 행동해야 한다.
- 언제든지 일등을 해야 한다.
- 모든 것을 다 잘해야 한다.
- 남들보다 뒤처지면 안 된다.
- 주일에는 반드시 교회에 가야만 한다.
- 학교 끝나면 곧장 집으로 와야 한다.
- 마음대로 친구를 사귀면 안 된다.
- 아무나 만나서는 안 된다.
- 무책임하게 행동하면 안 된다.
- 바보짓 하면 안 된다.
- 늘 상냥하게 행동해야 한다.
- 실수는 치명적인 것이다. 그러니 결코 실수해서는 안 된다.

(5) 강요를 선택으로 바꾸는 지침

규칙은 적절하게 적용될 경우 우리가 살아가는 데 도움을 준다. 사실 규칙은 억압을 위해 만들어진 것이 아니라 생존과 안전을 위해 고안된 것이다. 부모는 가족의 안전을 위하고, 자녀들이 험한 세상 속에서 잘 살아가기를 바라는 마음에 규칙을 가르쳐 주려 한다. "우리 집안에서 일어나는 일을 절대로 외부에 알려서는 안 된다.", "보고 들은 것을 함부로 이야기해서는 안 된다.", "윗사람한테 말대답하면 안 된다." 등의 규칙들은 사회로부터 가족을 안전하게 지키기 위한 것이다. 그러나 세월이 흐르면서 상황이 변할 때 규칙을 융통성 있게 바꾸지 못하면 오히려 규칙이 생존과 안전을 방해하는 장애물이 될 수 있다. 장애물이 되는 규칙들은 그 규칙이 지니고 있는 선한 목적과 가치를 훼손하지 않으면서 현재 상황에 맞게 바꿀 필요가 있다. 규칙을 반드시, 언제나, 항상 지켜야 하는 것이 아닌 필요할 때 선택할 수 있는 지침으로 바꾸는 것이다.

부모가 자녀에게 자신이 중요하다고 생각하는 가족규칙을 전수하고자 할 때는 그 규칙들이 자신의 삶에 끼친 부정적인 영향을 자각하는 것이 선행되어야 한다. 규칙은 어릴 때부터 우리 안에 뿌리 깊게 스며들어 있기 때문에 사실 내가 규칙으로부터 받은 부정적인 영향을 따로 분리하여 생각하는 것은 쉽지 않다. 하지만 규칙 때문에 치러야 했던 대가를 탐색해 보고, 부모 자신이 진정 마음속으로 바라고 있는 것이 무엇인지, 기대와 열망은 무엇인지, 어린 시절 자신에게 부여되었던 규칙이 현재의 삶에도 절실히 필요한 것인지 판단해볼 필요가 있다. 그렇게 할 때 부모는 원가족으로부터 배운 규칙을 자녀에게 강요하지 않고, 자녀 스스로 책임 있는 선택을 하도록 허용할 수 있다.

　규칙을 적절하게 지키게 하려면 우선 강요를 선택으로 바꾸고, 선택의 폭을 확장시킨 다음, 구체적인 가능성을 제시해야 한다. "나는 절대로 부모님에게 질문을 해서는 안 된다." 는 규칙을 가지고 있는 경우, 강요를 선택으로 바꾸는 첫 번째 단계는 '해서는 안 된다.' 를 '할 수도 있다.' 로 대체하는 것이다. 곧 "나는 부모님의 지시에 대해 질문을 할 수도 있다." 로 바꿔 말하는 것이다. 두 번째 단계는 '결코' 를 '가끔' 으로 바꿔서 선택의 폭을 확장하는 것이다. 예를 들어, "나는 가끔 부모님의 말씀이 이해가 안 되면 질문할 수도 있다." 로 바꾸는 것이다. 규칙을 확장시키면 일치적 의사소통을 할 수 있다.

작업하기

1. 나의 원가족으로부터 배워 온 가족규칙은 무엇인가?
   - 말로 표현된 것:
   - 말로 표현되지 않은 것:
2. 배우자가 원가족으로부터 배워 온 가족규칙은 무엇인가?
   - 말로 표현된 것:
   - 말로 표현되지 않은 것:
3. 부부의 규칙을 비교면서 서로 상충되는 것 혹은 같은 것은 없는지 확인해본다.
   - 부부의 규칙이 상충될 경우, 자녀에게 끼친 영향:
   - 부부의 규칙이 같을 경우, 자녀에게 끼친 영향:
4. 그 외에 요구하는 규칙들이 자녀에게 끼치는 영향은 무엇인가?
5. 규칙들에 내재되어 있는 의도를 찾아내고, 그 의도를 살리되 융통성 있게 적용할 수 있는 방법을 생각해본다.

2. 양육적인 부모가 되기 위한 인간 이해

여러 부모를 만나다 보면 의외로 자녀를 잘 아는 부모가 드물다는 사실을 발견하게 된다. 겉으로 드러나는 자녀의 행동에 대해서는 잘 알지만, 정작 자녀의 생각이나, 감정, 그리고 자녀가 무엇을 바라는지에 대해서는 잘 알지 못한다. 사실 부모 자신도 스스로가 어떤 사람인지, 자신이 바라는 것은 무엇인지, 스스로를 어떻게 바라보고 있는지, 진정 자신이 어떤 삶을 원하는지에 대해 잘 알지 못한다. 다만 자신이 자녀에게 무엇을 원하는지만 알 뿐이다. 이렇듯 부모와 자녀가 서로를 잘 알지 못함으로 인해 문제가 발생하는 경우가 많다. 어떻게 보면 지속적으로 문제를 일으키는 자녀야 말로 부모와 사랑으로 연결되기를 애쓰는 자녀라고 할 수 있다. 생애 초기부터 부모와 연결되는 경험을 하지 못한 자녀는 부모의 사랑을 얻기 위해 부모 주변을 맴돌게 되고 결국 자신이 진정으로 원하는 삶을 살지 못하게 된다. 이런 경우, 이기적인 부모는 자녀에게 부모가 원하는 삶만을 강요하고, 만약 자녀가 잘못되기라도 하면 이를 외면해버리거나, 사랑하는 방식을 잘 모르는 부모의 경우, 자녀에게 문제가 있음을 깨닫게 되었을 때 자녀의 손을 끝까지 놓지 못하기도 한다. 혹여나 자녀가 문제를 일으키기 시작하면 모든 가족관계가 문제를 일으킨 자녀 중심으로 돌아가기 때문에 가족이 치르는 대가는 너무나도 커지게 된다. 이렇게 부모가 자녀를 모르거나 더 나아가 자신을 모르면 부모·자녀 간의 연결은 쉽지 않다. 부모와 연결되지 못한 자녀는 부모와 끝까지 갈등을 일으키다가 자신을 망가뜨리거나, 아예 부모와의 관계를 단절하거나, 부모는 어쩔 수 없이 포기한 채 살아가기도 한다.

부모와 자녀가 연결되기 위해서는 우선 부모가 스스로에 대해 잘 알고 나아가 자녀에 대해 잘 알아야 하는데 이는 그리 쉽지 않다. 사티어는 가족을 치료하면서 가족 간의 문제가 바로 나와 너를 모르는 데서 비롯되었다는 것을 깨닫고, 빙산의 비유를 통해 인간을 통합적으로 이해하고자 하였다. 인간을 빙산으로 비유한 가장 큰 이유는 빙산과 마찬가지로 사람 역시 보이는 부분과 보이지 않는 부분이 있고, 실제 보이는 부분보다 보이지 않는 부분의 영향력이 훨씬 크기 때문이다. 나아가 사티어는 인간의 실존과 영성도 거론하였다. 우리의 삶은 죽음과 맞닿아 있기 때문에 죽음에 대한 두려움을 극복하지 못하면 실존적 불안에서 벗어날 수 없다. 살아간다는 것은 죽음에 대한 두려움을 직면하고 극복하여 순간순간을 충분히 경험하는 것이다. 하지만 죽음에 대한 불안을 극복하지 못하면 불안을 일으키는 대상 혹은 불안 그 자체에 붙잡혀 살기 때문에 삶의 매순간을 충분히 경험하지 못한다.

삶과 생명을 대하는 부모의 태도가 자녀의 태도를 결정짓는다. 외부적 성공여부와 상관없이 삶과 생명에 대한 부모의 태도는 자녀의 일생을 불안한 삶으로 만들 것인지, 아니면 스스로의 잠재능력을 충분히 드러내는 삶으로 만들 것인지를 좌우한다. 부모가 불안하면 자녀들도 불안하기 마련이다. 불안함 속에 성장한 자녀들은 배우자를 선택할 때에도 비슷한 수준의 불안을 가지고 있는 사람을 선택하게 되고, 이렇게 부부가 된 두 사람의 불안이 합쳐져 자녀에게 전달되므로, 그 자녀 역시 불안하고 자존감이 낮은 사람으로 성장하게 된다. 이렇게 몇 세대를 거치다보면 심각하게 역기능적인 가족의 형태가 나타나게 되는 것이다. 물론 각 개인마다 특성이 있고 가족 또는 사회 환경의 영향도 크기 때문에 단정적으로 모든 자녀의 문제를 부모에게 돌릴 수는 없다. 그러나 자녀가 자기를 만들어가는 과정에 부모의 영향이 지대하다는 것은 부인할 수 없는 사실이다.

1. 사티어의 인간에 대한 통합적 이해

사티어는 인간을 다양한 영역들로 복잡하게 연결된 하나의 유기체로 이해하였으며, 인간의 모든 부분은 서로 연결되어 상호작용한다고 보았다. 특히 뇌신경학, 유전공학 등이 눈부시게 발전하면서 우리가 몰랐던 뇌와 관련된 많은 지식이 쏟아지고 있다. 이미 사티어는 신체, 감각, 신경체계, 뇌는 서로 상호 작용하는 관계라고 직관적으로 설명한 바 있다. 뿐만 아니라 사티어는 체계적 관점에서, 신체, 감각, 신경체계, 영성 등 인간의 모든 차원을 포괄한 메타포를 제시하였다.

1) 신체(몸)

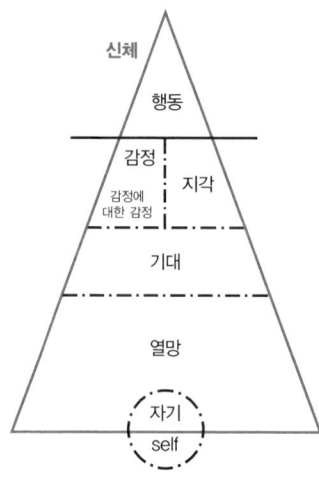

우리의 몸은 생명을 담고 있어 호흡이 끊기는 순간 우리는 더 이상 존재할 수 없다. 또한 신체는 마음과 정신, 영혼을 담고 있어, 감정을 느끼고 지각하며, 이미지를 생성하고, 행동하게 한다. 우리는 신체적 접촉을 통해 외부와 관계를 맺고 살아간다. 뇌 부분에 문제가 있을 때 신체적, 심리적 장애가 발생할 수 있고, 신체에 문제가 있을 때, 심리적 문제가 발생할 수 있으며, 심리적 문제로 인해 신체적 장애가 생길 수도 있다. 예로 어떤 세 살짜리 어린 아이는 부모가 헤어질까 두려워 시름시름 앓기도 했으며, 일류대학에 진학해야만 한다는 압박을 받던 한 고등학생은 심한 두통을 앓기도 했다. 극도의 스트레스를 받을 때면 히스테리 발작을 일으키거나 공황발작을 일으키기도 했다. 간혹 학업 스트레스를 많이 받거나 가족이 불안정할 때 자녀들이 공부에 집중하지 못하고 멍하니 있는 것은 복잡한 뇌를 쉬게 하는 한 방법이라고 볼 수 있다.

이런 증상들은 모두 심리적인 것과 신체적인 것이 밀접하게 연결되어 있다는 것을 보여준다. 우울증의 치료방법 중의 하나는 햇볕을 쬐는 것이다. 햇볕을 많이 받음으로써 특정한 화학물질을 만들어내고, 그 물질이 우울증을 경감시키는 역할을 한다는 사실은 신체와 심리상태가 연결되어 있음을 보여주는 것이다. 따라서 부모는 몸과 마음의 상태를 건강하게 관리해야한다. 스트레스에 취약한 부모는 자주 짜증을 내는 경향이 있는데, 이는 자녀의 삶 전체를 불안하게 만들 수 있다. 이러한 경우 자녀는 부모가 받는 스트레스의 원인을 자기 탓으로 돌리게 되며 이는 곧 자존감이 낮아지는 결과로 이어진다. 자녀들은 스트레스를 느낄 때 신체적으로 심리적 상태를 드러낼 수 있다. 그러므로 부모는 자녀들이 시무룩하거나, 갑자기 말이 없어지거나, 밥을 잘 안 먹거나 하는 등의 모습들이 보이면 자녀의 심리상태를 확인해야 한다.

2) 행동(의사소통 대처방식)

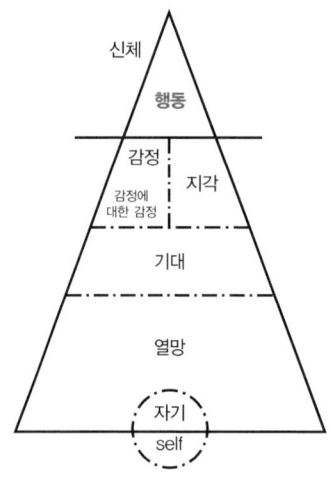

신체적 표현과 함께 관심을 가져야 될 부분이 행동이다. 모든 행동은 내면의 경험이 표면으로 드러난 것이다. 행동에는 비언어적 표현과 언어적 표현이 있다. 어깨가 축 처져 있다거나, 말을 잘 안하려 하거나, 주먹을 꽉 쥐고 얼굴을 붉히는 등의 행동을 비언어적 표현이라고 하며, 말로써 하는 일체의 표현을 언어적 표현이라고 한다. 언어적 표현은 내면과 다르게 표현하기가 쉽기 때문에, 비언어적 표현이 언어적 표현에 비해 더 정직하다고 볼 수 있다.

권위적인 부모일수록 자녀와의 의사소통을 시도하기보다, 일방적으로 명령하고 지시하려는 경향이 있다. 이런 권위적인 부모 밑에서 성장하는 자녀들의 경우, 야단맞거나, 비난을 당하거나, 무시당할까 두려워 자신의 솔직한 마음을 표현하는 것에 두려움을 갖는다. 한편 지나치게 이성적인 부모의 경우 심하게 따져 물어 자녀들의 입을 닫아버리기도 한다.

부모는 평상시에도 대화의 통로를 열어 놓고 자녀들의 삶에 무슨 일이 일어나고 있는지 알아야 한다. 자녀들에게 감정을 물어봐주고, 이해해주고, 수용해주고, 지지해준 다음에 훈계를 해야 자녀들도 부모의 말에 경청하게 되고, 이를 통해 세상을 살아나갈 힘을 얻을 수 있게 된다.

3) 감정

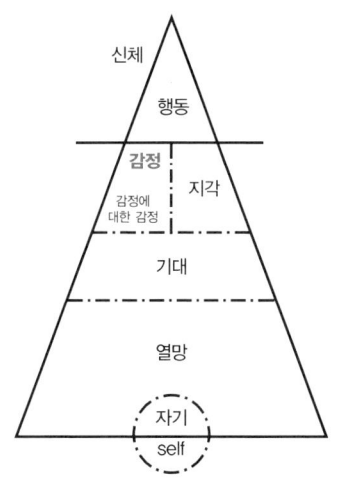

감정은 마음의 상태를 나타내는 내면의 체온계다. 감정은 마음의 행복함, 슬픔, 외로움, 분노 등에 대하여 자기(중심-나)가 현재 어느 정도의 상태에 있는지를 알려줌과 동시에 안정적인 상태로 되돌리라는 메시지를 주기도 한다. 이 메시지를 듣고 적절한 조치를 취해 자기(중심-나)가 안정적인 상태로 회복되면 감정도 평상의 상태로 돌아온다. 그러나 감정을 안정적인 상태로 되돌릴 수 없는 상황에서는 자신의 감정을 회피하거나, 무시하거나, 억압하는 방식으로 문제를 해결한다. 자존감이 낮은 부모들은 자신의 감정을 자각하기 힘들고, 자각하더라도 인정하기 힘들어 한다. 이렇게 감정을 모르거나 감정을 표현할 줄 모르면 감정을 억압하다가 억압된 감정이 한꺼번에 폭발하거나 우울증에 빠지는 등 신체적 증상이 발생하기도 한다.

 감정은 마음의 상태를 표현하는 것이기 때문에 부모는 자녀들의 감정을 잘 이해하는 것이 중요하다. 그러나 자녀들의 감정을 지나치게 캐묻는 것은 적절하지 않다. 자녀가 단순히 힘든 감정을 이야기하고 싶은 것인지, 문제해결에 도움을 원하는 것인지 파악한 다음, 자녀의 감정을 적절하게 다루어야 한다. 간혹 자녀가 힘들어하면 즉각적으로 도움을 주려는 조급한 부모도 있는데, 이는 바람직하지 않다. 한 박자 늦추어 자녀에게 자신의 감정을 소화할 수 있는 시간을 허락한 다음, 자녀와 대화를 시도하는 것이 바람직하다.

그때에도 자녀의 상태를 정확하게 파악하고, 감정을 반영해주면서 대화를 시도하여야 한다.

4) 감정에 대한 감정

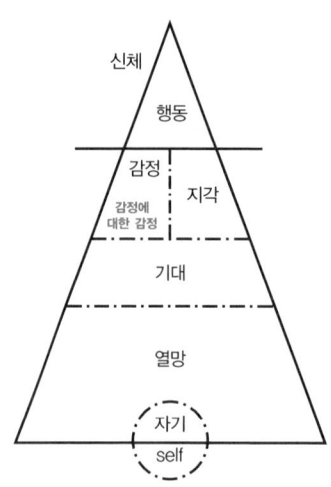

우리가 알고 있는 다양한 종류의 감정들은 상황에 따라 일차적 감정과 이차적 감정으로 분류될 수 있다. 상황에 대한 즉각적인 반응으로 발생하는 감정을 일차적 감정이라고 한다면, 이차적 감정은 그러한 감정을 판단할 때 일어나는 감정이다. 가령, "자녀에게 화를 내서는 안 된다, 부모는 약한 모습을 보여서는 안 된다." 등의 규칙과 생각들은 내면에서 느껴지는 감정을 강력하게 통제하는 기제로 작용하게 되는데, 만약 내면에서 부정적인 감정을 느끼거나 밖으로 표현하려 할 때 이러한 규칙들이 적용되면 곧바로 이차감정으로 이어진다. 한 예로, 슬픔을 느끼지만(일차적 감정) '슬퍼하는 것은 나약한 사람이나 하는 짓이야. 슬퍼하는 나는 나약한 사람이야. 나는 이런 내 자신이 마음에 들지 않아.' (감정에 대한 판단)라고 생각한다면, 슬픔이라는 일차적 감정과 함께 자신에 대한 죄책감이나 실망감 등의 이차적 감정을 느끼게 되는 것이다. 일차적 감정을 경험하는 과정에서 주로 자기 자신을 판단하는 결과로 발생하는 감정, 곧 자기(중심-나)에 대한 판단과 관련된 감정도 이차적 감정에 해당된다.

부모는 자녀들이 감정에 대한 감정을 자주 느낀다는 것을 알아야 한다. 모든 자녀는 부모에게 양가감정을 느낀다. 부모가 밉고, 부모에게 화가 나고, 때로는 부모가 사라졌으면 하는 감정까지 느끼는데 이런 감정을 느낌과 동시에 이차 감정인 죄책감이나 두려움을 느끼게 된다. 이처럼 부모는 자녀가 이러한 감정에 대한 감정을 느낀다는 것을 알고 부모에게 부정적 감정을 표현하여도 이를 이해하면서 부정적인 감정해결에 도움을 주어야 한다. 그러면 자녀들은 부모가 좋지만 가끔은 부모도 내가 싫어하는 행동을 할 수 있음을 받아들이게 된다. 즉 사람은 누구나 잘못할 때가 있다는 것을 경험하면서 자기와 타인을 수용할 수 있게 된다. 그러나 자녀가 부정적인 감정을 표현했을 때 질책하게 되면 곧 부정적인 감정에 대한 이차감정 즉, 죄책감이나 두려움을 느끼게 되는데, 이는 자존감을 낮추고 나아가 일차감정까지 지워버리면서 감정을 억압하는 사람으로 만드는 결과로 이어진다. 특히 자녀가 청소년기에 들어서게 되면 부모의 가치관 등을 한 번 짚어보면서 자신의 것으로 통합하려 하는데, 부모로서는 이 시기의 자녀와 대화하는 것이 쉽지 않다. 이때 자존감이 낮은 부모의 경우 자녀의 반항적인 태도를 받아들이기 힘들기 때문에 갈등상황으로 악화되기 쉽다.

5) 지각

인지능력은 인간을 인간답게 하는 특징일 뿐 아니라 뇌기능 중에서도 가장 늦게까지 발달하는 부분이다. 사티어는 이러한 인지기능에 대해 '지각'이라는 용어를 사용하였고, 이를 단순한 인지기능을 넘어 개인이 가진 생각, 주관적 신념, 관점까지를 포괄하는 의미로 확장시켰다. 지각기능은 태내 발달과정에서 특정한 문제가 있었거나 외상으로 인한 뇌손상이 있었던 경

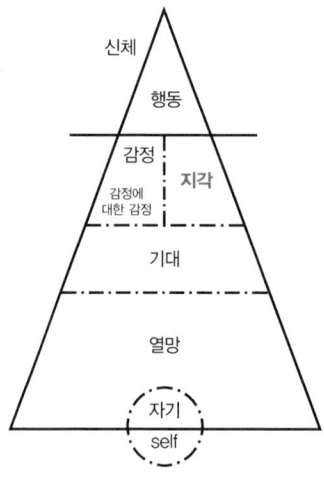

우가 아니라면 수준의 차이는 있겠지만 누구나 지니고 있는 능력이다. 감정이 인간을 움직이게 하지만, 어떤 사람들은 감정보다 지각에 의해 움직여지기도 한다. 감정과 지각이 골고루 기능하기보다 어느 한 영역에만 편중되어 발달하는 경우, 타인과의 관계에서 서로 연결되어 원활하게 소통하는 것에 제한이 따를 수 있다.

6) 기대

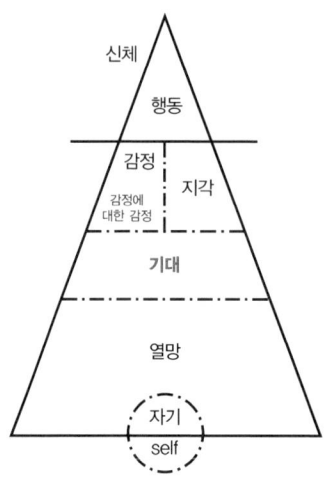

인간이라면 누구나 열망을 가지고 태어난다. 사람은 기대를 채우면서 열망을 실현시킨다. 우리는 나 자신에 대해 갖는 기대, 상대방에 대해 갖는 기대, 상대방이 나에게 갖는 기대를 안고 살아간다. 그런데 기대를 충족시키지 못하면 열망이 충족되지 않고, 그 결과 슬픔, 분노, 외로움, 공허감, 무력감을 느끼면서 자기(중심-나)가 점차 위축되어 생명에너지가 기능하는 데 방해를 받는다. 따라서 기대를 잘 충족시키는 것은 매우 중요하다. 자신이 스스로 충족시킬 수 있는 기대를 가지고 있을 때 열망은 잘 충족될 수 있다. 그러나 타인이나 외부를 통해 자신의 기대를 충족시키려 한다면 열망은 채워지지 않고 실망감이 찾아오게 마련이다.

부모가 자녀에게 갖는 기대는 자기 자신한테 갖고 있는 기대이거나 자신이 충족시키지 못한 기대에서 비롯되는 경우가 흔하며, 부모는 자신한테 바라고 있는 만큼 자녀도 그렇게 되기를 바란다. 그러나 부모가 자신의 기대를 자녀를 통해서 충족시키려고 하면 자녀는 자기를 상실하게 된다. 부모는 자녀의 기대를 먼저 존중하여 주고, 그 기대를 충족시키고자 할 때 거쳐야만 하는 과정을 충분히 설명해 주어야 한다.

7) 열망

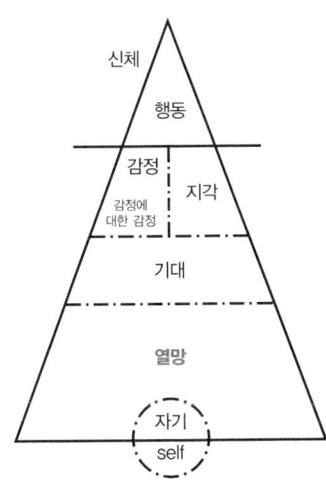

인간의 가장 근본적인 욕구는 열망을 충족시키는 것이다. 인간은 생존에 대한 안전감, 안정감, 소속감, 사랑, 인정, 승인, 자유, 삶의 의미와 목적, 할 수 있다는 힘, 즐거움, 성장 등에 대한 열망이 있다. 이런 열망을 충족시키면서 살아갈 때 우리는 높은 자존감을 유지할 수 있으며, 타인과의 관계에서도 일치적인 관계를 맺을 수 있다. 그러나 부모의 열망과 자녀의 열망이 다를 경우 둘 사이에 충돌이 생길 수 있다. 자녀는 자신에 대해 부모와 독립된 하나의 개체로서 인정받고, 수용 받고, 사랑받으며 자유롭게 살아가고 싶은 열망이 있는데, 부모는 자녀에 대해 다른 열망을 가지고 있을 수 있다. 특히 자녀의 자유에 대한 열망은 권위적이고 불안한 부모에게 위협적으로 느껴지기 때문에 자녀를 통제하려 한다. 그러나 자신의 열망을 충족시키는 삶을 살지 못한다면 자녀의 삶은 허무하고, 공허하며 자기의 삶을 사는 것 같지 않다고 느낄 수밖에 없다.

8) 자기(중심-나)

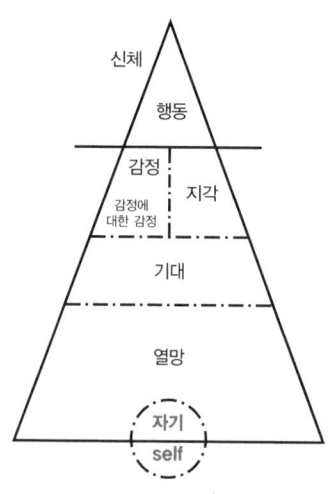

열망이 충족되면 자존감이 높아지고, 자기(중심-나)가 든든해지며, 외부의 영향에 흔들리지 않는다. 자신을 돌보고 사랑할 수 있으며, 상대방을 배려하고 인정할 수 있는 힘을 갖게 된다. 곧 자기(중심-나)가 충분한 힘을 가지고 있을 때 자기(중심-나)를 중심으로 내면의 여러 부분들을 조화롭게 다스리면서 살 수 있다. 반면, 자기(중심-나)가 약한 사람은 감정이나 지각, 행동, 신체적 욕구 등 빙산의 어느 한 부분에 의해 지배당한다. 즉 부모·자녀의 관계에서 갈등상황이 발생했을 때 자기(중심-나)가 약한 부모는 자기(중심-나)가 위축되고 감정이나 이성 등 어느 한 부분에 의해 빙산 내면 전체가 지배당하기 때문에 자녀에게 반사적으로 행동하게 되고 갈등 해결이 쉽지 않다. 부모가 자기(중심-나)와 만난 경험이 없는 경우, 그 경험이 무엇인지 모르기 때문에 자녀가 자기(중심-나)를 만날 수 있도록 도와주기 힘들다. 부모가 먼저 자기(중심-나)를 알고 걸림돌을 해결해야 자녀를 수용하고 가치를 인정할 수 있는 힘이 생기게 된다. 이러한 부모는 자녀가 스스로 자신을 통제하고, 행동에 책임을 지고, 자신의 삶에 대한 의사결정을 할 수 있는 자기(중심-나)를 키워줄 수 있다.

작업하기) 부모의 내면 탐색하기

아래의 순서에 따라 부모 자신의 내면을 탐색해본다.

1. 상황에 대한 객관적 서술

    집에 들어오니 중학생 딸의 방은 마치 도둑이 막 다녀간 것 같이 정신없고 산만하다. 딸은 컴퓨터 앞에 앉아 채팅에 흠뻑 빠져 있다. 그 모습을 보자 나도 모르게 그만 버럭 소리를 지르고 말았다.

2. 행동

    늘어놓은 물건들을 딸에게 던져 주며, "자기 물건 하나 제대로 정리 못하는데 무슨 일인들 제대로 할 수 있겠니?" 하고 나무랐다. 그러자 딸은 눈을 잔뜩 내리깐 채 나를 흘겨보면서, "정리 못하면 아무 것도 못한다고 누가 그래요? 남들 하는 것 다 할 수 있어요." 하고 말대꾸를 했다. 나는 그만 화가 너무 치솟아 옆에 있던 빗으로 딸의 머리를 한 대 내리쳤다. 딸은 화가 나서 그 자리에서 꼼짝도 하지 않고 나를 노려보고 서 있었다.

3. 감정

    딸의 행동에 화가 나서 속이 부글부글 끓어 오르고, 당황스럽고, 또 원망스러운 감정까지 들었다.

4. 감정에 대한 감정

    '이런 감정을 딸에게 느껴서는 안 되는데.' 하면서 죄책감과 무력감이 느껴졌다.

5. 지각체계와 신념

    자기 할 일을 제대로 하지 않으면 앞으로 사회에서 인정받지 못할 것이다.
    부모가 지나치게 야단을 쳤다 해도 이렇게 대드는 것은 잘못된 태도이다.

6. 딸에 대한 기대

    자신의 일을 알아서 잘 해주길 바라고, 부모의 말에 순종했으면 좋겠다.

7. 나 자신에 대한 기대

    딸에게 화를 벌컥 내지 않고 조용히 타이르는 좋은 부모가 되는 것을 기대하였다.

8. 열망

    비록 엄마가 지나치게 말했다 해도 엄마를 인정하고 수용하여 주기를 바랐는데 그렇지 않은 것이 못내 아쉽다.

9. 자기

    딸을 있는 그대로 수용하고 사랑하기보다 딸을 통해 나의 열망을 채우려는 내 자신이 이기적이고 부족한 엄마로 여겨지면서 자존감이 낮아졌다. 나 자신이 부끄럽고 싫다.

작업하기) 부모의 내면 탐색하기

• 상황: 고등학생인 아들의 기말고사 성적이 많이 떨어졌다.

아들이 비싼 과외를 했음에도 불구하고 공부를 제대로 하지 않는다는 생각과 이럴 경우 원하는 대학에 들어가지 못할 것 같다는 생각이 들어(지각) 화가 나고, 실망도 되고, 또 걱정이 되어 몹시 불안하다.(감정) 또 이런 감정을 느끼는 나를 다른 엄마들이 알게 될까 봐 너무 수치스러웠다.(감정에 대한 감정) 나는 아들이 적어도 반에서는 1등을 할 줄 알았는데 겨우 5등밖에 못했다.(아들에 대한 나의 기대) 아마 아들은 내가 이런 상태를 편안하게 받아들여 주었으면 했을 것이다.(나에 대한 아들의 기대) 나도 내가 이렇게 자식의 성적에 매달리는 것이 싫다.(나 자신에 대한 기대) 아무튼 나는 고등학생 자녀를 둔 엄마로서의 자격이 없는 것 같다. 다른 엄마들처럼 능력도 없고, 아무것도 할 줄 아는 것이 없는 쓸모없는 인간이다. 나는 내가 이런 존재밖에 안되는 것이 한없이 속상하다.(자기)

내가 아들에게 지나친 기대를 갖고 있는 것이 옳은 태도일까? 왜 내가 아들의 성적에 매달리는가? 내가 정말 원하는 것이 아들을 위한 것인가? 아니면 나를 위한 것인가? 혹시 나는 좋은 학교를 나오지 못한 열등감을 아들을 통해서 보상받으려는 것은 아닌가? 나는 나 자신을 존중할 줄 아는가? 나는 나를 사랑할 줄 아는가? 나는 정말 아들을 사랑하는 것인가? 아니면 아들이 나의 자존심을 올려줄 때에만 아들을 사랑하는가? 만일에 그렇다면 나는 앞으로 어떻게 다르게 살 것인가?

작업하기) 부모의 내면 탐색하기: 빙산 탐색

과거(현재)에 자녀와의 관계에서 괴로웠던 상황을 떠올리고, 아래의 질문에 답해본다.

1. 그 상황에 대해서 나는 어떻게 생각하고 판단하였는가?
2. 그런 생각을 했을 때 어떤 감정을 느꼈는가?
3. 그 감정을 느꼈을 때, 그런 감정에 대한 죄책감 같은 감정을 또 느끼지는 않았는가?
4. 만약 분노, 슬픔, 실망, 억울함, 배신감 등의 감정을 느꼈다면 내가 바랐거나 기대했던 것이 무엇이었는가? 그 기대가 적절한 기대인가? 혹시 지나친 기대는 아니었는가?
5. 그 기대가 채워졌다면 나의 어떤 열망을 충족시킨 것인가? (사랑, 인정, 능력, 소속감 등)

6. 나의 기대를 채워주지 않았던 자녀는 나에게 어떤 기대를 가지고 있었을까?
7. 내가 나 자신에 대해 갖고 있는 기대는 무엇인가?
8. 과거의 상황에서 내가 괴로워하였는데 이렇게 탐색을 하고 난 다음에는 나 자신이 어떤 사람이라는 생각이 드는가?
9. 자신한테 나는 나름대로 최선을 다했고, 비록 잘못한 것이 있다 하더라도 나 자신을 용서하고 앞으로 어떻게 달라질 수 있는지 결심할 수 있는가?

2. 일치성과 자존감에 대한 이해

사티어는 부모가 일치적일 때 자녀도 자존감이 높게 형성될 수 있다고 말하고 있다. 일치성의 기저에는 자존감이 내재되어 있고, 일치성은 자기를 존중하는 자존감이 높을 때 이룰 수 있는 상태이다. 따라서 일치적 상태를 유지하기 위해서는 자존감이 높아야한다. 이제 일치성과 자존감의 연관성에 대해 살펴보자.

1) 일치성 congruence 이란?

사티어는 신체적, 심리적, 영적 균형을 이루고 있는 상태를 자존감이 높은 일치적 상태라고 표현하였다. 일치적 상태에 이르기 위해서는 우선 내가 어떤 상태에 있는지를 알아차려야 한다. '알아차린다' 는 말의 뜻은 지금 이 순간 내가 신체적으로 경험하는 것, 감정의 상태, 생각의 내용, 기대, 열망이 무엇인지 알아차린다는 것이다. 어느 영역에서 부적절감을 느끼는지 자각하고, 그것을 조절할 수 있어야 한다. 또한 일치적 상태에 이르기 위해서는 자기가 경험하는 것을 알아차릴 뿐만 아니라 자기를 객관적으로 바라볼 수 있는 능력이 있어야 한다. 알아차린 '나' 와 바라본 '나' 가 같다면 적어도 나 자신을 왜곡하지 않는 것이다.

(1) 일치적인 사람의 특성
① 이 순간에 경험하는 것을 왜곡하지 않고, 보고, 듣고, 느끼는 대로 표현한다.
② 타인을 해치는 것이 아니라면 내가 원하는 것을 요구할 때 타인의 눈치를 보지 않는다.

③ 내가 아닌 다른 모습으로 보이려 하지 않고, 나의 개성과 독특함을 인정하고 그것을 표현 한다
④ 활기찬 삶을 살고, 이런 삶의 에너지를 다른 사람들과도 주고받는다.
⑤ 나 자신을 믿을 뿐만 아니라 다른 사람들도 신뢰한다.
⑥ 비록 위험하다 할지라도 신념에 따라 도전한다.
⑦ 좌절을 겪어도 참고 인내하면서 희망을 잃지 않는다.
⑧ 나의 능력을 펼침에 있어 내가 지니고 있는 모든 자원들을 편안하게 활용한다.
⑨ 사람들과 친밀하게 지내면서도 외부와의 경계선을 명확하게 구분한다.
⑩ 나 자신과 다른 사람을 편안하게 수용한다.
⑪ 나 자신을 사랑하고, 내가 원하는 사람들과 사랑의 관계를 맺을 수 있다.
⑫ 변화를 두려워하지 않고 변화에 대해 융통성이 있으며 개방적이다.
⑬ 규칙에 의해 삶을 제한하지 않는다.
⑭ 현실지각 능력이 있고, 자기조절 능력이 있어 충동을 조절할 수 있다.
⑮ 생존을 넘어 성장을 추구하는 삶을 살기 때문에 사는 일에 급급하거나 쫓기듯 살지 않는다.

(2) 일치적인 부모의 특성
① 자기(중심-나)의 수준에서 자녀와 만나려고 노력한다.
② 나 자신을 존중하고 신뢰하며, 자녀도 존중하고 신뢰한다.
③ 솔직하고 정직하게 표현할 수 있고, 자녀도 그렇게 하도록 돕는다.
④ 자녀를 나와 동등한 인격을 지닌 독립된 존재로 인식한다.
⑤ 자녀와 연결되려고 노력하지만, 동시에 자녀의 영역을 존중하기 위해

적절한 경계선을 설정한다.
⑥ 나 자신과 자녀의 내면을 이해하려 노력한다.
⑦ 나 자신을 돌보고, 자신이 갖고 있는 자원을 개발하고 강화하며, 자존감을 높이려 노력하고 자녀도 그렇게 하도록 지지한다.
⑧ 나 자신의 잠재적 능력을 믿고, 자녀도 그들이 원하는 삶을 살 수 있는 잠재적 능력을 가지고 있다고 믿는다.
⑨ 성장하려 노력하고, 이러한 모습을 자녀들이 보고 배울 수 있다고 믿는다.
⑩ 부모로서 최선을 다할 마음이 있고, 책임을 질 자세가 되어 있다.
⑪ 자녀양육에 대해 모른다면 배울 자세가 되어 있다.
⑫ 나의 일치성을 추구할 뿐만 아니라 자녀들도 일치적이 되도록 돕는다.
⑬ 나의 자녀들을 이기적인 사람이 아니라 사회공동체의 일원으로서 책임질 줄 아는 사람으로 키우고자 한다.
⑭ 자녀들의 영적 일치를 도우며, 스스로를 독특한 존재라 확신함과 동시에 전(全) 생명공동체의 일원이라는 의식도 가질 수 있도록 돕는다.

2) 자존감 self-esteem 이란?

자존감이란 자기의 가치를 스스로 평가하는 자기경험을 말한다. 자존감에 대한 평가는 전체적이고 포괄적인 자존감과 특정 상황에서 자신을 평가할 때 발생하는 특정한 자존감, 그리고 자신의 평가와 외부의 평가를 포함한 전체 합을 말한다. 대개 사람들이 자존감을 평가할 때에는 의미 있는 사람들과의 대인관계, 문제해결 능력, 일의 수행능력, 외모, 건강, 운동신경, 학습능력, 신체적 특징, 소유물, 용기, 도덕심, 노력, 타인에 대한 배려 등을 수준에 따라 평가한다.

그러나 사티어의 자존감 개념은 좀 더 본질적인 생명체에 대한 가치판단으로, 외적평가보다는 내적평가를 더 중요하게 다루고 있다. 즉, 자존감이란 자신의 가치에 대해 스스로 내리는 판단, 신념, 느낌, 이미지라고 할 수 있다. 진정한 자존감은 자기가 하나의 생명체라는 확고한 의식이다. 생명체는 그 어떤 능력이나 가진 것의 여부와 관계없이 생명 그 자체로 존엄하며, 삶을 살 권리와 그것을 잘 실현해야 할 의무까지도 있음을 인정하는 겸허한 태도이다.

자존감이 높으면 생명의 에너지가 자연스럽게 흘러나오고, 그 에너지는 다른 사람들에게도 전달된다. 자존감이 높을 때 자신의 감정이나 생각 등을 존중하고, 자신에게 그것들을 표현하고 주장할 수 있는 권리가 있음을 알고 그렇게 행할 수 있는 힘이 있다. 또한 상대방도 그럴 수 있다고 여겨 상대방의 권리 또한 존중한다. 다른 사람과의 차이점은 의사소통을 통해 해결하고, 그 결과를 실행할 힘이 있기 때문에 타인과 잘 어울리며 살아간다.

그러나 자존감이 낮으면 자기를 있는 그대로 드러내는 것을 두려워한다. 또 타인과 관계를 맺을 때, 명확하게 보고, 듣고, 생각하고, 이해하지 못하기 때문에, 왜곡해서 받아들이고, 그 왜곡된 생각을 사실이라 굳게 믿게 된다. 자기를 스스로 낮게 평가하기 때문에 자신을 정직하게 표현하면 도리어 거부당하거나, 무시당하거나, 비난을 받게 될까 두려워 자신을 감추려 한다. 또한 어려운 상황에 처했을 때 새로운 방법을 시도하거나 문제를 직접적으로 해결하기보다는 남의 탓을 하면서 자기를 방어한다. 자신이 원하는 대로 되지 않으면 자기를 쓸모없는 존재라고 여겨 공허감, 무력감, 깊은 좌절감으로 빠져버린다. 자존감이 낮을 때는 상대방도 나의 몸 전체가 내뿜는 에너지를 통해 현재의 내적 힘의 강도를 알기 때문에 더 쉽게 상대방으로 하여금 나를 무시하고 통제하도록 허용하게 된다. 자존감이 낮은 두 사람이 만나서 관계를 맺게 되면 서로가 통제하게 되면서 엉켜버리고 결국 혼란에 빠지게 된다.

누구나 가끔 기운이 떨어지고, 슬프고, 우울할 때가 있다. 그러나 자존감이 높은 사람은 이런 경우에 자신이 쓸모없는 인간이라고 자책하거나, 삶을 포기하려고 하지 않고 이를 극복하며 곧 에너지를 회복한다.

앞에서도 설명하였듯이 행복하지 못한 부부관계에 자녀가 연루될 때 자녀의 자존감은 손상된다. 예를 들어, 부모가 자녀를 통해서 자존감을 회복하려 할 때, 자녀가 부모의 열망을 대신 충족시켜주기를 바랄 때, 자녀로부터 정서적 돌봄을 받고자 할 때, 혹은 자신의 부정적인 측면을 자녀에게 투사함으로써 자신이 온전한 사람같이 느끼려할 때 자녀의 자존감 형성에 치명적인 영향을 끼치게 된다.

김영애 저, 통합적 사티어변형체계치료, 2011, p. 78, 자존감에 대한 설명을 참조

(1) 자존감이 높은 사람의 특성
① 나 자신을 존중하고, 다른 사람을 존중하고, 상황에 적절한 상호작용을 한다.
② 자각수준이 높아 상황을 객관적으로 바라보고 적절하게 반응을 한다.
③ 올바른 가치관을 형성하고 지킨다.

④ 자기를 표현하는 것을 두려워하지 않는다.
⑤ 자신에 대한 신뢰감, 자기효능감과 능력에 대한 자신감이 있다.
⑥ 삶에 대한 목적이 있으며, 자신의 삶에 집중한다.
⑦ 자신의 삶에 대해 스스로 책임지려 한다.
⑧ 자신의 삶을 행복하게 살 권리와 그렇게 할 수 있는 힘이 있다고 믿고, 다른 사람의 권리와 힘도 인정한다.
⑨ 인생에서 겪는 수많은 위기와 고통을 회피하지 않고, 적극적으로 해결하려는 힘이 있다.
⑩ 스스로의 삶에서 기대하는 것들을 충족시키고, 열망을 채울 수 있는 힘이 있다.
⑪ 불편함을 회피하지 않고 고통을 이겨 내려는 의지가 있다.
⑫ 고통을 수용하는 힘이 크다.
⑬ 특권의식이 적고, 평범함을 통해 고유성을 발견하며 내적평화를 이룬다.

(2) 자존감이 높은 부모의 특성
① 각 자녀의 고유성을 인정한다. 따라서 형제, 친척, 이웃집 자녀들과 비교하지 않는다.
② 부모는 자녀에 대한 소유권이 있는 것이 아니라 잘 양육할 책임이 있음을 알기 때문에 자녀의 기본권리를 인정한다.
③ 자녀를 양육하는 과정에서 양육방식의 문제로 난관에 봉착할 경우, 이를 적극적으로 개선할 힘이 있다.
④ 현재 자녀가 처한 상황에 대해 명확히 판단하고, 부모역할을 이행할 수 있는 계획을 구체적으로 세운다. 그러나 그렇게 할 수 없다면 외부에

도움을 청한다.
⑤ 자녀와 자유롭게 상호작용하면서 부모의 좋은 것을 자녀에게 전달해 주고 동시에 자녀로부터 새로운 것을 배운다.
⑥ 부모로서 자신의 삶에 책임을 질 줄 안다. 원인과 결과, 과정에 대해서도 책임을 지기 때문에 정직하고, 자율적이며 당당하다.
⑦ 자녀에 대해 개방적이고 변화에 대해 유연하게 적응한다.
⑧ 자녀의 지적으로부터 자신을 방어하려 하지 않는다. 자녀로부터 잘못을 지적 받아도 겸허하게 잘 받아들일 수 있다.
⑨ 자녀와 선한 관계를 맺고 협조적인 태도를 갖는다.
⑩ 부모 역할을 잘 해낼 수 있다는 믿음이 있고, 자기를 조절할 수 있는 능력이 있다.
⑪ 열린 마음으로 새롭고 긍정적인 목표를 설정하여 도전할 뿐 아니라 적절하지 않은 목표는 수정하며, 더 나은 것들을 받아들일 수 있는 안목이 있다.

(3) 자존감이 낮은 가족의 특징

• 준서 엄마
준서의 엄마는 어려서부터 똑 부러지는 성격에 모든 것을 잘하는 믿음직한 맏딸이었다. 그로 인해 부모의 인정과 많은 사람들의 칭찬을 받으며 성장하였다. 이렇게 책임감이 강하고, 모든 일을 잘 해내고, 인정을 받으면서 성장하는 동안 "나는 모든 것을 잘 해야만 해." 혹은 "나는 잘난 사람이야." 라고 하는 우월자기를 형성하게 되었다.

그러나 아버지의 사업이 부도가 나면서 대학에 진학하지 못하게 되었고,

가족의 생계, 동생들의 학비를 책임지기 위해 일찍부터 사회생활에 뛰어들게 되었다. 아버지의 갑작스러운 사업 실패로 불안이 높아져 모든 것을 확실히 하고, 안정적이게 하려는 통제욕구가 더 강화되었으며, 무능한 부모를 대신해서 가족의 생계를 책임지려하는 과대기능을 하게 되었다.

가족을 돌보다보니 결혼 적령기를 훌쩍 넘겼고, 특히나 준서 엄마의 시대에는 노처녀가 초혼을 하기는 힘들었기 때문에 재정이 튼튼한 남자가 경제적 안정감을 줄 것 같아서 자녀가 있는 현재의 남편과 재혼을 하게 되었다. 준서의 엄마는 재혼이라는 사실과 경제력 때문에 결혼했다는 비난을 받을 것 같아서 주위의 시선이 두려웠으며, 다른 사람들이 이 사실을 알게 될까봐 전전긍긍하였다. 그러면서 한편으로는 새엄마라서 남편의 자녀들을 구박한다고 생각할까봐 완벽하게 좋은 엄마 역할을 해내려 애썼다.

준서 엄마의 결혼생활은 여러 가지 측면에서 열등감과 불안을 느끼게 했으며, 그로인해 과도하게 타인을 의식하게 되었다. 그럴수록 더욱 완벽한 아내, 엄마, 며느리로써의 역할을 해내야 한다는 강박관념에 사로잡히게 되었고, 이 과정에서 준서 엄마는 친아들인 준서를 끔찍하게 사랑하면서도 자기 아들만 챙긴다고 할까봐 오히려 더 엄격하게 대하곤 하였다.
준서 엄마는 전심전력을 다해 아들의 성적을 올리는 것에만 몰두하였으며, 어머니의 성적에 대한 지나친 기대는 점차 준서의 학업에 대한 부담감을 가중시켜 스트레스를 감당하지 못하게 되었다.

• 준서 가족
준서 엄마의 이런 태도는 가족 모두를 힘들게 했다. 의붓자식들과 남편은 준서 엄마의 완벽한 성격 때문에 숨이 막혔으나, 완벽하게 아내, 엄마, 며느리로써의 역할을 해내고 있었기 때문에 할 말이 없었다. 그러나 남편은 역할에만 강박적으로 치중하는 아내와 정서적으로 연결이 되지 않아 바깥으로 돌게 되었다.

남편이 바깥으로 돌수록 준서 엄마는 가족 내에서의 자신의 역할에 집착하면서 낮은 자존감을 회복하려고 애썼다. 그러면 그럴수록 식구들은 점점 더 힘들어져만 갔다. 그러나 가족은 표면적으로 드러나는 준서 엄마의 행동이 흠잡을 데 없었기 때문에 불만을 갖는 것에 죄책감을 느꼈고, 더욱이나 표현하기는 더욱 힘들었다. 준서 역시 엄마의 기대를 맞추려고 애썼지만 도저히 엄마를 만족시킬 수가 없었다.

준서에게 재혼이라는 사실을 숨겼기 때문에 준서의 입장에서는 어머니가 자기를 정말 사랑하는지 신뢰하지 못하였고, 또 누나와 형의 무엇을 숨기는 듯 한 어설픈 태도와 아버지의 무관심은 자기의 존재 가치를 느끼지 못하게 만들었다. 준서는 이런 혼란스러운 상황으로 인해 항상 머리가 아팠다. '나는 엄마의 어떤 태도를 받아들여야 할까? 어떻게 하면 엄마가 나를 인정해 줄까?' 등의 풀리지 않는 수수께끼를 안고 준서는 점점 더 미궁의 세계로 빠져들고 있었다.

• 준서의 증상

준서는 모든 면에서 뛰어나 수재들만 모이는 고등학교에 입학하게 되었다. 그러나 중학교에 다닐 때와 달리 고등학교에 들어가니 생각보다 성적이 잘 나오지 않았다. 공부에 더 이상 흥미를 느끼지 못하게 되었고, 불안함, 답답함, 무력감 등을 느끼면서 점차 멍하게 시간을 보내곤 하였다.

그런데 성적이 더 떨어지면서 준서는 이상한 행동을 보이기 시작하였다. 말을 하다가도 무슨 말을 하려 했는지를 잊어버린 듯 말을 끝내지 못하기도 하고, 혼자 중얼거리기도 했다. 성적이 떨어지기라도 하면 누군가가 자기 시험지 답안을 몰래 고쳐놔서 성적이 떨어졌다는 둥, 외국의 아이비리그에 가야 한다는 둥 부모를 설득하기도 했다. 점차 잠을 잘 못 자거나 지나칠 정도로 잠에 빠져들기도 했으며, 지속적으로 어머니를 닦달하였다.

많은 부모들이 좋은 의도를 가지고 있음에도 양육법을 잘 알지 못해 자녀들을 제대로 양육하지 못하는 경우가 많다. 그런 경우 대개의 부모는 자신의 좋은 의도는 알고 있는 반면, 자신의 잘못된 양육법에 대해서는 전혀 알지 못한다. 이러한 사실에 대한 자각이 부족한 탓에 자녀들의 모습에서 자신이 싫어하는 모습이 발견될 때 지나치게 예민한 반응을 보인다. 한 예로 아동기 아이의 산만함은 그 시기의 아이에게 흔히 발견되는 보편적인 모습이다. 하지만 부모가 자신의 이런 부분을 억압하고 있거나 혹은 성장과정에서 이런 모습을 보였던 형제 때문에 식구들이 고통을 받았던 경험이 있다면 그 모습을 수용하기 힘들어지게 되고 자녀를 통제하려 한다. 또는 부부관계가 좋지 않은 상태에서 배우자의 모습 중 싫어하는 부분을 자녀들에게 투사하게 된다. 이와 같은 부모의 모순된 행동은 대부분 부모 자신도 자각하지 못한 채 무의식적인 과정을 거쳐 일어난다. 부모가 자녀에게 자기를 투사하며 비난할 때 자녀는 자기 자신을 있는 그대로 수용하지 못하게 되고, 자기 내면에서 '우월자기'와 '열등자기'를 분리시킨다. 결국 낮은 자존감이 대를 이어 또다시 낮은 자존감을 형성하는 악순환이 이어지는 것이다.

(4) 자존감이 낮은 부모의 유형

① 자기중심적 욕구 충족이 강한 부모
- 자녀를 과보호하고, 자녀에게 매달린다.
- 자신의 희생에 대한 인정을 강요하고, 자주 불평하며, 혼자 있으면 불안해한다.
- 자식의 모든 것을 다 알려고 하고, 상처를 잘 받는다.

- 자녀가 잘못한 것을 잊지 않으며, 진정한 공감을 하지 못한다.

② 까다로운 부모
- 매사에 비판적이고, 자녀에 대해 만족하지 못한다.
- 끊임없이 잔소리하고, 완벽할 것을 요구하며, 자녀의 불평에 매우 예민하게 반응한다.
- 자신이 힘들면 다른 사람을 비난하고, 자녀가 부모 때문에 힘들어하면 자녀를 비난한다.
- 다른 사람들의 가치를 깎아 내리거나 우습게 여기며, 매우 방어적이다.

③ 자기 의지가 지나치게 강한 부모
- 자신이 가장 훌륭한 사람이라 믿고 그것을 분명하게 인정하도록 요구한다.
- 자녀를 조정하려 하고, 어떤 대가를 치르더라도 자기가 옳다는 것을 증명하려 한다.
- 때로는 거짓말도 서슴지 않고, 자녀를 자기 뜻대로 움직이기 위해 회유하기도 한다.
- 자기가 원하는 것은 반드시 다 가져야 하고, 자녀를 강제적으로라도 원하는 방향으로 끌고 가려고 한다.
- 유혹하고, 강제적이고, 자녀를 이용하기도 하며, 혼내려고 한다.
- 내가 원하는 대로 사람들이 따르는 것이 마땅하다고 믿고, 어느 누구보다도 자신이 잘나야 한다고 생각한다.

④ 우월자기를 형성한 부모
- 자기 스스로 최고가 되어야 하고, 자녀들도 최고가 되어야 한다고 믿는다.
- 자신에게 특권이 부여되어 있다고 믿는다.
- 자신이 가장 옳으며, 가장 좋은 것을 알기에 자녀들에 대한 것도 자신이 가장 잘 판단할 수 있다고 믿는다.
- 자녀에 대한 모든 결정권을 가지고 자녀의 모든 행동을 통제하며, 자신의 방식대로 따르기를 바란다.
- 자기중심적이기 때문에 상대방을 잘 이해하지 못한다. 자신의 비판적인 태도가 자녀에게 끼치는 영향을 모르기 때문에 자녀의 내면에 대한 공감능력이 떨어진다.
- 자신의 말이나 행동에 대해 자녀들이 부정적인 반응을 하면 자녀에게 문제가 있다고 여긴다.
- 감정표현 능력이 떨어지고 기껏해야 간단한 감정표현 또는 분노나 두려움만 표현한다.
- 자기 확장이 커서 자신과 자녀를 분리하지 못하고 자녀를 자신의 일부라고 생각한다. 따라서 자녀들을 파악하려하기 보다 자녀가 먼저 부모를 알아주기 바라고 부모의 뜻대로 움직여 주길 바란다.
- 자녀들이 어떤 것을 요구하면 무시하고 받아들이지 않는다. 부모들 또한 자신의 부모로부터 자기를 상실당하는 경험을 해왔기 때문에 강한 피해의식을 가지고 있다. 자신이 얼마나 상처 입었는지에 대해 자녀에게 지속적으로 하소연한다.
- 본인은 항상 원하는 것을 받지 못했다고 여기기 때문에 자녀가 부모에게 원하는 것을 요구할 때 그것을 채워주려 하지 않을 뿐 아니라 자녀

들이 너무 많은 욕심을 가지고 있다고 비난한다.
- 지속적으로 외부의 인정과 관심을 원하기 때문에 자녀들이 학교나 모든 영역에서 다른 아이들보다 항상 뛰어나기를 바란다. 자신이 이루지 못했던 것을 자녀를 통해 이루려고 선행학습, 과외 등 자녀들에게 온갖 정성과 노력을 쏟으면서 자신의 노력만큼 자녀들이 뛰어나게 되기를 바란다.
- 타인이나 다른 집 자녀의 성공에 대해 몹시 질투를 느낀다. 그리고 타인의 성공이나 성취에 대해서는 별것 아니라며 무시한다. 자녀들로부터 끊임없이 인정을 받고자 하며, 때로는 자녀들에게도 질투를 느낀다.

(5) 자존감이 낮은 부모의 자녀들의 특성

① 부모와의 관계
- 자신의 삶을 부모 삶의 연장선으로 받아들이고, 부모의 뜻대로 살려고 한다.
- 자신의 삶을 접고, 부모가 원하는 것을 눈치 채고 항상 충족시키려한다.
- 부모에게 복종하거나 반대로 부모를 무시하거나 혹은 부모에게 반항한다.
- 부모의 복지를 위해 자신의 삶을 포기한다.
- 부모의 기분이나 마음을 상하게 하지 않으려 필사적인 노력을 한다.
- 부모의 기대를 저버리는 행동을 하지 않으려 한다.
- 부모의 규칙을 따르고, 부모가 원하는 것은 그 즉시 따른다.
- 부모가 인정하지 않는 나의 삶은 별로 중요하지 않다고 여긴다.

② 타인과의 관계
- 지속적으로 다른 사람들의 감정 상태를 파악하려고 한다.
- 다른 사람들이 만족하지 않으면 고통스러워 한다. 따라서 다른 사람들을 내 마음에 들게 행동하도록 조정하고, 통제하며, 이용하거나 겁을 준다.
- 다른 사람들이 나를 존중하지 않는다고 느끼면 지나치게 거부감을 느끼며 화를 낸다.
- 상대방에게 쉽게 설득당해 내가 원하지 않는 일도 한다.
- 다른 사람들이 나 또는 나의 행동을 언제나, 반드시 좋아하고 인정해 주기를 바란다.
- 내가 믿었던 사람들에게 배신당하거나 거부당했을 때 자신에 대해 수치심을 느끼면서 지나치게 힘들어한다.
- 다른 사람들을 과도하게 책임지려 한다.
- 항상 긴장하면서 다른 사람들이 불편해하거나 불평하는 점에 대해 잘 알아차린다. 그들의 감정에 대해 매우 예민하게 반응하거나 지나치게 엉켜버린다.
- 자신과 직접적인 관련이 없는 갈등 상황이지만 어떻게든지 해결하려 한다.
- 주위 사람들이 행복해야 나도 행복하다고 느낀다. 그러나 이들의 감정은 전반적으로 우울하다.

3. 양육적인 부모가 되기 위한 부모역할

1. 양육적인 부부관계

부부는 마치 가족이라는 집을 짓는 건축가와 같다. 가족이라는 집이 멋진 건축물이 되기 위해서는 부부가 서로의 차이점을 수용하고, 조율하여 그 차이점을 내 안에 통합할 수 있어야 한다. 그러나 자신이 원하는 것을 채워주는 것만이 사랑이라 주장한다면 가족이라는 집은 제대로 세워지지 않을 것이다. 왜냐하면 이들은 자신의 생각만이 옳다고 주장하고, 그로 인해 상대방이 나에게 맞춰주기만을 바랄 것이기 때문이다.

많은 부부들이 사랑이 식거나, 성격적으로 차이가 있거나, 대화가 안 된다는 이유로 이혼을 생각한다. 그러나 사랑의 감정은 점차 퇴색될 수 밖에 없기 때문에, 사랑만으로는 가족을 지킬 수 없다. 무엇보다 부부는 삶 속에서 해결해야 할 여러 문제들을 만났을 때, 이러한 문제들을 해결할 수 있는 능력이 있어야 한다. 이러한 능력이 없으면 두 사람의 사랑과 친밀감은 점차 사라지게 되고, 대신에 그 자리를 제 삼의 다른 것들로 채우게 된다. 즉, 배우자 외의 다른 이성, 일, 술, 양가 부모와 친척, 취미, 자녀 등이 끼어들면서 부부는 더욱 더 멀어지게 된다. 특히 외도는 자녀들에게 엄청난 상처를 줄 뿐만 아니라, 자녀들의 이성 관계에도 부정적인 영향을 끼친다. 이렇게 되면 더 이상 부부는 가족의 중심축이 되지 못하고, 결국 무너지고 만다.

1) 부부는 각자의 삶의 방식을 상호보완 해야 한다.

부부는 결혼 전에 형성한 각자의 생활 방식, 의사소통 방식, 사랑하는 방식, 사회적 관계방식, 세계관, 자기능력을 발휘하는 방식, 옳고 그름의 판단 기준, 양육방식 등을 지닌 채 가족을 만들어 간다. 이것은 마치 전혀 다른 식성을 지닌 부부가 함께 식사를 하면서 서로의 식성이 닮아가는 것과 같다. 자녀들 역시 부모의 식성을 닮아가듯, 부모의 가치관이나 방식들이 자녀에게 전달되고, 자녀들이 부모가 되면 또다시 그것을 다음 세대에 전달한다. 부부는 서로가 다를 수밖에 없다는 것을 인정하고, 나에게 도움이 될 만한 것을 찾아 받아들여야 한다. 그러한 상대의 장점을 나의 성장을 위해 사용하면 두 사람의 다름이 틀린 것이 아니라 상호보완 할 수 있는 자원이 된다.

2) 부부는 적절한 친밀감을 형성해야 한다.

부부는 부모이기 전에 부부로서 친밀한 관계를 형성해야 한다. 부부가 친밀함을 바탕으로 안정적인 부부관계를 형성할 때 부부는 물론 자녀들도 안정적인 정서체계를 갖게 된다. 부부관계는 이 후 자녀들의 성 정체성, 이성 관계, 더 나아가 자녀의 부부관계에 깊은 영향을 끼친다. 어려서 친밀한 관계를 맺어본 경험이 적은 사람은 이성에게 충분히 매력적인 사람임에도 불구하고 자신에 대한 확신이 없다. 그렇기 때문에 이성과의 관계를 잘 맺지 못한다. 마찬가지로 결혼한 후에도 이들은 배우자에게 사랑 받지 못할까 항상 불안해서 사랑을 수시로 확인하고 싶어 한다. 그러나 배우자로부터 사랑을 확인하려는 욕구는 결국 갈등을 일으키며 심한 경우 의처증, 의부증의 증상으로까지 발전한다. 이렇게 되면 자녀들이 남녀 간의 건강한 사랑을 배우지 못하고, 성 정체성을 포함한 자기 정체성을 부정적으로 형성하게 된다. 성정체성의 문제를 지니고 있는 사람들 중에는 기질적인 영향보다 어린 시절의 부정적인 경험 때문에 혼란을 겪는 경우가 많음을 자주 목격한다.

부부는 서로 친밀한 관계를 형성함과 동시에 각자의 독립성을 유지할 수 있어야 한다. 그러나 부부 각자가 친밀감을 표현하는 방식은 다를 수 있다. 특히 친밀감에 대한 욕구와 독립 욕구의 양은 서로 다르다. 왜냐하면 친밀감의 거리와 관계방식은 각자의 가족으로부터 배운 것이기 때문이다. 어떤 사람은 심리적 거리가 매우 가까울 때 친밀감을 느끼고, 어떤 사람은 적당히 멀 때 편안하게 느낀다. 문제는 한 사람은 가깝게 있기를 바라고 다른 한 사람은 멀리 있기를 바라는 경우이다. 이런 심리적 거리의 차이는 밀고 당기는 관계방식을 만들고 서로의 차이를 해결하지 못하면 갈등을 일으킨다. 부부가 이러한 차이를 해결할 수 있는 능력이 있어야 자녀들도 인간관계에서 자신이 원하는 만큼의 적절한 심리적 거리를 설정할 수 있는 능력을 갖게 된다.

적절한 심리적 거리는 건강한 부모·자녀 관계에 매우 중요한 요소이다. 부모는 자녀의 발달단계에 따라 자녀와의 심리적 거리를 조절하여야 한다. 그렇지 않으면 자녀는 부모에게서 분리되지 못하고, 의존성이 높아져 점차 자율성을 상실한다. 특히 행복하지 못한 부부관계를 자녀와의 친밀감을 통해 보상받으려 할 때 이러한 문제는 더 크게 발생한다. 어떤 부모는 결핍된 친밀감을 충족시키기 위해 자녀가 친한 친구, 위로자, 보호자 역할을 해주길 바란다. 결국 자녀는 부모의 사랑을 잃지 않으면서 갈등을 무마하기 위해 부모의 갈등에 자발적 혹은 비자발적으로 끌려들어가게 되고, 그로 인해 부모의 불행한 결혼생활의 짐을 대신 지게 된다. 이런 관계에 지속적으로 놓이게 되면 그 결과로 자녀는 심각한 경우, 경계선적 인격장애, 조울증, 정신분열증, 강박장애 등의 정신 병리로 고통 받을 수 있다.

3) 자존감이 높은 부부가 좋은 부부관계를 형성한다.

"눈에 콩깍지가 씌었다." 는 말처럼 자존감이 낮은 사람들이 사랑에 빠지는 경우, 상대가 나의 기대를 채워줄 것 같은 부분에만 강하게 집중하는 반면, 상대가 채워줄 것 같지 않은 부분에는 눈을 감는 경향이 있다. 대부분의 경우, 상대방에 대한 이런 기대는 부모와 가족의 경험에서 비롯된다. 어떤 사람은 자신이 싫어했던 부모와 전혀 다른 유형의 사람을 선택하지만 정작 결혼 후에는 부모와 다른 바로 그 점 때문에 상대방을 비난한다. 반대로 어떤 사람은 부모와 비슷한 유형의 사람을 선택하여 상대방을 통해 아버지 혹은 어머니와의 관계를 재구성하려 한다. 이러한 경우 상황에 따라 배우자로부터 사랑을 받고자 하는 어린아이의 모습이 되는가 하면, 또 다른 상황에서는 배우자와 자녀에게 매우 희생적인 부모의 모습이 되기도 한다. 그러나 이들은 상대방의 기대를 채워주는 것으로 나의 기대가 채워지기를 바라거나 혹은 상대방이 나의 기대를 채워줄 것을 바란다. 그렇기 때문에 상대방에게 내가 원하는 만큼의 사랑과 인정을 받지 못할 때 상처입고 좌절한다. 하지만 이들은 스스로 독립할 자신이 없기 때문에 헤어지지도 못한다. 이러한 부모 밑에서 성장하는 자녀들은 서로 사랑하지 않으면서 헤어지지도 못하는 부모의 부부관계로 인해 혼란을 경험한다. 이렇게 부모가 친밀하지 못하면 자녀들은 남녀가 서로 존중하면서 사랑하는 방식을 배우지 못할 뿐만 아니라 자신의 판단에 대한 확신이 서지 않기 때문에 자존감까지 낮아지게 된다.

4) 서로의 차이를 수용할 수 있을 때 성장한다.

두 남녀가 만나면 같은 점도 있지만 다른 점도 많다. 두 사람의 차이점은 여러 방면에서 드러나며, 이러한 차이를 수용할 수 있을 때 비로소 두 사람의 차이점은 서로의 성장을 돕는 자원과 촉진제가 된다. 서로의 차이점을 수용하기 위해서는 먼저 자신의 감정을 정직하게 표현할 수 있어야 한다. 그러나 자존감이 낮은 사람은 거절에 대한 두려움으로 자신의 마음을 분명하게 표현하지 못하며, 표현하지 않아도 상대방이 알아주길 바란다. 예를 들어 여기 식성이 다른 두 부부가 있다고 가정하자. 무엇을 먹겠냐는 남편의 물음에 아내는 속으로 스테이크를 떠올리지만 정작 대답은 당신 좋을 대로 하라고 말한다. 남편은 자신의 기호에 따라 냉면집으로 간다. 만약 이러한 상황에서 아내가 자존감이 낮다면, 아내는 다음과 같이 생각할 수 있다. 남편이 자기를 정말 사랑한다면 자신의 마음을 헤아려 메뉴를 골랐어야 한다고 말이다. 남편이 냉면집으로 간 것은 자신을 무시하는 것이라는 생각에 분노와 좌절을 느끼게 되고 결국 남편에게 등을 돌린다.

위의 예시처럼 자존감이 낮은 열등자기를 가진 사람도 있지만, 반대로 자존감은 낮지만 우월자기를 가진 사람도 있다. 이러한 사람은 상대가 자신을 고려하지 않은 결정에 대하여 화를 낼 때, 어차피 내가 더 나은 답을 알고 있는데 왜 당신 의견을 물어야 하는지 모르겠다고 반문하곤 한다.

연애기간 동안 서로에게 잘 맞추던 남녀도 결혼 후 같은 공간에서 많은 시간을 함께하다 보면 점차 차이점이 부각되고 결국 갈등이 발생한다. 만일 배우자의 어떤 특성이 나를 괴롭게 한다면 나의 과거 경험을 탐색해보아야 한다. 이를 통해 배우자의 특성이 나의 과거 경험과 어떤 연관이 있는지 알아보아야 한다.

여전히 상처가 되는 과거의 경험이 있다면 그 경험을 해결할 때 비로소 상대방과의 차이점을 받아들일 수 있다. 만약 배우자가 나와의 차이점을 받아들이지 않고 오히려 나에게 상처를 주고 있다면, 배우자를 과거의 상처와 직면시킬 필요가 있다. 이렇게 부부는 나와 다른 상대방의 차이점에 대해 열린 태도를 취하여 서로의 차이점을 존중하고, 자신에 대해 정직할 때 서로를 받아들이고 성장할 수 있다. 더 나아가 자녀가 이런 모습을 보고 자랄 때 자녀도 자신과 자신의 삶을 존중하는 태도로 인생을 살아가게 된다.

5) 부부는 동등한 위치에서 관계를 맺어야 한다.

부부는 부부이기 전에 한 인간으로서 동등한 가치를 지닌 존재다. 따라서 부부는 성별 혹은 경제능력 등 외부의 조건 때문에 동등하지 못한 관계를 맺어서는 안 된다. 그러므로 부부관계에서도 동등한 입장에서 협동의 관계를 이루어 나가야 하며, 영역에 따라 각자가 효율적으로 리더십을 발휘하여야 한다.

힘이란 무엇을 할 수 있는 능력으로, 자신의 삶을 펼쳐나가고 다른 사람들에게 좋은 영향을 줄 수 있는 능력이다. 사티어는 힘의 영역을 정서적, 사회적, 지적, 물질적, 영적 영역으로 세분화하여 설명하였으며, 부모에게 있어 힘이란 자녀의 성장과정을 기쁨으로 반겨주고 인정해주면서 기다려주는 인내심이라고 하였다.

한국 사회는 역사적으로 가부장제를 기반으로 한 유교문화권의 사회였기 때문에, 여전히 가부장적인 가치관이 만연해 있다. 이로 인해 힘이라는 것을 한 사람이 다른 사람을 누르는 지배와 복종의 관계로 이해하는 경향이 있다. 그러나 사티어는 지배와 복종의 가족관계 속에서는 힘의 불균형때문에 지배자에게 일방적으로 순응하는 등 가족 구성원의 개성과 인간성이 상실된다고 보았다.

지배와 복종의 가족관계에 익숙한 부모는 자녀를 독립된 인격체로 인정하기 보다는 자녀들이 부모에게 복종하는 존재이길 바란다. 이런 부모는 자신들의 부모에게 복종하였듯, 자녀도 자신들에게 복종할 것을 요구한다. 만약 자녀에게 문제가 발생했을 때, 부모 자신은 변화하지 않고 자녀만 변하기를 바란다면 이는 자녀보다 부모의 권위를 지키는 것을 더 중요하게 여긴다는 뜻이다.

작업하기)

1. 내가 배우자를 선택한 동기는 무엇인가? 가장 중요하게 여긴 선택의 기준은 무엇인가?
2. 나의 가족과 배우자 가족의 비슷한 점과 다른 점은 무엇인가? 다른 점이 있다면 그 차이점을 거부하고 비난하는가? 아니면 다른 점으로부터 새로운 것을 배워 통합하려고 하는가?
3. 어떤 영역에서 나와 배우자와의 차이점이 가장 많이 나타나는가? 배우자의 어떤 점이 나를 견딜 수 없게 만드는가? 이러한 경험이 과거 성장과정과 연관된 것은 아닌가?
4. 우리 부부의 상호작용 패턴은 어떠한가? 내가 성장한 가족의 상호작용과 비슷한 점이 있는가?
5. 우리 부부는 친밀감을 어떻게 표현하는가? 서로가 친밀감을 표현하는 방식을 알고 있는가? 잘 알지 못한다면 상대방에게 물어본다.
6. 우리 부부의 자존감은 어떤 수준인가? 상대방에게 바라던 기대를 확인하고, 그 기대를 스스로 채울 수 있는 방법을 생각해본다. 그리고 배우자와 함께 나눈다.
7. 우리 부부관계는 동등한 관계인가? 아니라면 어떤 부분에서 그렇지 않다고 느끼는가?
8. 관계를 변화시켜야 된다고 느낀다면 어떻게 변화시킬 것인가?
9. 우리 부부관계가 자녀에게 끼치는 영향은 무엇인가?

2. 양육적인 부모역할

양육방식은 물론 삶의 모든 영역에서 부부가 서로의 차이점을 수용하지 못하면 싸우게 된다. 그러나 이러한 싸움은 의사소통을 통해 타협점을 찾아 나가려는 노력이 동반될 수만 있다면, 한 사람이 무조건적으로 순응함으로써 갈등 자체가 아예 드러나지 않은 상황보다 오히려 낫다. 부모가 갈등해결을 위해 싸우는 것을 보게 될 때, 자녀들은 부모 각각이 주장하는 요점을 분명하게 알게 되고, 갈등이 타협을 통해 해결되어져 가는 과정을 볼 수 있다. 이를 통해 자녀는 무엇이 자신에게 적절한 것인지를 알고 받아들이게 되며, 차이점을 통합해 나가는 방법을 터득한다. 그러나 부부가 타협점을 찾지 못한 채 싸움만 반복하게 될 경우, 차이점을 수용하지 못하는 부모의 모습이 자녀의 내면에 남게 되고 이는 곧 지속적인 갈등을 유발한다. 결국 자녀는 자신을 부정적으로 보게 됨과 동시에 나와 다른 차이점을 받아들이기 어려워진다.

1) 부부는 서로 지지해야 한다.

부부는 부모 역할을 함께 감당해가는 동반자로서 의무와 책임을 나누어 가질 필요가 있다. 부모 중 한 사람만 양육의 의무를 도맡아서 하게 된다면, 한 사람이 감당해야 할 양육 스트레스는 점차 커지게 되고 그 스트레스를 고스란히 자녀에게 쏟아내게 된다. 또한 자녀는 부모 두 사람과의 관계가 모두 필요한데 한 사람하고만 관계를 맺는 것은 자녀를 불안하게 만든다. 자신을 주로 돌봐주는 부모가 자기에게 분노를 표출하게 되면 자녀는 의지할 데가 없어져 방황하게 되거나, 그 불안을 스스로 해결하기 위해 문제행동을 하기도 한다. 이럴 경우 부모는 자녀의 문제행동으로 인해 더 큰 스트레스를 받게 되는 악순환이 이어져 자녀에게 또 다시 분노를 표출할 수밖에 없어진다. 굳이 이러한 스트레스가 없다하더라도 자녀양육 자체가 그리 쉬운 일은 아니다. 자녀는 부모에게 무한한 기쁨을 주기도 하지만 고통을 주기도 한다. 자녀를 양육하기 위해서는 부모에게 기술과 끈기, 인내심이 필요하다. 따라서 부부가 서로 지지해주는 것이 매우 중요하다.

2) 자녀양육에서 아버지의 역할은 중요하다.

아버지는 바깥에서 경제활동을 하고, 어머니는 집에서 가사와 자녀양육을 전담하던 시대는 지나고 있다. 이제는 자녀양육에서 아버지가 감당해야 할 몫이 있다는 것을 아버지들도 인정을 하고 있으며, 아내 역시 남편이 자녀양육에 참여할 것을 강하게 요구하고 있다. 하지만 많은 아버지들이 이러한 역할을 어떻게 해야 할지 몰라 막막해하곤 한다. 그러나 마음은 있어도 현실적으로 함께 시간을 보낼 수 없는 아버지는 어떻게 해야 하는 것일까?

자녀들이 부모와 연결되었다고 느끼는 순간은 반드시 어떤 활동을 장기간 함께 할 때에만 국한되는 것은 아니다. 이 유대감은 짧은 순간에도 경험할 수 있는 것이다. 이러한 경험은 짧지만 감동적이다. 늘 접촉하는 어머니보다, 아버지와 함께 이러한 순간을 일상생활에서 자주 경험 할 수 있다면 자녀들뿐만 아니라 부모에게도 큰 선물이 된다. 이를 위해 아버지들이 할 수 있는 일은 잠자리에서 눈을 감고 잠이 들 수 있게 이야기를 들려주기, 아침에 눈을 뜰 때 반갑게 안아주기, 맛있는 것을 같이 나누어 먹기, 화가 났을 때 공감해주기, 상을 받았을 때 마음껏 기뻐해주기, 잘못해도 괜찮다고 진심으로 말해주기, 아이들이 이야기할 때 진심으로 귀 기울여 들어주기, 넘어져서 아파할 때 안아주기 등이다. 이처럼 아버지들은 소소한 일상 속의 순간들에서도 얼마든지 자녀들에게 아버지와 연결되어 있다는 느낌을 줄 수 있다. 이러한 감정들이 쌓이게 되면 자녀와 아버지의 관계는 튼튼하게 연결되고 이는 곧 세상으로 나아가는 자녀에게 큰 힘이 된다.

작업하기)
1. 아버지가 자녀양육에 어떤 방식으로 참여하는 것이 좋을지 구체적으로 의논한다.
2. 자녀들이 충분히 성장했다면, 아버지의 자녀양육 참여에 대한 자녀들의 의견을 들어본다.

3) 부부는 같은 노선을 취해야 한다.

자녀를 훈육할 때는 부부가 같은 입장을 취하는 것이 바람직하다. 우선 부부가 문제 상황을 자녀에게 설명해주면 자녀는 그 문제가 매우 중요하다는 인식을 가지게 된다. 아버지가 자녀에게 "어머니가 너에게 지켜야 할 규칙에 대해 말씀하셨던 것 기억하니? 오늘 일어난 일이 어머니가 말씀하신 규칙을 따른 것인지 어머니께 말씀드리면 좋겠다." 라고 말함으로써 어머니가 세워놓았던 규칙을 강화해 줄 수 있다. 그러면 자녀를 훈육하는 어머니의 권위가 올라간다. 하지만 이와 반대로 부모가 자녀 앞에서 배우자의 양육방식에 이의를 제기하거나 비난하면 비판의 대상이 되는 부모는 자녀 앞에서 권위를 잃게 된다. 이렇게 되면 자녀를 일관성 있게 양육할 수 없다. 자녀가 부모 중 어느 한 쪽으로부터 자신이 원하는 것을 얻어 낼 수 있다는 것을 알게 되면 자녀는 부모가 서로 다투도록 조종하게 되는데, 이는 가정 내에서

불협화음의 원인이 될 수 있다.

4) 자녀양육에 대한 문제를 정기적으로 의논한다.

자녀를 키울 때 자녀의 발달과정 자체가 부모에게는 숙제와 같다. 부부는 정기적으로 시간을 내어 자녀 양육에 관한 서로의 의견을 나누어 발달과정에 대한 이해를 높여야 한다. 그러다 즉시 다루어야 할 문제가 발생하면 부모는 모든 일을 제쳐놓고 문제 해결에 초점을 두어야 한다. 다음은 부부가 함께 자녀의 문제를 다룰 때 거쳐야 하는 단계이다.

(1) 문제정의: 부모가 자녀를 잘 관찰하면서 자녀가 당면한 문제와 그로 인한 어려움을 발견한다. 자녀가 당면한 문제에 대해 부부 두 사람이 같은 의견을 가지고 있는지 알아보기 위해 자신이 생각하는 바를 배우자와 나눈다.

(2) 시도해 본 방법 점검: 문제를 해결하기 위해 자녀에게 무엇을 말하고 행했는지, 그에 대한 자녀의 반응은 어떠했는지를 서로 이야기한다. 그리고 어떤 방법이 효과적이었고 어떤 방법이 효과가 없었는지 찾아낸다.

(3) 목표설정: 자녀가 이 문제를 어떻게 다루길 바라는지 부부가 서로의 기대를 이야기한다. 그리고 지향해야 할 과제와 목표를 정한다.

(4) 가능한 개입방법 모색: 부부 각자가 생각하는 모든 해결책과 대안들을 끌어낸다.

(5) 결정: 모든 대안들을 평가해본 후 자녀에게 가장 적절하다고 여겨지는 한 가지 방법을 결정한다. 결정한 방법을 수행해 나갈 단계를 적는다.

작업하기)
1. 해결해야 할 자녀의 문제를 찾는다.
2. 위의 해결과정을 따라가면서 문제를 해결하는 연습을 해본다.

5) 좋은 부부의 본이 되고, 서로 사랑하고 있음을 보여준다.

자녀들은 가정에서의 경험을 바탕으로 안정감을 형성한다. 자녀에게 가장 좋은 선물은 부모가 서로 사랑하면서 좋은 관계를 맺는 것이다. 어떤 부부는 자신의 일 또는 자녀에게만 몰입하면서 부부관계를 소홀히 여기기도 한다. 그렇게 되면 부부관계가 정체되거나 갈등이 악화되어 가정의 중심축이 흔들리고, 이것은 자녀의 행복에도 부정적인 영향을 미친다.

자녀들은 부모를 관찰하고 보고 배운 것을 내면화 하면서 자기를 만들어 간다. 특히 다른 이성과 관계 맺는 방식을 배운다. 그러므로 부부는 자녀 앞에서 서로를 존중하고 감사한 마음을 표현하는 것이 좋다. 상대방이 한 일을 당연한 것으로 여기기보다 "해 주시겠어요?" 라고 정중하게 부탁하고, 한 일에 대해 "고마워요", "당신 덕분이에요." 등의 말로 감사의 마음을 표현한다. 또한 가끔 배우자를 위해 무언가 특별한 이벤트를 준비한다거나 두 사람만이 아는 익숙한 습관을 공유하면서 서로에게 가졌던 특별한 사랑의 감정을 되살리도록 노력해야 한다. 이런 노력이 없다면 자연스럽게 부부 사이의 애정은 사라지게 된다. 자녀가 태어나면서부터 성인이 될 때까지 부부가 함께 노력하고 함께 무언가를 하면서 자녀와 동행할 수 있다면 그것만큼 의미 있고 행복한 일도 없을 것이다. 부부가 동반자로서의 관계를 잘 유지하면서 자신감과 책임감을 가지고 자녀를 대할 수 있도록 서로 지지한다면 행복하고 건강한 자녀로 양육할 수 있을 것이다.

작업하기)

두 사람만의 친밀감을 증진시키기 위해 각자 상대방이 원하는 것을 물어본다. 사람에 따라 원하는 것이 다를 수 있다. 피부접촉 및 신체접촉을 원하는 사람에게는 오일 마사지를 해 줄 수 있고, 실제적 도움을 원하는 배우자에게는 구체적인 도움을 줄 수 있다. 대화를 원하는 사람과는 대화하는 시간을 가져본다.

6) 좋은 부모가 되기 위해서는 부모 자신을 돌보아야 한다.

우리는 신체, 영양, 환경, 관계, 지각, 감정, 감각 등의 모든 영역들이 서로 조화를 이룰 때 건강하게 살 수 있다. 어느 한 영역만 중요하게 여기다보면 조화가 깨지고, 어떠한 증상이 나타나게 된다. 그러나 부모가 된다는 것, 특히 좋은 부모가 된다는 것은 엄청난 신체적 에너지를 요구하고 이 과정에서 부모는 자주 심리적으로 스트레스를 받는다. 따라서 바람직한 부모역할을 지속적으로 해나가기 위해서는 자기 자신을 돌보는 방법을 알고 실행해야 한다.

(1) 자신의 감정을 자각하고, 돌본다.
(2) 부모가 완벽해야 한다는 기대에서 벗어난다.
(3) 좋은 부모가 되기 위해 자신을 다그치거나 좋은 부모가 되지 못할까 불안해하지 않는다.
(4) 자신이 원하는 것을 할 수 있는 여유를 갖는다.
(5) 정기적으로 부부만을 위한 시간을 가진다.

(6) 자신의 스트레스를 해소한다.
  ① 15초가량 심호흡을 한다. 긴장이 풀어지는 것을 느끼기 시작할 때까지 숨을 들이쉬면서 "마음을 가라앉히자.", 숨을 내쉬면서 "마음을 가라앉히자." 하고 속으로 말한다.
  ② 긴장을 느낄 때, 자신을 진정시키는 말을 큰 소리로 한다. "괜찮아.", "진정해.", "긴장 풀어." 등의 긍정적인 말을 한다.
  ③ 주의를 다른 곳으로 돌린다. 자녀의 일로 화가 날 때, 방에서 나오거나, 산책을 하거나, 집안일을 하거나, 찜질방에 가거나, 친구에게 전화 걸어 하소연하거나, 영화를 한 편 보고 오거나, 우리의 생각과 감정을 종이에 적어 보거나, 뭔가 기분 좋은 것을 생각해 본다.
  ④ 긍정적인 태도를 가진다. 다루기 어려운 자녀의 행동을 고통스럽고, 다룰 수 없는 문제로 생각하기보다는 풀어나가야 할 해결 가능한 과제로 생각한다.
  ⑤ 자신의 긍정적인 자질과 능력에 대해 생각할 시간을 가진다. 자신에게 "나는 할 수 있어.", "나는 괜찮은 사람이야." 라고 말하며 확신을 가진다.
  ⑥ 충분한 수면과 휴식을 갖는다. 과도한 업무와 지나친 외부의 요구에 대해 "싫다." 고 말한다. 미리 계획을 세우고 일의 우선순위를 정한다. 집안 살림을 식구들과 나누어 한다. 아이가 잘 때 자신도 낮잠을 잔다. 아이가 자지 않으면 둘 다 함께 누워서 얘기를 하거나, 책을 읽거나, 음악을 들으면서 명상의 시간을 갖는다.
  ⑦ 유머 감각을 기른다. 부모 자신이나 자녀들에게 절대 일어날 수 없다고 여겨지는 상황들에 대해 웃을 준비를 한다. 자녀를 양육하면

서 생길 수밖에 없는 특별한 스트레스에 대해 웃음이 생존을 위한 열쇠가 됨을 기억한다.
⑧ 반복적으로 갈등을 유발하는 상황이 무엇인지 파악한다. 이 상황에서 자녀의 행동을 어떻게 다루어야 좋을지 누군가와 의논한다.
⑨ 일주일에 한 번 몇 시간 정도는 조부모나 친척들 또는 자녀를 봐줄 수 있는 사람에게 자녀를 의탁하고 쇼핑이나 그 외에 좋아하는 활동을 한다. 단 자신을 위한 시간을 갖기 전에 아이가 안전하게 있는지를 반드시 확인한다.

작업하기)

1. 부부가 자신을 돌보는 방법을 찾아 구체적으로 실행할 계획을 세운다.
2. 서로의 계획을 나누고, 서로 도울 수 있는 것이 있으면 서로 돕는다.

7) 조부모와의 좋은 관계를 경험하게 한다.

  자녀들은 부모·자식 관계를 부모와 조부모의 관계를 통해 배우기 때문에, 만약 부모가 친가나 외가와 갈등관계에 있다면 앞으로 자신의 부모와노 같은 방식으로 관계를 형성할 수 있다. 부모가 조부모를 존중하면, 자녀들도 자신들의 부모를 존중한다. 그러나 우리나라의 경우 친가나 외가와의 갈등이 심각한 가족이 너무 많다. 조부모를 모시고 사는 경우, 자녀들은 그 갈등관계를 직접 겪으며 생활하기 때문에 더 많은 영향을 받는다. 조부모와의 관계 혹은 친척들과의 갈등이 있는 부부는 반드시 가족상담을 받아 그 영향이 자녀들에게 전달되지 않도록 해야 한다.

작업하기)

1. 부부는 자신들의 부모와의 관계를 점검한다. 자신들의 부모에 대해 어떤 태도를 취하는지, 그런 태도가 자녀에게 도움이 되는 것인지 살펴본다.
2. 부부가 자신들의 부모와의 관계에 문제가 있다면 해결하도록 노력한다.

8) 한 부모, 미혼모, 미혼부, 재혼가족의 유의점

불과 몇 년 전에는 한 부모, 미혼모, 미혼부, 재혼가족 등이 보편적인 가족의 형태와 다르다는 이유만으로 편견의 대상이 되었으나, 우리사회의 가치관이 빠르게 변해감에 따라 이제는 다양한 형태의 가족들이 용인되고 있다.

재혼가족의 경우, 자녀가 있는 여성과 자녀가 없는 남성이 가족을 이루는 경우가 있는가 하면 그 반대의 경우도 있으며, 또는 양쪽 모두 자녀를 둔 상태에서 재혼하기도 한다. 이런 가족 형태에서는 양육이 더욱 힘들어진다. 왜냐하면 친부모 사이에도 자녀양육의 방향이 다를 수 있는데, 특히 재혼가족에서는 그 차이가 더 클 수 있고, 이로 인한 갈등이 더 심할 수 있기 때문이다.

미혼모나 미혼부, 한 부모 가족의 경우, 혼자 양육하는 데 많은 제한이 따르고 여러 가지 어려움을 겪게 된다. 상대 배우자의 역할까지 해야 하고, 때로는 경제적 어려움을 견디기도 해야 하기 때문이다. 자녀 역시 이런 환경이 어렵기는 마찬가지이다.

새 가족을 이뤄 부모가 된 사람들은 서로 적응하는 과정을 제대로 거쳐야 한다. 우선 전 배우자에 대한 감정(원망, 분노, 죄책감, 후회, 사랑 등)을 해결해야 한다. 이러한 감정들을 해결하지 못하면 전 배우자와의 경험에 의한 상처를 자녀에게 연결시키거나 현재 배우자에게 투사할 수 있다. 이럴 때일수록 부모가 마음의 여유를 가질 수 있어야 한다. 새로운 가족이 단시간에 가족의 모습을 이루기를 기대하는 것은 금물이다. 새 배우자가 된 사람에게 완벽한 부모역할을 요구하거나, 새 배우자가 자녀와 지나치게 빨리 좋은 관계를 형성하려하거나, 전 부모의 위치에 있으려 하는 것도 좋지 않다. 오히려 같이 살지 않는 전 배우자가 부모의 역할을 이어갈 수 있도록 허락해야 하며, 자녀에 대한 의무를 잊지 않고 끊임없는 관심과 돌봄으로 책임을 다해야 한다.

부모 모두가 자신의 자녀들을 데리고 재혼한 경우는 더욱 힘들다. 각자 이미 다른 가족으로 살아온 경험이 있어 새로운 가족을 이뤄 새로운 규칙과 습관을 만들어나가는 것이 쉽지 않다. 또한 각자의 자녀를 더 챙기려 하거나, 지나치게 배우자의 자녀들을 돌보려는 등의 행동들 모두 새로운 가족을 형성하는데 걸림돌이 될 수 있다. 이러한 가족들은 서로 정직하게 표현하는 것이 어렵고, 또 다른 가족이 나를 수용할지에 대한 의구심이 있기 때문에 더욱 더 의사소통에 유의해야 한다. 자녀들이 어리면 어릴수록 그들의 수준에 맞추어 감정에 공감해주고, 이해해주며, 더 나아가 상황에 대해 정직하게 설명해 주어야 한다. 그리고 식구들 사이에 갈등이 생기게 되면 다같이 모여 해결할 수 있는 과정을 만들어야 하며, 이를 통해 어떤 갈등이든 해결이 가능하고 또 갈등 해결의 과정에서 모든 식구들이 평등하게 대우받고 있다는 신뢰를 심어줄 수 있어야 한다.

작업하기)

1. 위에서 이야기한 가족의 형태에 대한 선입견을 점검해본다.
2. 자녀가 한 부모, 미혼모, 미혼부, 재혼가족 등의 자녀들과 교제한다면 어떻게 할 것인가?
3. 자녀들에게 이러한 형태의 가족에 대해 어떻게 설명할 것인가?

* 부부, 이혼, 재혼, 외도, 성문제, 가정폭력, 술 중독 등에 대해 좀 더 자세한 것을 알고자 하면 김영애 저 [사티어모델: 핵심개념과 실제적용] 책을 참조하시오.

	양육태도 유형
과소 부모 역할 자존감이 낮은 부모 내적 힘이 약해 자녀가 부모에게 기댈 수없음. 자녀들도 내적 혼란이 크고 자존감이 낮음	• 부모 기능 상실 • 방임 • 포기 • 소외 • 심리적 단절
	• 부모 기능 약화 • 소홀함 • 무관심 • 간과함 • 체념함 • 잘못을 격려하고 오히려 잘못된 것을 보상함
	• 규율이 없음 • 너무 많은 자유 • 안 된다고 했다가 들어 줌 • 잘못해도 놔 둠
적절한 부모 역할 자존감이 높은 부모 자기를 사랑하고 믿는 사람 정서적으로 자기 내면과 연결되고 자녀와도 연결되는 사람	• 대등하게 대우 • 독립적 사고 격려 • 사회성 격려 • 사랑의 허용 • 적당한 자유 • 적절한 훈계
	• 인격적 존중 • 긍정적 평가 • 의사소통 원활 • 애정 표현 • 정서적 지지 • 협력적 문제해결
과대 부모 역할 자존감이 낮은 부모 자녀에게 자신의 내적불안을 투사하면서 통제 자녀와 투사 동일시가 심함 내적 분노와 두려움이 많음	• 자녀 중심적 • 지저 자극 • 과잉 보호적 • 사랑의 통제 • 소유욕
	• 강한 규율, 지시 • 사생활 개입 • 잔소리 • 화를 지나치게 참음 • 죄책감으로 조종
	• 지나친 부모 기능 • 엄격한 훈련 • 신경질 • 협박 • 벌주기
	• 심리적 밀착, 엉킴 • 분노 표출 • 체벌 • 학대

3. 양육적인 부모의 태도

1) 부모 자신의 기대를 자녀를 통해 채우려하지 않는다.

부모·자녀 관계에서 부모가 자녀에 대한 기대를 먼저 내려놓을 수 있어야 한다. 자녀가 부모의 기대를 반드시 충족시켜주기란 쉬운 일이 아니며, 자녀의 성장에도 바람직하지 않다. 만일 부모가 자녀에 대한 기대를 절대 포기하지 못한다면 그 기대가 어디에서 비롯되었는지 탐색할 필요가 있으며, 어린 시절 충족되지 못한 자신의 기대는 아닌지 살펴보아야 한다. 어린 시절의 가족환경, 성적, 외모, 신체적 조건들이나 후회, 이루기 힘든 꿈들이 바로 그러한 것들일 수 있다. 즉 학창시절에 공부를 잘하지 못했던 것을 후회하고 있거나, 자신의 꿈을 이루지 못한 것에 대해 여전히 실망하고 있거나, 일류대학에 들어가지 못한 자신에게 지금도 실망하고 있는 경우 자녀가 대신 이루어주길 기대하게 된다.

이러한 기대를 계속 붙들고 있는 한 끊임없이 분노, 슬픔, 실망, 무력감을 경험하게 된다. 만일 과거에 충족되지 못한 기대를 놓아버릴 수 없거나, 다른 대안을 찾을 수 없다고 여겨진다면, 그렇게 함으로써 자신과 자녀가 치러야 할 대가가 무엇인지를 탐색할 필요가 있다. 그 탐색과정에서 자녀가 이미 심각한 정서적 어려움을 겪고 있거나, 아니면 부모·자녀 관계가 몹시 악화되었거나 단절되어 있음을 발견하게 될 것이다.

부모가 자녀에게 줄 수 있는 가장 큰 선물은 자녀를 있는 그대로 받아들여 주는 것이다. 자녀들에 대한 목표는 항상 자녀의 능력 범위 안에서 잡아야 하며, 그것이 자녀의 자존감을 높여주는 데 도움이 된다. 자신에 대해 스스로 괜찮다고 생각하는 아이들은 자존감이 낮은 아이들보다 훨씬 더 열심히 살고자 하는 의욕을 보인다. 아이들은 저마다 자신의 능력을 만개하는 시기가 다를 수 있기 때문에 부모가 조급해 하지 않으며 자녀를 믿어주는 것이 가장 중요하다. 성숙한 부모는 자기 자신을 스스로 돌볼 줄 안다. 자신의 기대와 욕구를 자각하고 충족시키는 부모는 스스로 자신의 삶에 만족하게 되고 자녀와도 만족스러운 관계를 형성해 갈 수 있다.

2) 자녀의 입장을 이해한다.

자녀는 관리나 통제의 대상이 아니라 존중하고 사랑해주어야 할 대상이다. 자신의 틀이 강한 부모일수록 자녀의 모든 것을 옳고 그름의 이분법적 틀로만 보고 자녀를 통제하려 한다. 부모는 자녀에게 사랑과 통제를 동시에 보여주기 때문에 자녀로서는 사랑을 받아들여야 할지 통제와 싸워야 할지 혼란스럽다.

자녀는 부모를 통해 탄생했지만 하나의 생명체이자 독립적인 인격체이다. 자녀가 하는 모든 말과 행동, 그들의 꿈을 부모의 판단만으로 무시해서는 안 된다. 자녀들의 행동 자체를 평가하기 전에 먼저 왜 그런 행동을 하게 되었는지 호기심을 갖고 이해하는 것이 필요하다. 또한 자녀의 행동이 잘못됐다고 판단될 때, 직접 고쳐주려고 하는 대신 자녀 스스로 자신의 행동을 객관적으로 관찰하고 평가하여 필요한 변화를 시도할 수 있게 도와주어야 한다. 이렇게 스스로 시도해보고 변화하는 과정이야말로 진정한 성장과정이라 할 수 있고, 이러한 과정에서 자녀들은 부모의 사랑을 느끼게 된다.

3) 자녀의 가능성을 제한하지 않는다.

 어떤 부모는 자신이 자녀에 대해 가장 잘 안다고 확신하면서 자녀를 특정한 모습으로 규정한다. 그러나 이것은 자녀가 가진 여러 가지 측면 중 한 부분일 때가 많다. 그럼에도 불구하고 부모는 자신이 원하는 모습대로 자녀의 특성을 규정지으려고 하거나 자신이 원하지 않는 모습은 비난하려 한다. 특히 관계가 좋지 않은 어떤 식구의 특징과 유사한 점을 자녀에게서 발견하면 자녀를 그 대상과 동일시한다. 원래 잘못된 성격, 나쁜 성격, 문제가 있는 성격은 없다. 그 특성이 상황에 적절하게 드러나느냐가 중요하다. 부모는 자신의 문제를 자녀에게 투사하면서 특정한 모습으로 자녀를 규정하지 말아야 하며, 자녀가 부모의 영향으로 인해 특정한 경험을 꺼리거나 자신의 가능성을 발휘하지 못하게 해서는 안 된다.

4) 자녀들을 공평하게 대한다.

 자녀들을 공평하게 대한다는 것은 자녀 각각을 고유하고 독특한 한 개인으로 인정하며 대우하는 것을 말한다. 하지만 이는 모든 면에서 자녀들을 똑같이 대하는 것과는 다르다. 자녀들을 공평하게 대우하기 위해서는 자녀들의 개인차를 이해하고 수용하며 그들의 요구나 행동에 적절히 반응하는 것이 필요하다. 첫째 아이에게 했던 그대로 똑같이 둘째 아이를 대하는 것이 아니라, 두 아이를 전혀 다른 특성을 가진 개인으로 인정하고 각자에게 필요한 것을 해 주는 것이 바로 공평하게 대하는 것이다. 어떤 부모들은 공평한 대우를 잘못 이해하여 큰 아이와 있으면서 작은 아이의 이야기를 하거나, 작은 아이와 있으면서 큰 아이의 이야기를 하곤 하는데, 이럴 경우 두 아이 모두 부모의 관심을 받지 못했다고 느낀다. 자녀들을 공평하게 대하기 위해서는 지금 현재 상대하고 있는 자녀에게 집중하는 것이 매우 중요하다.

5) 자녀의 성장에 방해가 되는 것을 민감하게 알아차린다.

각 문화권과 집단마다 선호하고 더 긍정적으로 평가하는 성격 유형이 있다. 과거 우리 사회에서는 조용하고 다소곳한 성격의 여자를 선호했으며, 남자의 경우 점잖고 의젓한 남자를 선호하였다. 마찬가지로 한 가족 안에서도 특정한 성격이나 기질, 어떤 행동방식을 더 선호하면서 식구들을 평가하기도 한다. 부모는 사회문화적 고정관념 때문에 어떤 특정한 성격을 가진 아이가 나머지 가족구성원들에게 비난 받거나, 문제아로 대우받는 등 평가절하 되지 않도록 주의해야 한다. 이런 평가는 자녀의 원활한 성격 발달에 장애물이 된다. 부모는 아이가 가지고 있는 성격의 고유성을 인정하면서 자녀를 이해하고 지지하며 자녀가 가진 장점을 잘 발달시킬 수 있도록 도와야 한다.

6) 자녀와 함께 시간을 보낸다.

자녀가 어릴 때는 부모가 한 시도 자녀에게서 눈을 떼지 못한다. 부모는 자녀의 발달이나 학습에 신경 쓰며 자녀를 주시한다. 그러다보니 부모는 자신이 늘 자녀와 함께 시간을 보내고 있다고 생각한다. 특히 전업주부로 자녀를 키우는 어머니들은 자신이 자녀와 항상 함께 있다고 생각할 수 있다. 그러나 자녀와 함께 있으면서 다른 데 관심을 두거나, 자녀와 정서적으로 연결되지 못했거나 혹은 자녀를 돌보면서 부정적인 감정을 경험했다면, 부모는 물리적 시간으로는 함께 있으며 자녀를 돌봤다고 생각할지 몰라도 자녀는 부모와 함께 있다고 느끼지 않을 수 있다. 자녀와 함께 한다는 것은 신체만이 아니라 마음도 함께 있어야 한다는 뜻이기 때문이다.

간혹 마음으로는 자녀와 같이 있고 싶지만 직업이나 여러 상황 등으로 인해 자녀와 함께 있을 수 없는 경우도 있다. 자녀의 입장에서는 부모 또한 자기와 함께 있고 싶어 한다는 것을 안다 하더라도 부모가 실제로 옆에 있지 않으면 외로움을 느낀다. 이런 경우 짧은 시간이라도 자녀와 함께 할 수 있는 시간을 정해 꼭 지키고, 그 시간만큼은 온전히 자녀에게만 몰두하는 것이 좋다. 자녀와 함께 보내는 그 시간 동안은 집안일, 세상 근심, 걱정, 업무 등은 잠시 잊어야 한다. 한나절 혹은 반나절 시간을 내어 자녀와 무엇인가 특별한 활동을 하는 것도 하나의 대안이다. 자녀와 함께 보내는 그 시간이 얼마가 되든지 그 순간을 즐거운 시간으로 만든다면, 자녀는 진정으로 부모가 자신과 함께 있다고 느낄 것이다. 부모로서의 의무감 보다는 자신의 어린 시절을 다시 한 번 즐긴다는 마음으로 자녀와 함께 한다면 이 몰입의 시간은 더욱 즐거워질 것이다.

7) 자녀의 감정에 귀 기울인다.

자녀도 매일의 경험을 통해 다양한 감정을 느끼며 산다. 선생님께 칭찬을 들어 기분이 날아갈 듯이 좋을 수도 있고, 친한 친구와 싸워 분노와 실망을 느낄 수도 있다. 부모는 자녀의 일상에 무슨 일이 있었는지 살피고, 일어난 일들에 대해 자녀가 어떤 감정을 느끼고 있는지 주의를 기울여야 한다. 그리고 자녀의 감정에 대해 물어보고 들어주어야 한다. 자녀가 자신의 감정을 말할 때는 분명하고 충분히 말할 수 있도록 기회를 주고, 다그치지 않고 기다리는 것이 중요하다. 주의를 집중해서 자녀의 감정에 대해 듣고 이야기함으로써 부모는 자신이 진심으로 자녀를 이해하고 싶어 한다는 메시지를 전달할 수 있다.

8) 자녀의 자율성을 존중한다.

부모는 자녀의 성장과 발달단계에 맞추어 적절한 규칙을 부여하고 자유를 허락해야 한다. 그러나 규칙과 자유의 허용 사이에는 항상 긴장감이 따른다. 너무 어린 나이에 스스로 모든 것을 하도록 자율성을 부여하거나 많은 영역에서 자유를 허락하면 아이는 오히려 불안을 느낄 수 있다. 이런 아이들은 겉으로 독립적인 것처럼 보여도 실제 내면에서는 불안을 느끼면서 의존과 독립 사이에서 혼란을 경험한다. 한편, 지나치게 통제하는 부모는 자녀의 모든 것을 간섭하고 부모의 기준에 자녀를 끼워 맞추려는 경향이 있다. 이런 아이들은 자신이 무엇을 원하는지, 무엇을 할 것인지, 왜 해야 하는지에 대해 모른 채 자신의 모든 것을 부모에게 의존하려 한다. 그러면 부모는 자녀의 의존적인 면을 보면서 걱정하고, 더욱 자녀의 어떠한 역할을 대신 해주려고 한다. 심한 경우 이러한 자녀들은 우울증, 무력감에 빠질 수 있으므로, 성장과정의 각 단계에 적절한 자유를 허락하는 것이 중요하다.

또한 부모는 자녀가 친구들과 함께 시간을 보내면서 또래관계의 경험을 풍부하게 할 수 있는 기회를 허락해야 한다. 자녀는 가끔 가까운 이웃의 보호 아래 친구의 집에서 같이 밤을 새우며 시간을 보낼 수 있어야 하고, 믿을 만한 친구들을 집으로 데리고 올 수도 있어야 한다. 조금 불안하더라도 자녀에게 충분히 주의를 주고 조금씩 자유를 허락하면서 또래관계를 확장시켜갈 수 있도록 도와야 한다. 이렇게 자녀는 규칙과 자유 사이에서 다양한 경험을 하면서 자신의 정체성이 뿌리내릴 자리를 찾아가는 것이다. 독립성 형성을 돕는 부모의 적절한 행동을 통해 자녀는 어디서든 제 역할을 감당하는 독립체로 성장할 수 있다. 어떤 부모는 고등학생 자녀가 홀로 전철을 타고 상담실에 오는 것을 걱정하기도 한다. 저자는 이런 경우, 부모에게 자신이 얼마나 오래 살 수 있을지 한 번 생각해 보도록 한다. 그리고 부모가 세상을 떠난 후 자녀들이 어떻게 살아갈지에 대해서도 생각해 보게 한다. 많은 경우 부모는 자신이 의식하지도 못한 채 자녀를 실제 나이보다 훨씬 어린 아이로 취급한다. 자녀를 어린 아이로 대하는 한 자녀는 어린 아이의 상태로 불안한 삶을 살다 생을 마칠 가능성이 높다.

9) 자녀와 함께 문제를 해결한다.

부모는 자녀에게 문제의 해답이 아닌 해결 방식을 가르쳐 주어야 한다. 자녀가 처음부터 문제 해결방식을 알 도리는 없다. 부모 자신은 이미 그것을 알고 있을지라도 자녀가 스스로 차근차근 문제 해결 과정을 거쳐 갈 수 있도록 인내하며 도와주어야 한다. 자녀에게 문제가 발생했을 때 먼저 자녀가 스스로 문제해결을 시도하도록 내버려두고, 자녀가 도움을 요청할 경우 부모가 도와주어야 한다. 이때 문제가 무엇인지 잘 듣고, 부모가 이해한 문제 상황을 자녀에게 되짚어 주어 부모가 문제 상황을 정확히 파악하고 있는지 확인한다. 일단 상황이 정확히 이해되었다면, 그 상황 속에서 자녀가 어떤 경험을 하고 있는지 빙산탐색을 함께 해준다. 자녀들은 이 과정을 통해 자신의 문제가 무엇인지 발견하게 되고, 그것을 어떻게 해결해야 할지 알게 된다. 만약 발견한 문제 해결 방식이 적합하지 않다면 몇몇 다른 제안을 제시하고, 각 제안에 따른 결과를 예측하게 함으로써 최종적으로는 자녀가 스스로 방법을 선택하도록 돕는다. 문제를 해결하고 그냥 넘어가는 것보다 삶의 과정에서 수없이 부딪칠 수밖에 없는 문제들을 해결할 수 있는 힘을 키워주는 것이 더욱 중요하다.

10) 사회문화의 흐름과 변화를 고려한다.

부모들은 급변하는 사회문화적 현상들이 당혹스럽고 그 속에서 가치관의 혼란을 겪는다. 과거에 옳다고 믿었던 것들이 더 이상 옳은 것이 아님을 발견하게 되고, 금기시하던 것들이 어느새 문화의 중심에 자리하고 있는 것을 보게 된다. 과거에 부모세대가 경험했던 사회문화와 현재 자녀세대가 경험하고 있는 사회문화 간에는 이미 큰 차이가 존재한다. 이러한 가치 차이는 부모·자녀 관계에서 갈등의 요소로 작용한다. 따라서 부모는 자신의 가치관에 대해 점검해보고, 자녀의 입장에서 그 가치관이 합당한지를 생각해야 한다. 또한 부모는 획기적인 기술 개발에 따른 새로운 정보와 지식을 배우기 위해 노력해야 한다. 부모가 새로운 지식과 정보를 알아야 자녀와의 소통이 원활해지고 정확한 의미를 전달할 수 있기 때문이다. 많은 영역에서 부모가 자녀보다 지나치게 뒤쳐져 있다면 자녀가 겪게 되는 문제에 효과적으로 대처할 수 없을 뿐 아니라 자녀가 자신에게 필요한 정보를 판단하고 건전한 방법으로 취사선택할 수 있도록 도울 수 없게 된다.

11) 부모 자신의 건강을 지키고, 건전한 생활양식을 유지한다.

부모는 자녀의 삶에 있어 중요한 기둥과 같다. 부모가 항상 아프다면 자녀들은 불안해진다. 특히 부모가 문제를 회피하기 위한 방식으로 아픈 것을 선택한다면 자녀들 역시 힘든 일이 있을 때마다 신체적 증상을 호소하게 된다. 그러므로 부모가 몸과 마음의 건강을 유지하는 것은 중요하다.

부모가 지나치게 자신의 삶에 몰두한 나머지 자녀가 부모의 도움을 절실하게 필요로 하는 때에 같이 있어줄 수 없는 지경이어서는 안 된다. 물론 부모가 언제나 자녀와 함께 있어야 한다는 것은 아니다. 그러나 부모가 지나치게 자신만의 시간을 가지거나, 자녀와 있을 때도 심리적으로 같이 있지 않으면 자녀는 항상 외롭고 혼자 무엇이든 해야 한다는 두려움을 느끼게 된다. 자녀가 부모의 실제적인 도움을 필요로 하는 기간도 지나고 보면 그리 길지가 않다. 후에 자녀와 함께 한 시간이 없다는 사실을 깨닫게 되면 이미 때가 늦어 많은 후회를 할 수 있다. 더 나아가 부모로서 적극적인 사회생활을 하고 지역사회 활동에 참여하면 자녀들도 자기, 가족을 넘어 사회의 구성원으로서 건강하게 성장할 수 있다. 건강한 사회적 관심을 형성할 수 있을 때 자녀들이 진정한 사회의 일원이 된다.

12) 자녀와 대화한다.

자녀와 대화하려고 노력하고 자녀의 내면을 이해하려 해야 한다. 자녀가 생각하고, 느끼고, 바라는 것이 무엇이며 자기 자신을 어떻게 경험하고 있는지에 대해 서로 대화할 때에 깊은 친밀감을 형성할 수 있다. 이런 친밀감이 형성되면 자녀들과의 관계는 걱정할 필요가 없어진다. 자녀들이 문제가 있을 때 누구보다도 먼저 부모를 찾을 것이기 때문이다. 설령 자녀들이 거짓말을 하는 등의 부정적인 행동을 하였다 하더라도 자녀들의 내면을 이해하고 대화할 수 있게 되면 자녀들은 스스로 자신의 문제를 교정할 수 있게 된다.

13) 자녀에게 삶의 기술을 전수한다.

삶의 기술이란 시간 관리 방법, 스트레스 조절법, 학습 능력, 시험 보는 능력, 대인 관계 기술, 의사결정 기술, 문제해결 기술, 실패나 실수를 다루는 기술 등을 말한다. 이런 삶의 기술은 자녀로 하여금 잠재력을 최대한 발휘하고, 행복한 삶을 영위할 수 있게 해준다. 모든 삶의 기술들을 부모가 전수한다는 것은 불가능하므로, 자녀에게 워크숍이나 지역사회 활동을 통해 그런 기술들을 배울 수 있도록 기회를 마련하는 노력을 해야 한다.

작업하기)

1. 식구들이 다 같이 만날 수 있는 시간을 정한다.
2. 식구들이 지난 일주일 동안 각자에게 일어난 일들을 이야기하는 시간을 갖는다.
3. 각자의 이야기를 듣고 서로 지지하고 잘한 것은 격려 해준다.

II. 자녀 양육편

1. 양육적인 부모가 되기 위한 자녀 이해

　부모는 자녀를 신체적, 심리적, 사회적, 인격적 차원에서 건강하게 양육하려는 바람을 갖고 있으며 그렇게 키우기 위해 최선을 다한다. 그러나 부모와 자녀의 기질이나 성격적인 차이, 발달과정에 따르는 위기와 끊임없이 변화하는 자연생태·사회문화적 환경의 영향, 그리고 가족의 특수한 상황 등 다양한 변수때문에 자녀양육이 가장 힘든 과제가 되기도 한다. 그럼에도 불구하고 인간의 보편성으로 인해 모든 자녀들은 비슷한 경로의 발달과정을 거친다. 따라서 자녀에 대한 부모들의 이해를 돕고자 자녀의 보편적인 발달과정에 대한 다양한 이론들, 각 발달단계의 자녀들을 위한 양육방식, 또 흔히 자녀들에게서 발견되는 문제행동들에 관한 훈육지침을 소개하고자 한다. 그러나 이런 정보를 상황에 적절하게 적용하기 위해서는 자녀를 제일 많이 알고 있는 부모의 판단이 가장 중요하다.

1. 자녀의 발달단계에 따른 자존감 형성

앞서 1장에서 부모의 자존감과 자녀의 자존감에 대한 일반적인 내용을 거론하였지만, 본 장에서는 자녀의 발달단계에 따라 자존감 형성에 주 역할을 하는 요인들을 알아보고자 한다.

1) 자존감의 형성과 핵심과제

(1) 영아기: 부모의 집중적인 신체적 돌봄

갓 태어난 신생아는 자신이 타인과 다른 사물로부터 분리된 객체적 존재라는 사실을 알지 못한다. 그러다 아기는 자기가 울 때마다 자신에게 필요한 것을 채워주는 누군가가 있다는 사실을 알게 되고, 어렴풋이 나와 나에게 무언가를 해주는 존재가 있다는 것을 서서히 깨닫게 된다. 이렇게 점차 나와 타인의 존재를 분리하여 알게 되면서, 양육자가 나를 어떻게 대하느냐에 따라 스스로에 대한 자존감이 형성되기 시작한다. 긍정적인 자존감은 이 시기에 아기의 욕구를 적절하게 채워주는 부모의 무조건적인 사랑과 돌봄에 의해 형성된다.

(2) 유아기: 신체능력 향상과 자율성 발달

생후 초기에 부모에 대한 신뢰감이 잘 형성되면 아기는 자신이 중요한 존재이고 무엇이든 해낼 수 있다고 느낀다. 이후 스스로 머리를 가누고, 뒤집고, 고개를 들고, 가슴을 들고, 기고, 앉고, 서고, 걷는 등 자신의 신체를 사용하는 기술을 점진적으로 터득해가면서 자신의 능력과 성취에 대해 만족감을 느낀다. 만 2세 즈음, 아기는 적극적으로 주위를 탐색하고 자신의 힘으로

뭐든 시도해보려고 하면서 자율성을 형성하기 시작한다. 주위를 탐색하려는 욕구는 세상을 알고자 하는 욕구임과 동시에 세상을 혼자서도 살아갈 수 있기 위한 준비다. 모든 아기들은 뜻대로 잘 되지 않아도 새로운 시도를 멈추지 않고 하나씩 새로운 과제를 해나가면서 성취감을 느낀다. 이런 아기의 성장에 대해 부모는 환호하고 기뻐한다. 부모의 환호는 아기에게 더욱 더 자신감을 갖게 하며, 이러한 자기에 대한 긍정적 경험들이 쌓여가면서 아기는 자기 존재에 대해 좋은 느낌을 갖게 된다. 점차 부모는 아기의 행동에 대해 긍정적 혹은 부정적 반응을 하게 되기 때문에 아기는 좋고 나쁜 행동에 대한 인식이 좀 더 명확해진다. 그러면서 이 과정을 통해 아기는 자신의 행동에 대한 부모의 판단을 '나'로 받아들이게 된다. 따라서 부모의 언어적, 비언어적 반응이 긍정적일수록 아기의 '나'에 대한 자존감은 높아진다. 반대로 부모의 반응이 부정적일 경우 아기는 '나'에 대한 자존감이 낮아지게 된다.

(3) 학령전기: 다양한 환경과 주도성 발달

이 시기의 아이는 어린이집이나 유치원에서 또래들과 함께 하루 일과를 보내며 이전보다 훨씬 다양하고 강도 높은 놀이나 활동을 시작하게 된다. 새로운 사람, 사물, 생각, 문제, 역할, 다양한 사회적 환경 및 상황에 노출되면서 이제는 가족 밖에서도 주도성을 형성해나가기 시작한다. 지금까지 자존감이 잘 형성된 아이는 명랑하고 사교적이며 힘과 생기가 넘치고 가족 이외의 다양한 사람들과 있는 것을 즐긴다. 또래와 많이 어울리면서 그 속에서 주도적인 역할을 하려하며, 이야기를 제일 먼저 꺼내려고 하거나 새로운 일을 시도할 때 가장 먼저 손을 들어 자원하는 등 경쟁적인 모습을 보이기도 한다. 또한 자신이 세운 목표를 달성하기 위해 모든 노력을 동원하며, 성공했다고 느낄 때 자신이 주도한 일에 대해 자신감을 갖게 된다. 그러나 이 시기에 부모나 선생님이 아이의 주도적 행동을 지지해주지 않거나, 지속적으로 아이의 행동을 제한하거나, 또는 아이의 질문을 성가시게 여겨 이를 비난하게 되면 아이는 자신이 무언가 잘못했다는 죄의식을 갖게 되어 아이의 자존감을 낮추는 결과로 이어진다.

(4) 학령기: 자기를 판단하는 자기평가 시스템 등장

아이는 가족 내에서 자존감을 형성했지만, 초등학교에 입학하면서부터 나라는 존재가치가 학업 성취에 의해 평가된다는 사실을 깨닫게 된다. 이 시기의 아이가 성취감을 느끼는 데 필요한 것은 학습능력이다. 학습이 제대로 이루어지지 않게 되면 아이의 자존감이 낮아질 수 있다. 때문에 또래와의 관계도 영향을 받게 되는데, 학업능력이 떨어져 또래들로부터 놀림을 당하거나 또는 선생님으로부터 야단을 맞게 되면 아이의 자존감은 점차 낮아진다. 따라서 자녀의 자존감이 낮아지지 않도록 부모는 자녀의 학습 능력과 학습 방법에 부족한 점을 찾아서 도와주어야 한다.

이 시기의 아이는 자아개념을 뚜렷하게 형성하게 되는데, 크게 네 가지 영역에서 자신을 경험하며 자존감을 형성한다. 우선 ① 사회성 영역에서, 가족을 넘어 교사와 또래로부터 관심과 호감을 끌고 충분히 인정받고 있는지, 그리고 ② 학업 영역에서, 학습을 잘 따라가고 학업 능력의 향상을 이루고 있는지가 자존감에 중요한 영향을 미친다. 또한 ③ 신체 영역에서, 자신의 운동 능력, 외모, 건강상태가 스스로 만족할 만 한지, 마지막으로 ④ 인성 영역에서, 규칙을 잘 준수하고 바람직한 행동을 하는지, 끈기와 노력이 있는지에 대하여 끊임없이 자기 자신을 개념화하며 점차 좀 더 복잡하고 다양한 영역에서 경험하게 되는 자기를 바탕으로 자존감을 형성한다.

아이의 자존감은 자신이 갖고 있는 자아개념을 외부의 평가에 의존하기 시작하면서 한 차례 변화를 겪는다. 이러한 외부의 평가기준이 내면화되는 과정은 학령기 아동에게서부터 뚜렷하게 나타난다. 아이는 점차 외부와의 비교, 판단을 통해 자기를 평가하는 시스템을 만들게 되고 이러한 시스템을 삶 전반에 걸쳐 적용하며 스스로를 감시하고 통제하면서 지금보다 더 잘 할 것을 독촉한다. 이러한 시스템은 특히 자신의 사회적, 학업적, 신체적, 인격적 상태를 외부와 비교, 판단하면서 자존감을 형성한다. 자기평가 시스템이 부정적이면 더 잘하고 싶은 동기를 갖게 하지만, 동시에 지나치게 높은 기대를 갖게 하여 오히려 자존감을 낮아지게 만들기도 한다.

(5) 청소년기: 학교생활과 자아정체성 발달

자존감에 획기적인 영향을 끼치는 것은 학교생활이며, 청소년기에 들어서면서 자기평가의 기준과 영역이 확대된다. 학습의 양이 많아지고 난이도가 높아짐에 따라 아이는 공부와 자기관리에 대한 부담감에 시달리게 되고, 이는 곧 학업 영역에서의 자존감에 타격을 입히기도 한다. 또한 또래 집단에서의 소속감과 동질감이 점차 중요해지면서 자신이 속한 또래 집단에서 친구를 사귀고 관계를 잘 발전시켜 나갈 수 있는가가 중요해진다. 더불어 성적인 관심의 급증으로 이성과의 관계를 잘 맺을 수 있는 능력을 얼마나 갖추었는지에 따라 자존감의 수준이 결정 된다. 이때 이성에게 매력적으로 보이는 것이 중요해지는데, 신체 부위에 대한 부정적인 판단을 하게 될 경우 자첫 아이의 자존감이 낮아질 수 있다. 이에 더하여 아이는 유머, 의리, 친절, 선함 등을 기준으로 자신을 평가하면서 스스로의 인격적 자존감도 발달시켜간다.

2) 자녀의 자존감과 부모역할

자녀의 자존감은 위에서 설명한 발달단계에 따르는 자아개념의 영역들 안에서 형성된 각각의 자존감들이 포괄적으로 합쳐지고 어우러져 나온 하나의 결과물이다. 따라서 부모는 매 시기마다 각 영역이 자녀의 자존감 형성에 어떤 영향을 미치고 있는지 관심을 가져야 한다. 자녀가 단순하고 편파적인 인식 위에서 자아개념을 형성하지 않도록 하기 위해서는 각 측면에 대해 부모가 적절하게 피드백 해줄 수 있어야 한다. 강점을 가진 영역에서는 긍정적 자존감이 더 잘 형성 될 수 있도록 초점을 맞추되, 취약한 영역에서는 약점을 보완할 수 있는 방향으로 자녀를 지도해야 한다. 예를 들어, 선천적으로 몸이 작고 약하게 태어난 아이는 아동기를 거쳐 사춘기로 접어들면서 신체적 자존감이 손상될 가능성이 높다. 부모는 자녀가 자신의 모습을 있는 그대로 수용하고 인정할 수 있도록 도우면서 자녀의 건강에 좀 더 유의하고, 자신의 약점에 대해 열등감을 느끼지 않도록 스스로를 개선하고 보완할 수 있는 환경을 조성해주어야 한다.

(1) 자녀의 자존감 형성과 부모의 민감성관계

부모에게 '민감성' 이란 부모가 자신의 내면을 자각하고, 자기와 분리된 하나의 객체로서 자녀를 인식하며, 자녀의 내면을 충분히 이해하는 능력을 말한다. 이 과정에서 부모는 자녀를 공감하되 자녀와 자신을 동일시해서는 안 된다. 자녀가 절망하거나 좌절하였을 때 부모의 마음도 아프고 고통스럽지만, 그렇다고 부모가 그 감정에 몰입되어 자녀와 똑같은 심리적 상태에 빠져서는 안 된다는 것이다. 자녀는 힘들 때 부모에게 의지하려 하는데, 이때 부모 마저 흔들리게 되면 자녀에게 적절한 도움을 줄 수 없기 때문이다.

'자녀의 내면을 안다.' 는 것은 단순히 감정에 공감하는 것 이상을 의미한다. 부모가 자신의 내면을 알아차리는 능력이 있을 때 자녀의 내면을 이해할 수 있고, 자녀의 행동 이면에 감춰진 의미까지 파악할 수 있다. 부모가 자녀의 내면을 민감하게 파악하고 적절하게 반응할 때 자녀의 자존감과 정서는 안정적으로 발달할 수 있다.

이렇듯 부모의 민감성은 자녀의 자존감 형성에 영향을 끼친다. 만약 부모가 자녀의 내면을 파악하지 못하여 자녀의 요구에 응답하지 못하면, 자녀는 부모로부터 생존에 필요한 도움을 받을 수 없다고 느껴 심리적으로 불안해지고 자존감 형성에 손상을 입는다. 다시 말해 자녀의 자존감 형성에 좋은 환경이란 부모가 자녀의 마음을 민감하게 파악하여 인지적으로 이해해주고 정서적으로 공감해주는 것을 말한다. 부모가 자신의 성장과정에서 자신들의 부모로부터 민감성이 바탕이 된 양육을 경험하지 못하였다면 자녀의 내면에 적절히 반응하기 어려울 수 있다. 또한 과거 자신의 부모로부터 경험했던 부적절한 양육방식을 자신의 자녀에게도 그대로 반복하게 될 수도 있다. 부모가 해결하지 못한 과거의 문제를 자녀가 똑같이 겪게 된다면 부모는 좌절감을 느끼게 되고 자녀와 똑같이 상황에 휩싸여 부적절한 반응을 보이게 된다. 이렇게 될 경우 자녀는 부모의 부적절한 반응을 이해하지 못하게 되고, 부모에게 도움을 구할 수 없게 되어 좌절하고 만다. 부모가 먼저 자신의 내면에 대해 자각하고, 과거의 상황에서 해결하지 못했던 자신의 부정적인 경험을 해결할 수 있을 때 비로소 자녀에게 든든한 버팀목의 역할을 해줄 수 있다. 부모의 민감성이 높은 반응은 자녀의 생애 초기부터 정서적으로 안정된 환경을 제공해줌으로써 자녀의 외부자극에 대한 기능 복원력을 높인다.

(2) 자녀의 성장속도 이해

자녀가 아동기로 들어서게 되면 부모는 자녀가 성장했음을 인식해야 하고, 자녀의 성장능력을 인정해주어야 하며, 자녀가 가진 성장능력을 잘 발휘할 수 있도록 도와주어야 한다. 그러면 아이는 스스로 세상을 살아갈 힘과 능력을 키울 수 있고, 자신을 외부로부터 적절히 보호할 수 있는 능력을 키울 수 있게 된다. 이런 과정을 거치게 되면 자기 자신을 유능하다고 느끼게 되어 자존감이 높아진다. 그러나 이런 과정이 때로는 거칠게 드러날 수 있다. 예를 들어, 자녀가 부모의 뜻을 거스르는 것은 나름대로의 길을 찾아가는 과정에서 나타나는 일반적인 현상이지만 자존감이 낮은 부모는 마치 자녀가 자신을 무시한다고 느껴 슬퍼하거나, 자신을 사랑받지 못하는 존재로 느껴 감정이 상하게 되고 결국 자녀에게 화를 내게 된다. 이렇게 되면 자녀들은 자신들의 행동에 부모가 왜 그렇게 심각하게 반응하는지 잘 알지 못하기 때문에 혼란스러워진다.

부모가 자녀의 성장능력에 발맞추기 위해 유의해야 할 점은 자녀를 인정할 때 적절한 양을, 적절한 시간에, 구체적으로 해야 한다는 것이다. 그렇게 할 때 자녀는 자기중심적인 태도에서 벗어나 더불어 살아가는 법, 자신의 욕구를 충족시키는 동시에 타인의 필요나 욕구들도 돌아보는 법을 배울 수 있게 되며, 이러한 능력이 확대되어 사회가 자신에게 요구하는 것도 인식할 수 있게 된다. 하지만 부모가 자녀의 성장과 능력을 인식하지 못하거나 자녀를 인정해주지 않으면 오히려 자녀의 성장은 지체된다.

2. 자존감형성과 스트레스

1) 자녀의 스트레스

어린아이도 어른과 마찬가지로 스트레스를 경험한다. 아이들이 스트레스를 받는 원인으로는 개인적 기질, 환경, 사건, 대인관계 등 여러 가지가 있다. 모든 아이들은 타고난 기질이 저마다 다르고, 기질에 따라 스트레스에 반응하는 방식이 다르므로 같은 형제라 하더라도 스트레스를 받는 정도는 서로 다를 수 있다. 아이들은 각 발달단계에 적응해나가는 과정에서 어느 정도의 스트레스를 경험한다. 그것은 새로운 상황에 노출됨으로써 이제까지와는 전혀 다른 기술과 대처방식을 학습해야 하고 적용해야하기 때문이다. 누워만 있던 아기가 기어야 하는 것도 하나의 스트레스이고, 집에서 놀기만 하다가 유치원에서 다른 아이들과 함께 어울려야 하는 것도 스트레스이며, 학교에 들어가서 새로운 것들을 배우는 것도 스트레스가 될 수 있다. 이러한 스트레스는 성장과정에서 필연적으로 요구되며, 이 과정을 잘 극복하고 주어진 발달과업을 해냈을 때 아이는 성취감을 느끼고 자존감이 높아진다.

삶의 과정에서 경험하는 스트레스는 그 문제를 해결하는 것도 중요하지만, 스트레스를 이겨낼 수 있는 힘을 키우는 것이 더 중요하다. 적당한 스트레스는 아이에게 동기를 부여하지만 스트레스가 지나칠 경우 정서적, 행동적, 신체적으로 다양한 부정적 영향을 받게 된다. 정서적으로는 우울함, 수치심, 예민함, 무력감, 두려움 등을 느끼게 되며, 행동적으로는 품행문제, 폭력성, 공격성, 경직성, 고립 등의 문제를 나타낼 수 있다. 또한 신체적으로는 체중 감소, 수면장애나 각종 질병에 걸리게 된다.

(1) 자녀의 스트레스에 대한 이해

모든 스트레스가 자녀에게 나쁜 것은 아니다. 집에서 맡은 일하기, 운동하기, 악기 배우기, 숙제하기 등은 스트레스가 될 수 있지만 그 스트레스를 버티며 자신이 맡은 과제를 수행해나갈 때 자존감이 높게 형성된다. 그러나 스트레스가 너무 지나치면 자녀의 건강과 수행능력에 부정적 영향을 미칠 수 있다. 따라서 자녀가 스트레스를 지나치게 받고 있다면 스트레스의 원인을 파악하여 대처해야 한다. 부모가 관심을 갖지 않으면 자녀들은 스트레스를 받아도 이를 자각하지 못할 수 있기 때문에 증상으로 드러날 때까지 부모가 모를 수도 있다. 자녀가 스트레스를 받고 있다는 것을 눈치 챌 수 있는 방법은 자녀의 행동이 달라지지는 않았는지 살피는 것이다. 스트레스 증상은 심한 불안, 짜증, 투정, 우울, 멍함, 열등감, 무력감, 죄책감, 사람들과의 접촉회피, 활동저하, 우유부단, 성적하락, 자기관리 저하, 두통, 식욕상실 혹은 과식, 틱, 신체적 기능저하 등 다양하게 나타나며, 원인불명의 질병 유무가 우선 판단기준이 될 수 있다.

(2) 자녀의 스트레스와 부모역할

우리나라의 아이들은 어려서부터 학습과 경쟁, 부모의 지나친 기대 등으로 인한 스트레스가 지대하다. 특히 학업으로부터 받는 스트레스가 크기 때문에 자녀의 능력에 대한 현실적인 판단, 환경의 구조화, 적절한 가이드라인 제공, 적정수준의 학습량, 긴장 이완 활동, 자기주도적 수행, 성취감 획득, 변화에 적응, 환경에 적응하는 등의 방법으로 도와주는 것이 필수적이다. 특히 좋아하는 활동으로 스트레스를 풀게 하고, 균형 잡힌 식사를 제때에 하도록 도와주어야 하며 자녀가 즐겁게 생활 할 수 있도록 허락해야 한다. 자녀가 어리면 어릴수록 어떤 일이 생겨도 곁에서 지켜주고 사랑해줄 것이라는 믿음을 주어야 한다. 그리고 아이가 부정적 감정을 표현할 수 있도록 엄마가 먼저 자신의 감정을 이야기한 이후에 아이의 감정을 물어 어떤 감정을 느끼고 있는지 정확하게 짚어내고 그것에 반응해 주어야 한다. 이렇게 해주면 아이들은 자신의 감정 특히 부정적 감정을 표현해도 괜찮다는 것을 알게 되고, 그러한 감정을 표현함으로써 스트레스를 극복하고 내면의 힘을 키울 수 있다. 이처럼 스트레스를 건강하게 버텨낼 수 있을 때 자존감도 긍정적으로 형성된다. 한편 부모들이 스트레스를 감당하는 수준이 낮아 아이에게 반사적으로 반응을 하는 경우에는 필히 부모가 자신의 스트레스를 먼저 해결하는 방법을 배워야 한다. 만일 아이와 관계있는 사람들의 도움이 필요하다고 판단되면 그들과 아이의 상태에 대해 이야기하며 도움을 받도록 한다.

2) 자존감이 손상된 자녀들의 다양한 모습

- 성적이 갑자기 떨어지는 경우, 친구들의 인정과 인기를 유지하는데 몰두하여 공부 이외의 행동이나 활동에 빠져 공부에 소홀해졌기 때문일 가능성이 있다.
- 부모의 통제가 강하거나 가족 내 갈등이 심한 경우, 아이는 갈등을 피하는 안전한 방법으로 조용히 공부하는 것을 선택했을 수 있다. 갈등을 일으키지 않기 위해 어쩔 수 없이 부모의 말에 따라 공부에 집중하고, 그로 인해 성적이 잘 나올 수는 있으나, 이런 아이들은 자기 주도적 학습능력이 떨어져 대학교에 가거나 사회에 나가 스스로 결정하고 주도적으로 과제를 완성시켜야 할 때 혼란을 겪는다.
- 자기 확신이 지나치게 큰 자녀의 경우, 원래 긍정적이고 적극적인 경우도

있지만 더러는 현실을 인정하지 않고 도피하는 방법일 수 있다. 이런 아이들은 부모에게 자기의 학습능력이나 결과에 대해 확신을 시키지만 결국은 실천능력이 떨어져 부모의 신뢰를 잃게 된다.

- 공부 이외에 사회적인 인기나 다방면에 지나치게 관심이 많은 자녀의 경우, 내면이 산만하여 집중력이 떨어져 학습능력도 함께 떨어질 수 있다. 이런 아이들은 또래로부터 무시를 당하거나 선생님께 야단을 맞음으로써 자존감이 낮아지게 된다.
- 부모의 기대를 자기의 기대로 받아들이는 자녀의 경우, 부모의 기대를 실현시키기 위한 삶을 살다가 결국 실패하여 정신질환을 앓게 되는 사례도 있으며, 온전하게 자기의 삶을 살지 못하게 된다.
- 아주 어려서부터 학원을 내 집 드나들 듯 다닌 자녀의 경우, 대개 부모가 아이를 학원에 보내는 것으로 양육의 책임을 회피하고 싶거나, 자기 확신이 약해 그 불안을 해결하기 위한 방법일 수 있다. 이 아이들은 단기간에 성적을 높여야 하는 학원의 목표에 따라 빠르고 쉽게 답을 도출하는 방식만 배우게 되어, 결국 자기주도적인 학습뿐만 아니라 문제를 논리적으로 해결하지 못하게 된다.
- 엄마에게 과도하게 의존하는 마마보이의 경우, 이들은 학교에서 뿐만 아니라 모든 사회적 영역에서의 판단을 부모에게 의존한다. 부모 말대로 하는 것이 가장 편하기 때문이거나, 자신의 의견을 잘 모르거나, 아예 자신의 의견을 포기하는 경우도 있다. 이들은 학업뿐만 아니라, 친구관계, 직장, 배우자 선택, 나중에는 자녀양육까지 모두 부모의 결정에 따르는 수동적인 삶을 살게 된다.

2. 양육적인 부모가 되기 위한 발달단계 이해

자녀들이 성장과정에 따르는 스트레스를 피할 수는 없지만, 부모가 자녀의 발달단계에 따르는 변화를 수용하고, 격려해줄 때 이를 버텨내고 극복할 수 있는 힘을 키우면서 긍정적인 '나'를 형성할 수 있다. 사티어는 부모가 자녀의 성장과 변화를 수용하지 못해 발생하는 자녀의 마음을 아래와 같이 이야기하였다.

> 되돌아보면 나나 우리 부모님 모두 지속적으로 변화하였다는 것입니다. 그런데 문제는 우리 부모님이 나를 바라볼 때 항상 실제의 나보다 어리게 보았다는 사실입니다. 우리 부모는 내가 대학생일 때는 사춘기의 학생으로, 중·고등학생 시기에는 초등학생으로, 실제 나의 성장속도보다 한두 단계 낮게 대하셨다는 것이죠. 이런 부모님한테 나는 항상 화가 났습니다. Satir, The Newpeoplemaking, p. 235.

1. 발달단계의 이해

발달과정은 신체적, 심리적 차원이 함께 어우러져 변화하며, 발달영역은 다른 영역에도 영향을 미치기 때문에 어느 한 영역이라도 제대로 발달하지 못하면 총체적인 어려움을 겪게 된다. 보통 발달단계는 보편적인 원칙을 따르지만 개인차가 있다. 그렇기 때문에 자녀의 발달단계를 세심하게 살펴보아야 각 시기에 따른 적절한 도움을 줄 수 있다. 이 장에서는 자녀를 잘 이해하기 위해 자녀의 발달단계를 좀 더 자세히 살펴보고자 한다.

아래의 질문 중 오른쪽 문장에 '예'를 많이 했다면 전문가의 의견을 들어 보는 것이 좋다.

① 활동성: 조용하고 비활동적인가, 아니면 지나치게 활동적인가?
② 기분의 질: 쾌활하고 낙관적인가, 아니면 심각하고 부정적인가?
③ 철회: 새로운 경험을 선호하는가, 아니면 두려움으로 반응하는가?
④ 일관성: 규칙적이고 예측 가능한가, 아니면 산만하고 예측 불가능한가?
⑤ 적응성: 변화에 쉽게 적응하는가, 아니면 변화를 받아들이기 어려워하는가?
⑥ 민감성: 시끄럽고 번잡한 환경에서도 평정을 유지하는가, 아니면 환경에 의해 지나치게 자극을 받는가?
⑦ 반응의 강도: 부정적이거나 긍정적인 사건에 대해 부드럽게 반응하는가, 아니면 큰 소리를 내고 강렬하게 반응하는가?
⑧ 산만성: 한 가지 일에 오랫동안 집중할 수 있는가, 아니면 쉽게 지루해하고 집중하기보다는 백일몽을 꾸는 경향이 있는가?
⑨ 인내심: 좌절에서 쉽게 회복되는가, 아니면 좌절감이 지속되는가?

또 다음 예시에서 말하는 문제들을 가지고 있다면 그것이 발달단계에서 나타나는 일시적인 현상인지, 아니면 부부나 가족 내의 스트레스로 인한 현상인지 확인해야 한다.

① 유치원에서 아이가 너무 위축되어 다른 아이의 공격에 대응하지 못하거나, 지나치게 공격적이라면 아이를 너무 과보호 하고 있는지, 부부가 자주 싸우는지, 부모가 아이에게 스트레스를 풀고 있는 것은 아닌지를

확인해야 한다. 어린아이들은 억압된 분노를 적절하게 표현할 줄 모르기 때문에 다른 아이들에게 공격적인 행동을 함으로써 분노를 표출할 수 있다.

② 반대로 지나치게 과보호 받은 아이는 다른 아이들이 공격할 때 자신을 보호할 줄 몰라 지속적으로 공격에 노출될 수 있다. 초등학교에 들어가면서부터는 학업과 행동에 문제가 발생할 수 있는데, 학업부진이 문제가 된다면 아이가 지나치게 산만한 것인지, 인지능력이 낮은 것인지, 학습방법의 문제인지, 교우관계가 문제인지 그 원인을 파악해서 도움을 주어야 한다. 이런 경우에도 가족 내에 불화가 있는지 확인해야 하며, 발달장애가 있는지 전문가를 통해 진단을 받는 것도 도움이 된다.

③ 사춘기가 되면 묻어두었던 가족문제가 가장 뚜렷하게 드러난다. 자녀가 일탈행위를 하거나, 갑자기 학업에 소홀하거나, 성적이 급격히 떨어질 경우 가족의 문제를 진단해야 한다. 특히 교우관계에 문제가 없는지 확인하고, 자녀가 무슨 고민을 하고 있는지 알아보는 것이 필요하다.

④ 좋은 성적으로 대학에 입학하였는데 표면적으로 드러나는 이유 없이 성적이 지나치게 떨어졌다면 자율성, 독립성, 정체성 등이 제대로 확립되지 않았을 수 있고, 학습방법에 문제가 있을 수도 있다. 이때 자녀를 포함한 가족 상담을 통해 오랫동안 해결하지 못한 문제가 있는지 확인해보는 것이 필요하다. 물론 자녀들이 외부 도움 없이 시간이 흐르면서 어려움을 극복하는 경우도 있지만 '크면 다 알아서 할 거야.', '모든 것이 잘 될 거야.', '마음만 바꾸면 돼.' 라는 식의 막연한 희망은 오히려 문제를 더 크게 키울 수 있다.

1) 발달단계의 보편적 원칙

인간은 선천적 기질과 환경적 요인들이 상호작용하면서 각자의 보편성과 고유성을 발달시킨다. 자녀의 보편적 발달단계가 제대로 이행되고 있는지 알아보기 위해 발달단계에 대한 이론을 쉽게 풀어 소개하고자 한다.

(1) 다차원성

인간의 발달단계는 여러 차원의 영역이 밀접하게 연결되어 서로 영향을 주면서 발달한다. 어느 한 부분의 발달이 제대로 진행되지 않으면 다른 발달단계에도 부정적인 영향을 끼친다. 예로, 뇌에 결함이 있거나 지능이 낮으면 신체적, 심리적, 사회문화적 발달에도 영향을 주고, 정서적 스트레스를 많이 받으면 지능과 학습능력도 떨어진다.

(2) 발달순서와 연령단계

발달속도는 개인마다 다를 수 있지만, 발달순서는 일정하다. 예를 들어, 단계의 시기는 개인마다 다르지만 먼저 머리를 가누고, 뒤집고, 고개를 들고, 가슴을 들고, 기고, 앉고, 서고, 걷는 등 일정한 순서를 거치게 되며, 태내기, 신생아기, 영아기, 유아기, 아동기(학령기), 청소년기(사춘기), 성인기 등으로 연령단계가 구분된다. 각 연령 단계마다 고유한 발달과제들이 있으며, 해당 단계의 발달과제를 잘 성취해야 다음 단계의 발달을 원활히 이어갈 수 있다. 예로, 배변훈련을 위한 적당한 시기가 있지만 배변훈련을 너무 빨리 시작하거나 강압적으로 이루어지면 아이의 정서나 심리에 부정적인 영향을 미쳐 다음 단계로 발달을 원활히 이어갈 수 없다. 또한 초등학교에 들어가면 금방 깨우칠 내용을 유치원에서 미리 배우게 하면 가르치는 사람이나 배우는 아이들 모두 시간과 노력이 몇 배 더 들게 된다. 따라서 아이가 준비되지 않은 상태임에도 불구하고 억지로 다음 단계로 끌고 갈 경우, 아이에게 엄청난 스트레스를 주게 되어 다른 영역의 발달을 지체 시킬 수 있다.

(3) 발달단계와 개인차

약 95% 정도의 사람들은 유사한 발달단계를 거쳐 가지만, 그렇다고 발달속도가 모두 같은 것은 아니다. 어떤 아기는 뒤집기를 늦게 할 수도 있고, 말이 늦게 트이기도 하고, 추상적인 수학개념을 이해하는 속도가 더딜 수도 있다. 이런 경우 다른 발달 영역을 포함하여 발달지체가 있는지 살펴보아야 하지만 특별히 연관된 문제가 없다면 이런 이유로 아이를 문제시하는 것은 좋지 않다. 그러나 아이가 정상적인 발달단계에서 벗어나 이상한 조짐을 보일 경우 전문가를 통해 진단을 받아보는 것이 필요하다. 문제가 있더라도 조기에 발견하여 치료하고 대처하는 것이 아이가 정상적 발달단계를 따라가는데 도움이 된다.

(4) 발달의 최적기

발달의 최적기란 생물학에서 도입된 개념으로, 그 시기의 발달과제가 전 발달단계에서 가장 극대화되는 특정한 시기를 말하며, 각 발달단계마다 획득되어야 하는 발달과제를 이루지 못할 경우 새로운 발달과업을 획득하지 못하고 이전 단계에 고착된다. 예로, 태아는 임신기간 동안 각각 다른 시기에 신체의 각 부분이 형성되는데, 이 시기에 특정한 신체 부분이 형성되지 못하면 영구적인 장애를 갖고 태어날 수 있으며, 아이가 특정한 동작이나 개념을 최적의 시기에 배울 때 가장 수월하게 습득한다.

(5) 전체에서 부분으로 진행

신체발달과 정서발달은 전체적인 것에서부터 세밀한 부분으로 발달한다. 영아기의 아이가 사물을 잡거나 음식을 입으로 가져갈 때 처음에는 손만이 아니라 온몸을 버둥대면서 함께 움직이다가 점차 몸은 움직이지 않으면서 손동작만으로 보다 정교한 행동을 한다. 정서발달에서도 보면 처음에 신생아는 놀라거나 좋을 때 전체적인 몸의 흥분 상태를 덩어리로 경험하지만 이러한 경험은 점차 기쁨, 공포, 사랑 등 세밀한 감정으로 분화된다. 이렇게 발달단계는 세분화되면서 성장하기도 하고, 반대로 점점 하나로 통합되면서 성장하기도 한다.

2) 발달단계를 설명하는 이론들의 핵심

에릭슨은 전 생애적 접근 방식으로 인간발달을 설명하였지만, 대부분의 발달 이론들은 생애초기의 발달단계에 주목한다. 생애초기 경험은 뇌에 기록되어 전 인생에 영향을 미친다는 주장이 지배적이기 때문이다. 특히 3, 4세 까지의 경험은 다른 시기보다 중요하기 때문에 이 시기에 부정적인 경험을 하게 되면 심리적 문제까지 일으켜 평생 해결해야 할 과제로 남는다. 이런 이유로 많은 학자들이 생애초기의 발달단계에 대한 탐구를 바탕으로 여러 이론들을 제시한 바 있으므로 여기에서는 공공연히 이를 다루기보다 부모가 기억해야할 중요한 내용들만 요약해서 소개하고자 한다.

- 아이를 돌보는 사람의 정서가 안정되어 있고, 즐기는 마음으로 아이를 돌보면 아이는 정서적으로 안정감을 느끼고 '나' 를 편안하게 느끼면서 자신이 괜찮은 존재라는 느낌을 갖게 된다.
- 아이가 어리면 어릴수록 부모의 감정을 '나' 의 감정으로 경험한다.

- 아이가 부정적 감정까지 받아들일 수 있게 되면 아이는 감정과 '나'를 분리할 수 있는 힘이 생긴다. 비록 내가 화를 내지만 내가 나쁜 사람이 아니고, 죄책감과 수치심이 느껴져도 내가 부끄러운 사람이 아니라고 느끼기 때문에 자존감이 손상되지 않는다.
- 아이가 '나'가 되어가는 과정이 순조롭게 진행되려면 긍정적 반영을 해주고, 아이의 욕구를 적절하게 채워주어야 한다.
- 아이의 부모에 대한 애착욕구, 부모로부터 분리하려는 욕구, '나'가 되고자 하는 자율성에 대한 욕구는 선천적이다.
- 부모가 항상 자기 곁에 있다는 믿음(대상 항상성)을 가질 때 아이는 안정감을 느끼고 부모에게서 분리될 수 있다.
- 부모의 불안이 높을수록 아이를 놓지 못해 아이가 부모로부터 분리되지 못한다.
- 언제나 자기가 원하는 것을 들어주는 부모 밑에서 자란 아이는 점차 부모가 자신의 요구를 들어주지 않게 될 때 마치 부모가 나를 버릴 것 같은 불안을 느끼게 된다. 이런 불안을 감소시키는 데는 아이에게 친숙한 담요나 인형 같은 중간대상물을 가까이 두는 것이 도움이 된다. 이런 물건들은 엄마를 대신하기 때문에 분리불안을 감소시키는 데 도움이 된다.
- 부모가 완벽을 추구하는 경우 자녀는 자신도 완벽한 사람이 되어야 한다고 느끼게 되어 '나'의 모습도 완벽하게 만들려고 애쓰거나 혹은 완벽하지 못하다고 느끼게 될 때 자존감이 낮아지곤 한다. 따라서 부모가 완벽을 추구하기보다 '충분히 좋은' 부모가 될 때 자녀도 자신을 있는 그대로 수용할 수 있다.
- 적절한 좌절은 이를 극복하려는 본능적 욕구를 불러일으키고, 이 욕구

는 다시 자율성을 키워 일치적인 '나'를 형성하도록 돕는다. 그러나 부모의 지속적인 공감의 결여로 인한 좌절은 불안하고 혼란스러운 '나'를 만든다.

2. 발달목표와 부모역할

인간의 발달은 전 생애를 통해 지속되는 통합과 변화의 과정이다. 인간은 본래 스트레스에 반응하는 유전인자를 가지고 태어났으며, 어떤 환경으로부터 자극을 받게 되면 뇌의 유전자가 특정 단백질을 만들어내면서 그 환경에 반응한다. 환경이 스트레스를 유발할 때 우리 몸 안에서는 코티솔과 같은 물질들이 분비되는데, 이러한 물질들이 과도하게 분비될 경우 뇌세포 성장을 저해하고 심지어 뇌세포를 파괴하여 자기조절 특히 정서조절 기능이 저하된다. 어려서 지능지수가 높았던 아이들도 자라는 환경이 좋지 못하면 정서기능은 물론 지능지수까지 낮아진다. 아이가 다섯 살 정도가 되면 이미 뇌에 환경적인 요소가 통합되어 변화가 쉽지 않기 때문에 통합과 변화의 과정이 순조롭게 진행되기 위해서는 외부의 환경이 좋아야 한다. 근래에 아이가 성장한 후에도 환경이 변화하면 뇌도 변화할 수 있다는 과학적 연구 발표는 대단히 고무적이다.

1) 자녀의 발달목표

사티어는 온전한 인간이 되기 위한 목표를 제시하였다. 이러한 성장 목표는 자녀들의 발달 목표이기도 하다.
- 각자 자신만의 고유성을 이룬다.
- 다른 사람과의 관계를 잘 맺을 줄 안다.
- 자신에 대한 믿음이 있고, 이런 믿음을 통해서 자율성을 키운다.
- 높은 자존감을 형성한다.
- 활발하게 삶을 살아간다.

- 타인을 존중하고 수용하고 더 나아가 측은지심을 가진다.

이런 자녀의 목표를 성취하기 위해서는 부모의 양육이 가장 중요한 요인으로 작용한다.

2) 부모의 역할

- 부모가 자신의 부족함을 자각하고, 인정하고, 성장하려는 지속적인 노력을 한다.
- 부모가 자신을 사랑한다.
- 부모가 상식적이고, 현실적이며, 자신과 자녀의 삶에 대해 책임감을 보여준다.
- 부모는 인간이 자연의 한 부분임을 인정하는 태도를 보여준다. 자연을 즐기고 보호하며, 다른 사람을 존중하고 건강한 사회적 관심을 가지며 높은 차원의 인류애를 보여준다.

3. 가족과 자녀의 발달과업

사티어는 인생의 발달단계를 10단계로 나누었다. 각 단계마다 해결해야 할 과제가 있으며 가족구성원들이 이 과제를 통해 목표를 향해 성장하느냐 아니면 오히려 퇴행하느냐가 중요하다고 보았다. 여기에서는 태내기를 추가하고 여성의 완경기와 남성의 갱년기, 자녀가 집을 떠나는 시기를 함께 묶어 9단계로 구분하였다. 이 장에서는 자녀에게 발생할 수 있는 핵심문제를 중심으로 부모양육이 집중적으로 필요한 청소년기까지만 자세히 다루고자 한다.

1) 자녀를 잉태하고, 임신기를 거쳐 자녀를 출산하는 시기
2) 자녀가 혼자 움직이고 걷기 시작하는 시기
3) 자녀가 부모와 의사소통을 시작하는 시기
4) 자녀가 유치원에 입학하는 시기
5) 자녀가 학령기에 들어서면서 학부모가 되는 시기
6) 자녀가 사춘기에 들어서는 시기
7) 자녀가 집을 떠나는 시기
8) 조부모의 개입이 확대되는 시기
9) 배우자와의 사별과 질병에 대비하는 시기

1) 태내기: 자녀를 잉태하고, 임신기를 거쳐 자녀를 출산하는 시기

(1) 태아와 산모

태아는 엄마의 뱃속에서도 바깥세상과 활발하게 상호작용한다. 특히 임신 후반기에는 태아의 두뇌에 감각기관과 연관된 신경세포들이 서로 활발히 연결되면서 바깥세상에 더욱 민감하게 반응하고 영향을 받는다. 이때 소리와 냄새로 인지한 감각자극들은 태아의 잠재의식 속에 기억되어 출생 이후에도 영아는 비슷한 자극에 대해 편안하고 친숙하게 느끼는 경향이 있다. 이런 사실은 엄마, 아빠의 목소리에 익숙한 태아가 출생 후에도 엄마, 아빠의 목소리에 편안하게 반응하는 것에서도 알 수 있다.

임신 기간 동안 태아의 신체가 형성되기 때문에 산모의 심리적 안정은 태아의 건강과도 직결된다. 산모의 스트레스 호르몬은 태반을 통해 태아의 뇌에 전달되어 정상적인 뇌신경 발달을 저해하고, 스트레스 반응체계에 손상을 주어 태아의 발달에 심각한 영향을 끼친다. 의사들의 임상 경험에 의하면 산모가 스트레스를 많이 받을 경우 태아도 스트레스를 받아 뱃속에서부터 팔로 얼굴을 가리는 등 방어적 모습을 보인다고 한다. 이렇게 태내 환경은 태아에게 영향을 끼치고, 태아의 스트레스는 출생 이후 성격 발달에도 영향을 미치게 되는데, 과도한 스트레스를 받은 태아는 잘 보채거나 까다로운 성격을 가지게 될 가능성이 높다. 더 나아가 원하지 않는 임신, 결혼초기의 부부갈등 및 원가족과의 갈등, 안정적이지 못한 경제적 상태 등의 스트레스는 태아에게 부정적 영향을 끼치게 된다.

(2) 산후우울증

산모가 겪는 심한 산후우울증은 아기와의 애착 형성에 큰 걸림돌이 된다. 처음 갓난아기를 낳은 여성의 절반 정도는 몇 시간 또는 며칠 만에 증상이 사라지는 일시적인 산후우울증을 경험한다. 그러나 그중 10~25% 정도는 훨씬 더 심각하고, 더 많은 장애를 일으키는 우울증을 겪는다. 지나치게 산후우울증이 오래 지속되거나 혹은 그 증상이 심각하다고 느껴질 경우 상담을 통해 필요하다면 약물치료를 받는 것이 효율적이다. 이러한 산모들은 자신의 영유아기 애착경험이 부정적인 경우가 많다. 산모 자신의 어머니가 우울증을 겪었다든가 어쩔 수 없이 엄마와 아기가 떨어져 있었을 수 있는데, 이런 경우 산모가 자신의 아이를 낳으면서 그 때의 부정적 경험이 수면위로 올라와 심한 산후우울증을 겪게 되기도 한다.

산후우울증을 겪는 산모는 아기를 일관되게 대하지 못하고 아기의 필요에 대해서도 민감하게 감지하지 못한다. 호르몬으로 인한 기분 변화와 아기를 잘 돌볼 수 없다는 무력감으로 고통스럽고 갈피를 잡을 수 없는 느낌을 지속적으로 경험한다. 극단적인 경우 산모의 산후우울증은 자살이나 영아 살해로 이어지기도 한다. 그리고 아기는 자연스럽게 외부환경이 불안정하다는 부정적 인식을 갖게 된다. 직접적인 출산 경험이 없는 남편들 중에서도 초보 아빠의 62%가 산후우울증의 초기 단계인 베이비 블루스를 경험한다는 보고가 있다. 아빠의 산후우울증은 경제적인 부담감과 부모로서의 책임감 등 좀 더 심리적인 것에 기인하는 경우가 많고, 이는 죄책감과 분노의 감정으로 표현될 수 있다. 산모의 산후우울증은 아기와의 애착관계 뿐만 아니라 영아가 생애 초기에 '나'를 형성하는 과정에 부정적인 영향을 미칠 수 있다.

(3) 산모의 출산 경험

이 시기의 양육은 아기의 신체적 돌봄이 가장 중요하다. 아기가 무럭무럭 성장할 수 있도록 신체적 욕구를 민감하게 알아차려 채워주어야 한다. 아기가 생리 활동을 원활히 할 수 있도록 잘 보살피고, 안전하게 보호해 주어야 한다. 태아가 탄생하는 과정은 매우 힘든 과정이기 때문에 이 과정이 편안하지 않았던 아기는 까다롭고 잘 운다. 아기가 왜 우는지 아기의 입장에서 불편한 점을 찾아서 해결해주어야 한다.

근래에는 현대의학의 출산과정보다 과거의 자연스러운 분만과정을 더 과학적으로 여긴다. 아기가 태어나자마자 엄마의 심장 가까운 데에 뉘어서 엄마의 심장박동을 듣게 하고, 엄마의 젖꼭지를 스스로 찾아가게 한다. 이렇게 스스로 젖꼭지를 찾아가게 하는 경우, 영아의 자생력이 훨씬 높아진다. 또 자연분만 시 아기는 엄마의 산도를 통과하면서 산도 내의 균을 마시게 되어 면역력이 높아지게 된다.

이 시기 산모의 경험에 문제가 있다면 산모의 삶 전반에도 문제가 발생하며, 자녀에게도 지속적인 영향을 끼치게 되므로 반드시 상담을 통해 부적절한 경험을 다루어야 한다. 또 이 시기에 부부갈등 등으로 부모가 감정적으로 흥분한 상태인 경우, 아기는 부모가 사라져 세상이 무너질 것 같은 두려운 감정을 느끼게 되므로, 이러한 경우 "엄마는 너 때문에 우는 것이 아냐.", "엄마, 아빠가 화난 건 너 때문이 아니야. 이제는 화가 풀렸단다." 등 부드러운 말을 통해 아기를 안심시켜야 한다.

작업하기) 어머니 자신에 대한 작업

1. 조용한 시간과 장소에 편안히 앉는다.
2. 호흡을 고르고 천천히 뱃속에 있는 태아의 모습을 떠올린다.
3. 태아가 무엇을 경험하는지 자각한다.
4. 만일, 태아가 답답하게 느끼거나 불안해하면 자신의 손을 배 위에 얹는다.
5. 그리고 자신의 손에서 나오는 따뜻한 에너지를 태아가 느끼도록 한다.
6. 조용히 마음속으로 태아에게 괜찮다고 말해 준다.

2) 영아기: 자녀가 혼자 움직이고 걷기 시작하는 시기

(1) 성격적, 신체적 특징

이 시기에도 아기의 기질은 드러나기 때문에 아기의 성격적 특징을 잘 파악하는 것이 중요하다. 사람을 보면 우는 아기가 있고, 웃는 아기가 있다. 벌써 사람과의 관계를 좋아하는지 아닌지가 드러나는 것이다. 또 몸을 많이 움직이는 아기가 있고, 가만히 있는 아기가 있다. 그러나 이 시기에는 성격적 특징보다도 신체적 측면에 발달장애가 있는지 눈여겨보아야 한다. 시각, 청각, 목소리 등이 정상적인지 확인하는 것은 물론 아기가 고개를 한쪽으로만 돌릴 경우 목이 기울어져 있지는 않은지 확인하고, 또 아기의 다리길이가 다르다면 선천성 고관절 탈구증이 있는지 확인하는 것도 중요하다.

신생아의 일상은 신체 발달과 환경에 적응하는 신체적 활동이 가장 중요하다. 처음에는 엄마 젖을 빨고 눈을 움직여 주변을 살피는 것에서부터 시작해 점점 뒤집고, 앉고, 기고, 서고, 걷기까지 근육을 사용하고 통제한다. 또 자신의 손을 보기도 하고, 엄마의 얼굴을 만져보기도 하고, 손가락과 발가락을 잡고 빨기도 하면서 신체 부위가 자신의 것임을 알아간다. 이 시기의 신체 경험, 특히 시각적인 경험은 이미지와 감각적 느낌으로 아기의 신체에 기억된다. 이는 언어로 의사소통을 하거나 인지과정을 거친 경험이 아니지만 신체에 이미지로 기억되어 성장한 후에도 무의식적 차원에 남게 된다. 요즘은 영상매체의 발달로 아기들이 말을 빨리 배운다. 대개 '마, 마.' 등의 단음으로 시작해 돌이 지나면서 단어나 문장을 구사하게 되는데, 그것에는 개인차가 있다. 말이 늦다고 너무 걱정할 것은 없지만 아기와 대화할 때는 천천히 입모양을 분명하게 보여주면서 명확하게 말을 하는 것이 언어능력 향상에 도움이 된다.

(2) 감각기관을 통한 탐색

신생아 시기는 양육자에 대한 절대적 의존이 필요한 시기이지만, 그렇다고 해서 아기가 환경의 자극에 단순히 반응만 하는 수동적인 존재인 것은 결코 아니다. 아기는 감각기관을 통해 들어오는 정보에 선택적으로 주의를 기울이고, 그 수준이 미약하기는 하지만 정보에 대한 적극적인 반응을 보인다.

이 시기에 부모는 크게 두 가지 방법으로 아기의 인지 발달에 중요한 자극을 제공할 수 있다. 하나는 아기의 감각운동 능력을 촉진시킬 수 있는 환경을 제공하는 것이고, 다른 하나는 아기와 직접적인 상호작용을 통해서 자극을 제공하는 것이다. 자극에는 시각적(눈 맞추기, 밝은 색, 명암의 대조, 움직임 등), 청각적(말, 노래, 음악, 풍경소리 등), 촉각적(포옹, 흔들기, 어르기, 목욕, 헝겊, 장난감 등) 자극과 손과 눈을 연결하는 움직임(움직이는 장난감 손으로 쥐기)을 촉진하는 활동 등이 있다. 개월 수가 늘어갈수록 접촉과 자극의 양을 증가시키는 것도 중요하지만 양적으로 많은 자극보다는 아기의 발달단계에 맞는 질적인 자극을 적절한 수준으로 제공하는 것이 더 중요하다. 일찍부터 아기에게 많은 자극을 주면서 아기로부터 과도한 반응을 이끌어내려고 하는 행동은 바람직하지 않으며, 이는 오히려 아기로 하여금 부정적이고 부자연스러운 정서를 느끼게 한다. 부모는 아기가 제 스스로 다양한 방법을 통해 세상을 이해하고 배워갈 수 있도록 충분히 기다려주며 성급하게 앞서 나가지 않도록 주의해야 한다. 이 시기에 부모는 시시때때로 보이는 아기의 기능적인 변화에 대해 기쁨으로 반응해 주어야 한다. 부모의 이러한 반응은 아기가 자신감을 형성하는 데 매우 중요하다. 아기는 엄마의 행복한 얼굴을 보면서 자신의 존재가 다른 사람에게도 중요한 존재라는 느낌을 경험한다. 또한 엄마의 인정은 또 다른 기능을 터득하고자 하는 동기가 되어준다.

후반기로 갈수록 아기는 좀 더 적극적인 태도로 세상을 탐색한다. 아기에게 세상은 새로운 것으로 가득 찬 호기심의 대상이다. 모든 것을 스스로 할 수 있을 것 같은 자신감을 가지고, 넘어지고 다쳐도 탐색을 그치지 않는다. 아기는 손에 닿지 않는 물건을 붙잡으려 애를 쓰기도 하고, 물건을 흔들고 떨어뜨려보면서 흥미를 느끼기도 한다. 자신이 손에서 물건을 놓으면 물건이 바닥으로 떨어지게 된다는 인과관계를 조금씩 깨닫기 시작하는 시기이기도 하다. 거울에 비친 자기 모습에 미소를 짓고, 입을 맞추기도 하며, 낯선 사람을 만나면 부모의 등 뒤로 숨으려고도 한다. 좋고 싫은 것을 몸으로 표현하기도 하고, 원하는 것을 손가락으로 가리키기도 한다.

(3) 기본적 신뢰감 형성

영아의 신뢰감은 자신, 양육자, 환경에 대한 믿음이다. 양육자가 아기의 기본적인 욕구를 적절하고 일관성 있게 충족시켜줄 때 양육자에 대한 신뢰감을 갖게 되고, 이 신뢰감은 타인을 신뢰할 수 있는 기초가 되며, 세상은 안전하고 살아갈 만하다는 믿음을 갖게 해준다. 아기가 세상에 태어나 처음으로 감정 교류를 하는 대상은 부모이다. 아기는 태어날 때부터 이미 감정을 느끼기 시작하며 자라면서는 점점 더 다양한 감정을 느끼게 되고 다른 사람의 감정까지도 읽게 된다. 생후 3~6개월만 되어도 엄마의 표정을 읽고 반응할 정도로 아기는 감정에 예민해진다. 첫돌이 지나면서부터는 양육자의 감정적 반응과 태도를 구분하여 그에 따라 반응한다. 아기는 양육자와 서로 자극과 반응을 주고받으면서 기본적인 신뢰감을 형성한다. 따라서 부모는 따뜻하고 부드러운 태도로 아기에게 반응하고, 아기가 보이는 반응에 대해 다시 자연스럽게 반응하면서 긍정적인 상호작용을 이어가는 것이 좋다. 즉, 영아는 자신이 웃을 때 엄마가 좋아하고, 울면 젖을 주는 엄마의 반응 등을 통해 점차 상황에 대한 예측이 가능해지고 나아가 자신의 능력에 대한 신뢰감을 형성한다. 이제 영아는 생애초기 상호작용의 경험을 통해 자신의 행동이 어떤 결과를 불러올지 예측하게 된다. 따라서 생애초기의 경험이 부정적이면 부정적인 결과를 예측하고, 긍정적이면 긍정적인 결과를 예측하게 되며, 이러한 경험을 바탕으로 인생의 밑그림을 그리게 된다.

(4) 애착 형성

발달심리학자 보울비가 아기와 양육자와의 관계를 연구하며 '애착'이라는 단어를 사용한 이후, 아기와 양육자와의 친밀한 관계를 통상 '애착관계'라고 부른다. 본격적인 애착관계는 대개 아이가 6개월 정도 되었을 무렵 양육자와 자신을 분간하기 시작하면서부터 형성된다. 보울비는 애착유형을 안정 애착유형, 불안정-회피형, 불안정-저항형, 혼란애착유형으로 구분하였다. 부모가 절대적 돌봄을 하다가 점차 아기의 필요에 따라 돌봐주게 되면서 아기는 조금씩 좌절과 분리를 경험하게 된다. 아기는 그러한 좌절과 분리를 경험하면서 느끼는 불안의 정도에 따라 양육자와의 관계유형을 형성하기 시작한다. 이 관계유형은 평생 유지되기 때문에 이 시기의 관계패턴이 긍정적이어야 향후 인간관계도 긍정적으로 맺을 수 있다. 따라서 자신의 양육방식이 아기와의 애착 유형 형성에 어떻게 영향을 미치고 있는지 점검해보고 아기가 안정 애착을 잘 형성하는 것에 중점을 두어야 한다. 엄마가 아기의 울음과 같은 신호를 정확하게 해석하고, 빠르고 적절하게 아기의 필요를 충족시켜 줄 수 있는 능력이 필요하며, 아기와의 사랑스러운 눈 맞춤과 따뜻한 피부 접촉은 안정적이고 좋은 애착관계 형성의 필수조건이다.

심리적 '나'의 형성과정을 설명한 코헛도 인간이 생애초기에 양육자와의 관계를 통해 자신과 타인, 세상을 경험하게 된다고 하였나. 아기는 양육자가 자신을 긍정적으로 대해주고 인정과 수용, 새로운 성취에 대한 환호, 관심 등으로 응답해주면 자신과 타인 그리고 세상에 대한 긍정적인 경험의 틀을 몸 안에 이미지로 간직하게 되면서 긍정적인 '나'를 형성할 수 있게 된다. 아기는 양육자의 이러한 반응으로 인해 자신이 중요한 존재라고 느끼게 되고, 이를 바탕으로 양육자에 대한 신뢰감을 형성하며, 자신이 세상을 통제할 수 있고 자신의 욕구를 충족시킬 수 있다는 자신감을 갖게 된다. 그러나 이런 경험이 부적절하게 이루어질 경우 자존감을 억지로 높이기 위해 '우월

자기'와 '열등자기'를 형성해 '나' 아닌 다른 사람같이 살게 된다.

애착과 관련된 수많은 연구들을 통해 애착 형성이 아기의 뇌 발달에도 직접적인 영향을 미친다고 보고된 바 있다. 이 시기의 의사소통은 신체적 접촉이다. 신체 접촉은 애착 형성에 중요한 요인으로 작용하는데, 양육자로부터 따뜻한 돌봄을 받지 못하거나 사랑과 애정적 접촉이 부족할 경우, 아기는 발달 지연과 심리적 위축을 보일뿐 아니라 뇌 활동이 뇌 전반에 걸쳐 뚜렷하게 감소되었음이 단층촬영을 통해 관찰된 바 있다. 특히 뇌에서 감정을 관할하는 영아의 변연계 신경망이 위축된 것을 볼 수 있는데, 그 결과 아기는 긍정적인 정서를 느끼거나 긍정적인 판단을 잘 하지 못하게 된다.

(5) 낯가림과 분리불안

본격적으로 주 양육자에 대한 충분한 애착과 신뢰감이 형성되기 시작하면 아기는 애착행동 중 하나인 낯가림 증상을 보이게 된다. 대부분의 아기들은 낯가림을 보이는데, 이는 자연스러운 현상이다. 낯가림은 주 양육자가 아닌 타인을 피하려 하고 주 양육자만 찾는 행동을 말한다. 주변에 대한 호기심으로 적극적인 탐색을 하러 나가려고 하지만 엄마로부터의 분리에 대해 강한 불안감을 느낀다. 따라서 낯가림은 정상적인 행동이고, 그만큼 아기가 성장하고 있다는 신호이기도 하다. 더불어 이는 시력과 기억력 향상에 따른 행동이며 안전한 사람을 선택하고자 하는 의지이기도 하다. 아기에 따라 그 정도 차이는 있지만 갑자기 친숙하지 않은 사람에게 아기를 맡겨 놓고 사라지게 되면 아기는 마음의 상처를 받게 된다. 낯가림이 심할수록 부모 또는 주 양육자가 즐거운 마음으로 눈을 맞춰주고, 기저귀를 갈아주는 등의 상황에서 수시로 피부를 접촉해주는 것이 좋다. 엄마의 모습을 잠깐씩 보여주며 함께 까꿍놀이 등을 해주어야 한다. 이러한 행동을 통해 아기의 불안감을 낮추고 충분한 친밀감을 형성시켜주면 아기의 분리불안 증상은 줄어들 수 있다. 수줍음이 많은 아기들이 특히 낯가림을 많이 하는데, 이런 아기들은 어려서부터 가족이 아닌 다른 사람들과도 접촉할 수 있는 기회를 자연스럽게 늘려주는 것도 분리불안을 줄일 수 있는 한 방법이다. 낯가림이 유난히 심한 아기들은 부모와 떨어지는 것을 극단적으로 불안하게 느끼는데, 이런 경우 미리 주 양육자와 떨어지는 훈련 혹은 낯선 장소에 가는 훈련을 조금씩 하는 것이 좋다. 그러나 아기가 힘들어하는데도 이를 무시하고 분리 행동을 감행하거나 아기 몰래 사라지는 것은 좋지 않다. 더불어 짧은 시간이나마 집안일에 몰두하기보다는 아기와의 밀도 있는 신체적 접촉, 눈 맞춤, 그리고 일방적이기는 하지만 아기와 즐겁게 대화를 나누는 것이 필요하다. 반면에 아기가 타인과 접촉할 때 아예 낯가림을 보이지 않거나, 전혀 반응을 보이지 않는다면 전문가와 상의해보는 것이 바람직하다.

분리불안도 아기에 따라 차이가 있지만 대개 6개월 무렵부터 나타나기 시작해 9~15개월까지 절정에 달했다가 24개월을 기점으로 점점 사라진다. 아기가 분리불안을 느낀다는 것은 그만큼 그동안 엄마와의 애착관계가 잘 형성되었다는 증거이기도 하다. 하지만 아기가 지나치게 부모와 떨어지는 것을 힘들어한다면 양육방식이나 가족의 분위기를 점검하는 것이 필요하다. 엄마와의 애착관계를 잘 유지하면 아기는 떨어질 때는 울더라도 곧 마음을 가라앉히게 된다. 아기가 분리불안 증세를 보일 경우 뿌리치지 말고 충분히 안아주고 사랑해 주는 것이 좋다. 잘 우는 아기의 경우에 우는 버릇을 고쳐

줄 의도로 엄마와 더 떼어놓는 경우도 있지만 이 시기에는 떼를 쓴다고 보기보다는 심리적인 불안을 많이 느끼는 것이기 때문에 일하고 있더라도 아기 포대기로 업어주거나 재워주는 것이 아기의 정서적 안정감을 위해 좋다. 근래에는 서구사회에서도 '포대기' 라는 단어를 그대로 쓰면서 아기를 등에 업는 사람들이 조금씩 생겨나고 있다. 포대기로 아기를 업어주는 경우, 아기는 엄마 등에 신체적으로 접촉되어 안정감을 느끼기 때문에 분리불안을 겪지 않아도 된다. 아기를 데리고 자는 것도 아기의 분리불안을 낮춰주는데 도움이 되기도 한다. 그러나 아기가 충분히 컸음에도 같이 자는 경우는 부모가 분리불안이 있거나, 부부사이의 갈등으로 인해 부부가 서로를 거부하는 경우로써 아기와 자는 것을 통해 이를 모면하려는 것은 아닌지 점검해보아야 한다. 이때에는 부부관계 혹은 부부의 심리상태를 살펴보는 것이 바람직하다. 부부의 문제가 해결되지 않으면 자신들의 욕구로 인해 아기와 적절한 분리가 힘들어지기 때문이다.

 아기가 분리불안을 느낄 때는 엄마가 어딘가 가까이에서 자신을 돌보아 줄 것이라는 믿음을 가질 수 있게 해주어야 한다. 갑자기 엄마가 안 보인다고 우는 등 아기가 불안을 느낄 경우 엄마의 목소리라도 들려주어 엄마가 옆에 있다는 것을 확인시켜 주어야 한다. 애착에서 중요한 것은 '내가 너를 필요로 하는 순간에 네가 나의 옆에 있어주는 것' 이다. 그리고 누군가가 항상 나를 위해 존재한다는 믿음이야말로 홀로 세상에 나아갈 수 있는 힘이 된다. 아기는 그러한 믿음을 통해 사람을 믿고 의지할 수 있는 기본적인 신뢰를 갖게 되며 분리불안에 대한 두려움을 극복할 수 있게 된다.

낯가림이나 분리불안이 아니더라도 아기가 자꾸 울면 처음 아기를 키우는 엄마는 불안해질 수 있다. 엄마가 불안해지면 아기도 불안해진다. 아기는 엄마의 안아주는 방식이 서툴러 울 수도 있기 때문에, 이때에는 태내에 있었던 자세처럼 엄마의 심장 쪽으로 아기의 몸을 동그랗게 감싸서 안아준다. 또 아기가 숙면을 취하기 힘든 환경에서는 아기가 지나치게 흥분하게 되거나 자꾸 잠에서 깨기 때문에 울 수도 있다. 이때에도 부모가 다시 잠이 들 수 있도록 도와주는 것이 바람직하다. 어떤 아기들에게는 낮은 음악소리, 혹은 반복적인 리듬의 소리를 낮게 들려주는 것도 심리적 안정을 취하는데 도움이 된다. 태내에서는 엄마의 심장 박동 소리 등 신체 내부의 소리와 외부의 소리를 가까이서 들으며 성장했기 때문에 이와 비슷한 소리를 들려주면 오히려 안정감을 느낄 수 있다. 이렇게 해도 예민한 아기들은 잘 자지 않고 자주 울 수 있는데 부모가 차분한 상태에서 기다려주면 아기는 영아기를 건강하게 넘길 수 있다.

(6) 자신감 형성

아기는 부모의 절대적 돌봄을 통해 자신이 전지전능하다고 경험하게 되는데, 이것을 충분히 경험해야 성장한 후에도 자신에 대한 신뢰와 세상이 나를 도울 것이라는 신념을 가지게 되며 이를 바탕으로 어려운 순간들을 뚫고 나갈 수 있다. 처음에는 자신과 양육자 사이의 구별이 뚜렷하지 않지만, 점차 자신과 자신을 돌보는 사람이 서로 다르다는 경험을 하게 되면서 희미하게나마 자신을 독립된 존재로 인식하기 시작한다. 6~18개월 사이가 되면 아기는 자신이 필요로 할 때마다 양육자나 친숙한 사람이 자신에게 온다는 것을 알게 되고, 이에 따라 양육자의 목소리, 신체적 접촉에 민감하게 반응하게 되면서 자기와 외부를 분리하기 시작한다. 또한 무슨 일이 어떤 시간에 일어나는지 인식하면서도 자기와 외부 사이의 분리가 이루어진다. 엄마와 자기를 분리해서 보기 시작할 때 비록 아직은 엄마 품을 떠날 수는 없어도 세상을 좀 더 객관적으로 보게 된다. 이런 분리과정에서 생존에 필요한 것을 항상 채워주는 대상이 있다는 사실은 자신과 세상에 대한 신뢰감을 심어주고, 불안을 감소시켜준다.

(7) 가족관계의 영향

결혼을 해서 아기를 출산하고, 아기를 양육해야 하는 과정은 젊은 부부에게 커다란 부담이 될 수 있다. 산모가 원하지 않는 임신을 한 경우, 배우자 혹은 자신을 원망하거나, 뱃속의 태아에게 분노를 느낄 수도 있다. 또 산모의 입덧이 지나치게 고통스럽거나, 임신을 지속하기 힘든 질병이 있는 경우, 식구가 심각한 질병에 걸렸거나, 부모가 자주 싸움을 한다거나, 친족과 어려움이 있어 힘들어한다거나, 관계로 인한 갈등이 있는 경우 아이의 환경은 좋은 환경이 될 수 없다. 더불어 경제적 어려움, 부모가 함께 육아에 참여하지 못하는 상황, 직장 등의 이유로 아기를 아예 친척 등에게 맡겨버리는 경우도 마찬가지다.

또 부부간의 문제가 해결되지 않았거나, 양육과 가사 일에 대한 역할분담이 원활히 이루지지 않은 경우, 또는 부모의 어린 시절 해결되지 않은 문제가 드러나게 될 경우 아기에게 부정적인 영향을 끼칠 수 있다. 특히 자녀가 미숙아로 태어나거나, 신체적 발달이 정상적이지 않거나, 어떤 질병을 가지고 태어날 경우 부모는 엄청난 스트레스를 경험하게 되는데 이는 아기에게 그대로 전달되어 아기 역시 부모의 스트레스를 똑같이 느끼게 된다. 가족 중에 사망한 사람이 있는 전후 시기, 경제적 위기에 놓였을 때, 신혼초기에 부부갈등 혹은 원가족과의 갈등이 심할 때, 원하지 않은 아기였을 때, 원하는 성별이 아닐 때, 탄생서열에 따라 부모가 아기를 대하는 태도가 다를 때 등 다양한 경우에 아기가 받는 부정적 영향들은 억압되어 기억나지 않기도 하지만 그 영향은 아기의 잠재의식에 고스란히 남게 된다.

작업하기) 부모·자녀의 접촉을 위한 작업

사티어는 그녀의 유명한 '돌멩이와 꽃들'이라는 가족치료 비디오에서 보여주듯이 어린아이들이 부적절한 행동을 하는 것은 적절한 행동을 모르기 때문이라고 하였다. 아래의 작업은 어느 시기에나 할 수 있는 부모·자녀 간의 가장 기본적인 접촉 작업이다. 생애초기에 이런 접촉 경험이 없었던 부부끼리도 해볼 수 있는 작업이며, 엄마와 접촉되지 않아 다루기 힘든 자녀뿐만 아니라 평상시에 그렇지 않은 자녀와도 매일 조금씩 이러한 작업을 하는 것이 좋다.

1. 처음에는 자녀가 울고 버둥대고, 엄마를 때리거나 머리카락을 쥐어뜯고, 눈 맞춤을 거부하면서 엄마한테 한사코 안기려 하지 않을 수 있다. 여기에 굴하지 않고 아이를 안을 때는 아기에게 젖을 먹이듯이 안는다.
2. 한참 이렇게 몸싸움을 하다보면 아이는 조금씩 엄마와 눈 맞춤을 하게 된다.
3. 아이가 조금씩 긴장을 풀고 엄마의 얼굴을 만진다든가 하면서 조금씩 엄마에게 안기는 것을 편안하게 느낀다.
4. 엄마와 아이 모두 긴장이 풀어지면서 조금씩 접촉이 쉬워진다.
5. 아이가 엄마를 조금 더 편안하게 느끼게 되면 먼저 엄마에게 접촉을 시도한다.
6. 아이가 힘든 감정이나 속상했던 것을 이야기한다.
7. 엄마는 아이와 눈 맞춤을 지속하고, 아이는 엄마에게 안긴 채 눈 맞춤을 지속한 상태에서 대화를 계속 해나간다.

3) 유아기: 자녀가 부모와 의사소통을 시작하는 시기

(1) 신체발달과 호기심

이 시기의 아이는 스스로 걷고, 먹을 수 있으며, 간단한 언어적 소통도 가능하다. 아이는 주위 환경에 대한 관심과 호기심을 갖고 무엇이든지 해보려고 시도하면서 자기 의지대로 행동하려는 자율성이 증가한다. 모든 것을 혼자 힘으로 하려고 고집을 부리고, 왕성한 에너지로 온 집안의 주변을 탐색하러 돌아다니는데 이 시기 아이의 눈에 띄는 모든 것들은 호기심의 대상이 된다.

그러므로 아이가 스스로 자율성을 시험하고 학습능력을 증진시킬 수 있도록 최대한 안전한 학습 환경을 제공해야 한다. 아이는 무엇이든지 살펴보고, 맛을 보고, 눌러보고, 짜보고, 만지려하기 때문에 아이 손이 닿는 곳에 위험한 것을 두지 않는다. 아이가 "내가! 내가!" 하면서 혼자 하려고 할 때 아이의 호기심과 속도에 맞게 스스로 경험할 수 있도록 지도한다. 주변에 탐색할 것들을 많이 놓아두고, 아이의 창의성을 자극하고 탐구심을 불러일으킬만한 놀이기구들을 준비해 주되, 아이 혼자서도 마음대로 가지고 놀 수 있도록 안전하고 튼튼한 장난감을 준다. 또한 아이는 집중하는 시간이 짧고 쉽게 싫증을 낼 수 있기 때문에 부모는 아이의 관심을 끌 수 있는 다양한 놀이도구를 준비한다. 아이가 사고를 치거나 말썽을 부리더라도 꾸짖기에 앞서 적절한 행동을 알려주는 것이 더 중요하다.

신체가 발달하면서 아이들은 자신의 신체 부위에 대한 관심이 높아지는데, 이는 정체성 형성과정에서 내 몸이 나의 것인지 확인하는 것이다. 특히 남자아이의 경우는 생식기에 관심이 급격히 커지면서 생식기를 마치 장난 감처럼 만지작거리고, 어떤 자극을 느끼게 되면 그 행동을 그치지 않는다. 이럴 때 부모가 놀라서 마치 큰 잘못을 저지른 것처럼 대하면 아이는 수치심을 경험하게 된다. 그러는 대신 왜 생식기를 잘 다루어야 하는지 쉬운 그림책들을 보여주면서 설명하고, 이 때 남녀의 차이에 대해서도 설명을 해주는 것이 좋다. 아이가 당황스러운 질문을 하더라도 아이의 궁금증은 어른들이 생각하는 궁금증과는 다르다는 사실을 알고, 아이의 눈높이에 맞추어 설명을 한다.

점차 아이는 놀이와 상상을 통해서 호기심을 채우려한다. 사물이나 동물을 의인화하거나 가상의 상황을 꾸민 놀이를 즐기기 시작하면서 본격적으로 상상력의 세계에 발을 들여놓는다. 상상력을 이용한 역할놀이는 단순한 놀이를 넘어 세상에서의 역할을 배우며 자신의 정체성을 알아가려는 시도이기도 하다. 상상은 아이의 마음을 투영하기 때문에 그 내용을 잘 들여다보는 것이 중요하다. 특히 아이의 상상 속에는 가족의 역동이 잘 드러나는데, 상상의 내용이 지나치게 공격적이거나 혼란스러우면 전문가의 도움을 받는 것이 좋다. 아이의 호기심은 이것저것 금방 바뀌기 때문에 산만해 보이기도 하지만, 점차 몰입하는 시간이 길어지므로 아이가 산만해 보이는 것에 대해 지나치게 걱정하지 않아도 된다. 이 시기에는 아이가 마음껏 놀 수 있게 하는 것이 무엇보다 중요하다. 그러므로 환경을 말끔히 정돈하려 하기보다 자유롭게 공간을 사용할 수 있도록 허용하는 것이 좋다. 이렇게 부모가 아이의 욕구를 인정해 주고 아이가 원하는 행동을 안전하게 할 수 있는 환경을 조성해주면, 아이는 자신의 행동을 스스로 통제할 수 있는 능력을 발달시켜갈 수 있다.

(2) 자율성 획득

아이의 자율성이 증가하는 이 시기에 부모는 간단하고 쉬운 동작부터 아이 스스로 할 수 있도록 끊임없이 기회를 제공해야 한다. 아이가 스스로 하려고 하는 행동 위주로 혼자 해볼 수 있도록 격려하고, 이때 섣불리 끼어들지 말고 끈기 있게 기다려주어야 한다. 아이에 따라 동작능력에 차이가 있기 때문에 강압적으로 어떤 행동을 하도록 요구하면 안 된다. 부모가 원하는 행동을 하지 못할 때 아이는 자신과 세상을 통제할 수 있는 능력에 대해 의심하게 되고 수치심을 경험한다. 이것은 아이의 자존감 형성에도 부정적인 영향을 미친다.

이 시기에는 근육의 발달로 대소변의 통제가 가능해진다. 배변 훈련은 아이가 훈련을 통해 괄약근 조절이 가능한 18~24개월 즈음부터 자연스럽게 시작하는 것이 좋다. 아이가 스스로 기저귀를 차는 것을 불편해 할 즈음이 되면 자연스럽게 배변훈련을 시작하면 된다. 배변 훈련은 어느 아이에게나 시간이 걸리는 일이지만, 대부분의 아이들은 일정 시기가 되면 대소변을 가릴 수 있기 때문에 너무 조급해하기 보다는 아이에게 즐거운 경험으로써 이 훈련단계를 성취할 수 있게 해주어야 한다. 아이에게 부담이 될 정도로 배변 훈련에 신경 쓰게 되면 이는 야뇨증, 변비, 불안증, 고집을 피우는 강박증의 원인이 될 수 있다.

아이는 자율성이 커질수록 부모의 의사를 무조건 거부하려 한다. "싫어!", "아니야!" 가 입에 붙고, 어떨 때는 이렇게 하면 부모가 화날 것이라는 것을 알면서도 그렇게 한다. 이런 행동은 아이 나름대로 '나' 를 만들어가려는 초기 독립행동이다. 이런 과정이 정상적이고 필수적인 과정이라는 것을 알더라도 아이가 갑자기 하루 종일 "싫어!" 라는 말을 쏟아내면 부모들은 당황하며 자기도 모르게 야단치고 부모가 원하는대로 행동하도록 아이를 이끌게 된다. 특히 아이의 행동이 상식 수준을 벗어날 때 부모는 더욱 당황한다. 이런 아이들은 기질적으로 고집이 세거나, 강박적인 경향성 때문에 변화를 싫어하거나, 아니면 특정한 곳에서 떼를 쓰면 원하는 것을 가질 수 있다고 경험을 통해 아는 경우이다. 이때 아이의 자기조절 능력을 키울 수 있는 기회라고 믿고, 원하는 모든 걸 가질 수는 없다는 것을 알게 해주거나, 이것을 가지면 저것은 가질 수 없다는 제안도 하고, 언제까지는 그것을 가질 수 없다는 것을 알려주는 등의 방식으로 아이와 타협해야 한다. 이런 과정을 통해 아이는 자기조절 능력과 인내심을 키울 수 있다. 하지만 어떤 부모는 지나치게 강한 규칙을 지킬 것을 요구하면서 아이의 욕구를 강하게 거부하기도 하는데, 이는 오히려 아이의 충동성을 키워주는 결과를 낳는다. 이때 부모는 안 된다는 메시지에 대해 단호해야 한다. 부모가 흔들리면 아이들은 쉽게 부모를 조정하는 것을 배우게 된다.

(3) 감정표현의 시작

이 시기의 아이는 나와 나의 소유를 타인의 것과 분리하지 못한다. 아직 자기중심적이기 때문에 내가 원하는 것은 모두 가질 수 있다고 생각한다. 이때 지나치게 아이에게 윤리적으로 타이르려 하기보다는 아이의 감정을 충분히 공감해주고, 자발적으로 갖고 싶은 것을 포기할 수 있게 기다려주는 것이 좋다. 이와 같이 아이는 나를 만들어가는 과정을 거치게 되지만, 또다시 부모에게 다가와 부모의 사랑을 확인하려고 한다. 아기 같은 행동을 할 때 지나치게 거부하지 말아야 하며, 오히려 아기였을 때와 같은 모습으로 안아주는 등의 행동을 통해 부모에게 사랑받고 싶은 욕구를 충족시켜주는 것이 좋다.

이 시기의 아이는 다양한 감정을 느끼기 시작하지만 그 감정들을 구분하고 조절하는 능력은 충분히 개발되지 못한 상태이다. 모든 불편한 감정을 우는 것으로 표현하기 때문에 느닷없이 울면서 소리 지르거나, 화가 나면 엄마나 아빠를 때리거나, 같이 놀던 친구들에게 폭력적인 행동을 보이기도 한다. 이것은 아이가 아직 상황에 대한 분별력, 다양한 감정의 표현력, 감정조절 능력이 미숙하기 때문이다. 이럴 때 아이를 꼭 안아주면서 감정을 가라앉힌 다음에 우는 이유를 들어주고, 공감해주고, 그 후에 다르게 대처할 수 있는 방법을 말해준다. 아이들이 차차 다양한 감정을 자각하고 표현하게 되면 점차 과격한 감정표현은 줄어든다. 만일에 부모도 아이와 같이 감정적 반응을 보이게 되면 아이는 부모와 자신에 대한 불신감과 저항심이 생긴다.

(4) 또래관계

부모의 품에만 있던 아이는 점차 주위의 또래 아이들에게 관심을 가지기 시작한다. 그러나 아직 나 위주인 아이는 다른 아이에 대한 입장을 이해하고 배려하는 힘이 없다. 잘 놀다가도 쉽게 싸우고, 또 쉽게 화해한다. 아이는 신체적으로 피곤하면 짜증을 내고 다른 아이들과 잘 싸우게 되므로, 아이가 피곤하기 전에 적당한 시간에 노는 것을 끝내게 하는 것이 좋다. 부모는 조금은 귀찮아도 아이가 다른 아이의 입장을 이해할 수 있도록 대화를 시도하고 될 수 있으면 친구와 화해하는 경험을 할 수 있도록 도와줌으로써 타인을 이해하는 능력을 키울 수 있다. 최근에는 맞벌이 부부가 많아 이 시기부터 어린이집에 가게 되는 아이도 많이 있다. 그 중 부모에 대한 애착과 신뢰감이 충분히 형성된 경우라면, 아이는 잠시 부모와 분리되어 있을지라도 또래와 함께 보내는 시간을 매우 좋아하며 즐기는 모습을 볼 수 있다. 그러나 부모와 떨어지는 것을 극도로 힘들어하면 그동안의 양육과정에 대해 점검해 볼 필요가 있다. 부모가 아이에게 지나치게 집착하였거나, 타인과의 접촉이 적었거나, 애착형성이 안 된 경우에 아이는 부모와 떨어져서 또래와 어울리는 것을 힘들어 할 수 있다.

(5) 언어의 발달

이 시기의 아이는 신체적으로 의사를 표현하던 단계에서 언어를 통해 의사를 전달하는 단계로 빠르게 성장한다. 사용하는 단어의 수도 비약적으로 확대되고, 단어만 말하던 아이가 점점 문장을 구사하는 모습을 보면서 대부분의 부모는 기쁨과 흥분을 감추지 못한다. 아이는 조기에 성인의 말을 모방하면서 언어를 배우기 때문에 부모가 정확한 언어를 구사하면서 모델이 되어 주는 것이 중요하다. 아이가 말을 할 때에는 진지하게 경청하고, 질문에 대해서도 성실하고 정직하게 대답해주어야 한다.

아이는 이 시기에 사물의 이름을 인식하게 되어, 사물의 이름을 입으로 말하면서 그것을 가리킬 수 있다. 사물의 용도를 배우게 되고 스스로 흉내 내면서 가장놀이를 하기도 하는데, 이것은 경험의 지경을 넓히면서 아이의 언어 발달을 촉진시킨다. 언어 발달과 함께 나타나는 특징은 질문이 많아지는 것이다. 아이의 반복되는 질문에 답하는 것이 생각처럼 쉬운 일은 아니지만, 성의껏 답해주면서 많은 대화로 아이와 상호작용 하는 것이 아이의 언어발달 및 지적발달을 촉진시키는 데 큰 도움이 된다. 아이에게 말을 더 많이 걸어줄수록 아이의 언어능력은 점점 좋아지고 더욱 빠르게 발전한다. 아이와 마주 보고, 아이의 발성과 웃음·표정을 흉내 내고, 아이의 말을 따라 하려하면 아이는 그러한 부모의 반응에 크게 관심을 보이게 되는데 이러한 상호작용을 통해 아이의 언어능력이 향상된다. 정기적으로 풍부한 어휘를 사용하면서 적극적으로 이야기하는 부모를 둔 아이는 꼭 필요한 말만 하는 부모를 둔 아이보다 단어를 두 배나 더 많이 알고 IQ도 1.5배나 높다는 연구결과도 있다. 이 아이들은 학교 입학 후 읽기와 쓰기 능력에서 더 뛰어나다고 한다. 아이는 겉으로는 어른처럼 반응하지 못해도 부모가 하는 말을 항상 듣고 들은 것을 뇌에 저장해 놓는다.

(6) 가족관계의 영향

영아기에 이어 유아기 역시 부모의 집중적인 돌봄이 필요하다. 그러나 영아기가 신체적 돌봄이 중요한 시기라면 유아기 자녀는 벌써 '나' 라는 정체성 형성을 시작한 상황이기 때문에 유아기 자녀에게는 상황에 적절한 돌봄이 점차 더 중요해지게 된다. 이 시기 역시 부모가 같이 양육하는 것이 자녀의 성 정체성을 포함한 정체성 형성에 도움이 된다. 일반적인 부부갈등 이외에도 이 시기 가족에게 발생할 수 있는 갈등은 아내가 자녀에게 지나치게 집중하여 부부관계가 소홀해지거나, 부모의 양육방식에 대한 차이로 인한 갈등, 자녀의 학습에 대한 지나친 관심 때문에 아이에게 스트레스를 주는 경우 등이 있다. 이러한 문제들은 그것을 드러내어 합의에 이르는 것이 중요하다.

> **작업하기) 친밀감을 위한 놀이**
>
> 아래에서 제시하는 행동들은 아이가 성장할 때, 또는 아이가 커서도 유아기의 욕구가 채워지지 않았을 때 부모·자녀관계를 돈독하게 할 수 있는 놀이다. 인간은 본능적으로 놀이를 통해서 성장하고, 세상을 이해하고, 자기를 만들어간다. 가끔 아이들과 집중적으로 아래의 놀이를 할 때 아이와 친밀감을 형성할 수 있다.
>
> 1. 아이를 안아준다.
> 2. 로션을 손이나 팔·다리에 부드럽게 발라주면서 스킨쉽을 한다.
> 3. 비눗방울을 불어 터트리는 놀이를 함께 한다.
> 4. 블록 쌓기를 같이 한다. (아이가 주도적으로 한다.)
> 5. 식재료를 가지고 다양한 놀이를 함께 한다.
> 6. 놀이터에서 아이와 함께 논다.
> 7. 그 외의 다양한 놀이를 구상하여 실행한다.

4) 학령전기: 자녀가 유치원에 입학하는 시기

(1) 신체조절 능력

이 시기의 아이는 이미 기본적인 운동능력을 획득한 상태이고, 근육을 사용하는 다양한 운동 기술, 사물 조작 능력, 자기 신체 조절 능력이 습득되는 시기이기도 하다. 그렇기 때문에 그네, 매달리기, 자전거 타기 등 다양한 근육을 사용하고자 하는 욕구로 인해 왕성하게 활동하며, 온종일 쉬지 않고 움직이면서 활동량이 많은 게임이나 놀이를 선호한다. 따라서 부모는 아이가 대근육과 소근육을 적절히 사용하며, 새롭게 배우고 익힌 기술들을 활용할 수 있도록 적절한 놀잇감과 활동을 제공해 주는 것이 좋다.

만약 이 시기에 신체 발달이 더디거나 건강상 문제를 겪게 되면, 아이는 주어진 놀이와 활동을 제대로 수행할 수 없고, 자연스럽게 또래와 어울리기 힘들어지며, 이는 아이의 자존감 형성에도 부정적인 영향을 미치게 된다.

(2) 정서 발달

이 시기에 아이는 여전히 자아중심적 사고의 차원에 머물러 있다. 타인의 입장이나 관점에 대해 생각하기보다 자신의 입장에서 보고 판단하면서 이를 바탕으로 자신의 생각을 주장하거나 자신의 행동에만 몰입하기도 한다. 또한 원인과 결과를 혼동하는 마술적 사고방식을 하는 경향이 있고, 모든 물건에는 생명이 있다고 믿으며, 아직은 생각을 거꾸로 하는 가역적 사고가 어렵다. 후반기로 갈수록 다양한 사회적 환경에 노출되면서 점차 상대방의 생각이나 욕구가 자신과 다를 수 있다는 것을 인식하게 된다.

자아중심적인 사고로 인해 이 시기의 아이들은 자기물건에 대해서는 자기 것이라는 인식을 분명히 가지고 있다. 그러나 다른 사람의 물건에 대해서도 자신의 소유가 아니라는 것을 알기는 하지만, 원하면 가질 수 있다고 생각한다. 이러한 아이들은 다른 사람의 것을 원할 때는 반드시 그 사람의 허락을 받아야 한다는 것을 배울 필요가 있고, 훈련을 통해 자신의 욕구를 조절하는 것을 배워야 한다. 이때 왜 허락을 받아야 하는지 그 규칙을 분명하고 간략히 설명하고, 다른 사람의 기분이 어떨지 입장을 바꿔 생각해보도록 함으로써 아이들에게 경계선과 규칙을 깨닫게 할 수 있다.

자녀가 물건을 훔쳤다는 것을 알게 되었을 때 우선 부모는 몹시 화가 나고 실망하며, 자녀들이 잘못될까 많이 걱정한다. 이 때문에 자녀와 이 문제에 대해 차분히 말할 수 있는 부모는 그리 많지 않다. 때로는 아이에게 '도둑질'이라는 말을 사용하면서 감옥에 가야한다고 위협하는 등 심한 말을 하기도 한다. 그러나 이러한 부모의 반응은 아이의 자존감에 부정적인 영향을 끼치고, 오히려 아이를 방어적이게 만들어 자신이 잘못한 것을 인정하고 싶지 않게 할 수 있다. 이럴 때는 부모가 먼저 자녀의 행동 밑에 있는 동기를 파악하고, 자녀를 이해하려는 관점에서 대화를 풀어나가야 하며, 나아가 깊은 속내를 나눌 수 있는 관계로 발전시킬 기회로 삼는 것이 좋다.

점차 아이는 다른 사람에 대한 관심이 증가하고 주변 사람들을 즐겁게 하려고 애쓴다. 어른에게 인정받고 수용되길 원하기 때문에 협조적 태도를 보이기도 한다. '착한 아이'라고 인정받는 것이 중요한 시기이기 때문에 부모나 선생님에게 협조적인 사람이 되려는 강한 욕구를 갖게 된다. 어른의 지시에 따라 행동하거나, 다른 또래 아이들과 함께하기를 좋아하고 부모가 하는 집안 일 등을 따라 하려고 한다. 작은 과제나 의무 등 주어진 책임을 잘 수행하면 마치 자신이 어른이 된 것처럼 느낀다. 그래서 식탁을 차리거나, 세차를 하는 엄마, 아빠의 일을 도우려고 애쓰는 등 다른 사람들이 자신이 하는 일이나 행동에 관심을 가져주기를 바란다.

부모의 감정에 대해서도 민감하게 반응하기 시작하고, 처음으로 동정심을 나타낼 수 있는 능력이 발달함에 따라 부모가 슬퍼할 때 위로하려고도 한다. 부모는 아이가 착한 일을 하거나 말을 잘 들을 때, 또는 부모에게 도움을 주었을 때 적극적으로 칭찬해주어야 한다. 더불어 형제들 또는 또래 친구들과 협력할 수 있는 집단 놀이에 대해 적극 격려하며 어울림을 배워갈 수 있도록 해야 한다. 또한 집단놀이에서 어떻게 놀고, 어떻게 경쟁하는 것이 바람직한 태도인지 가르쳐준다. 집단이 함께 노력하는 것의 가치를 더 강조하고, 이기는 것보다 함께 즐거운 시간을 갖는 것이 더 중요함을 깨우쳐 주는 것 또한 필요하다.

(3) 공감능력

공감 능력은 아이가 친구를 만들고 관계를 유지하면서 사회에 잘 적응하는데 필요한 능력이며, 부모와의 관계 속에서 자연스럽게 배우고 개발된다. 인간은 본능적으로 관계 속에서 어울리고 모방하려는 습성을 가지고 태어나며, 이는 진화론적으로 인류가 사회라는 구조 안에서 생존하고 적응하는 과정을 통해 배우고 뇌에 저장해 온 유전적 특성이다. 이러한 능력은 뇌에서 거울신경세포로 이루어진 신경회로의 기능과 매우 밀접한 연관성을 가진다.[1] 마치 거울을 통해 비친 자신의 모습을 따라하듯 타인을 보면서 보이는 대로 모방하고 이를 학습하게 되는 것이다. 거울신경세포의 모방 능력은 타인의 마음을 공감하는 능력과도 연관성을 가진다. 이러한 공감은 타인과의 관계에서 타인을 이해하고 배려하며 어울리는 것을 가능하게 한다.

(4) 언어능력 향상과 자기표현

이 시기의 아이는 언어 능력이 많이 발달하면서 복수, 시제, 조사의 사용도 가능하게 된다. 배운 단어를 사용하여 쉬지 않고 말을 하는 수다스러운

---

[1] 영아가 언어와 중요한 운동기술 등 기본 생존에 필요한 것들을 배우는 과정에서 뇌의 거울신경세포가 깊이 관여한다.

모습도 보인다. 아이의 지적 주도성은 끝없는 질문(왜, 무엇을, 어떻게 등)으로 표현되고, 누군가 질문에 대답해 주어도 꼬치꼬치 캐묻는 경우가 많다. 이 때 부모는 아이의 질문을 무시하거나 답하는 것을 귀찮아하지 말고, 이 과정을 아이의 언어 능력 뿐 아니라 사물이나 현상을 관찰하고 사고하는 인지 과정을 향상시킬 수 있는 가장 좋은 기회로 여기고 아이에게 성실하게 반응해주어야 한다. 아이에게 자주 말을 걸면서 대화하고, 책을 읽어 줌으로써 지속적으로 아이의 어휘력 향상을 도와주고, 때때로 어른의 대화에 끼어들려고 할 때 적절히 허용하며 들어주되 한계를 정해준다.

그러나 아이가 자신이 한 말이나 행동에 대해 어떤 형식으로든 수치심을 경험하게 되면, 이후 자기를 표현하는 것을 매우 어렵게 느끼게 되며, 자신감이 떨어지고 실수나 실패에 대해 큰 두려움을 느끼면서 매사에 겁을 내고 소극적인 자세를 취하게 된다. 지적받지 않기 위해서 실수해서는 안 된다는 과도한 기대를 자신에게 부여하면서 내면의 왜곡된 지각체계를 형성하기도 한다. 집단중심적인 우리의 사회문화적 배경에서는 남의 시선을 아예 무시한 채 자신이 원하는 바를 표현하고 행동으로 옮기는 일은 매우 부자연스럽고 적절하지 않을 수 있다. 하지만 부모는 아이가 필요 이상으로 외부의 기준과 평가를 의식하면서 자신의 행동을 결정하도록 해서는 안 된다. 부모의 기대에 아이가 전적으로 따라오도록 강요해서도 안 되고, 아이의 실수나 실패의 경험에 대해서도 절대 윽박지르거나 야단쳐서는 안 되며, 부모가 먼저 담담히 받아들이면서 아이를 위로하고 이를 배움의 기회로 삼도록 격려할 수 있어야 한다. 실수나 실패의 경험이 자존감에 영향을 미치지 않도록 세심하게 주의를 기울여야 하는 것이다.

(5) 주도성과 창의성 발달

아이는 이 시기에 새로운 것을 추구하고 계획할 뿐 아니라 좀 더 어려운 과제와 목표수행에 결의를 보이면서 주도성이 크게 발달한다. 부모는 아이가 점차적으로 자신의 하루 일과를 스스로 시작하고 완성하면서 주도성을 키워갈 수 있는 환경을 제공한다. 지적 주도성 발달과 탐색 욕구를 충족시킬 수 있는 놀이나 장난감을 제공하여 적절한 학습을 경험하게 해준다. 장난감은 놀이를 위한 도구인 동시에 학습을 일으키는 중요한 매개체이기 때문에 놀이를 할 수 있는 환경 조성과 장난감의 선택이 중요하다. 시중의 상품화된 장난감이나 서적들만 놀이재료가 되는 것은 아니다. 가정 안에서도 아이의 관심과 호기심을 자극하고 창조적인 놀이를 이끌어낼 수 있는 물건은 얼마든지 있다. 아이의 수준에 맞고 아이가 좌절감을 느끼지 않으면서 호기심을 가지고 적극적으로 조작할 수 있는 물건이라면 창의성을 높일 수 있는 훌륭한 장난감이 될 수 있다. 또한 이 시기에 아이들은 상상력이 많이 발달됨에 따라 가상의 세계를 만들어 놀기를 좋아한다. 일상생활 속에서 역할놀이, 환상놀이 등은 아이가 자신의 감정을 있는 그대로 표현하거나 억압된 감정을 해소할 수 있는 좋은 놀이가 된다.

(6) 가족관계의 영향

이 무렵은 대개 동생이 생기는 시점이다. 지금까지 자기에게만 쏟아지던 관심이 사라질 때 아이는 세상을 잃은 것 같은 실망과 두려움을 느낀다. 동생이 태어나면 아이는 관심을 받고자 어릴 적의 모습으로 퇴행하거나 질투심으로 인해 동생에게 해를 끼치는 행동을 하기도 한다. 따라서 동생을 낳기 전 아이에게 부모의 변함없는 사랑을 확인시켜주고, 동생을 사랑하는 방법을 가르쳐주어야 한다. 그리고 실제로 동생이 태어나면 부모와 함께 동생의 양육에 참여시켜 돌보려는 마음이 들도록 유도해야 한다.

　아이들이 어느 정도 성장하게 되면 형제자매간의 싸움이 시작된다. 일상적인 다툼 상황에서는 아이들 스스로 갈등 해결의 중요한 경험을 하고 있다고 생각하고 개입하지 않는 것이 더 효과적이다. 만약 싸움이 심각해져 어른의 개입이 필요한 경우라면 아이들 각자의 분노를 인정해 주고, 각자의 입장을 들은 대로 정리해 준다. 예로, 형제간에 싸울 때는 두 아이를 우선 떼어 놓고, 각자의 손을 잡은 채 양 옆에 앉히고 상황에 대한 설명을 요구하며 각자의 입장과 감정을 다 들어준다. 그리고 자존감이 낮아지지 않게 감정과 행동을 분리하고, 단순하게 행동의 교정만을 지시해야 한다.

　그러나 이러한 상황에서도 거친 행동이나 욕을 하는 것은 단호히 제지하고, 대신 자신의 분노를 침착하게 말로 표현할 수 있도록 도와준다. 이러한 과정을 통해 문제 해결의 중요성을 인식시키고 아이들 스스로가 문제를 해결할 능력이 있음을 알게 도와주어야 한다. 그리고 부모의 개입을 통해 상황이 어느 정도 일단락되었다면 아이들끼리 타협하도록 놓아두고 그 자리를 잠시 떠난다. 만약 몸싸움으로까지 번져 위험해 보이는 상황이라면, 우선 싸움이 진짜인지 장난인지를 살피고, 진짜인 경우 다시 한 번 어른이 개입해 상황을 조정해야 한다. 그러나 반대로 장난인 경우 장난은 둘 다 즐거울 수 있을 때 하는 것이며 어느 한 쪽이 싫어할 경우 그만두어야 함을 분명히 말해 준다. 아이들이 물건을 가지고 싸울 때는 중립의 자세를 유지하되, 도움을 더 많이 필요로 하는 쪽에 약간의 힘을 실어준다. 그러나 최종적인 결정은 아이들의 선택에 달려있다고 말하고, 서로 타협을 통해 해결해 보도록 격려한다.

또한 어떤 경우에도 자녀들을 비교하지 않아야 한다. 동생보다 못하다고도 하지 말고, 형보다 잘한다고 칭찬하지도 말아야 한다. 한 아이보다 못하다고 비난할 경우 자신만 미움을 받는다고 여기거나 또는 다른 아이만 좋아한다고 여기게 되어 그 아이를 미워하게 된다. 반대로 다른 아이보다 더 낫다고 칭찬할 경우 자신만 잘났다 여겨 다른 아이를 무시하거나, 또는 자기로 인해 다른 아이가 인정받지 못한다는 죄책감을 갖게 될 수도 있다. 따라서 마음에 들지 않는 행동이든 마음에 드는 행동이든 단지 그 사실에 대해서만 말하고 형제끼리 비교하지 않아야 한다. 또한 조금 부족해 보이는 자녀를 문제아 취급하지 않아야 한다. 능력이 부족한 자녀가 겪는 스트레스를 이해해줄 필요가 있다. 비록 그 아이가 성취한 것이 다른 형제에 비해 부족하더라도 잘한 것에 초점을 맞추어 격려해 준다. 형제간의 갈등이 심할 때 부모는 우선적으로 자신을 돌아보아야 한다. 부모가 차별대우나 편애를 경험한 경우, 자녀를 중간에 놓고 배우자와 경쟁을 하거나, 아니면 자신의 해결되지 않은 내면의 문제를 자녀에게 투사하는지 살펴보아야 한다.

자녀들에게 똑같은 시간과 노력을 할애할 필요는 없다. 공평해야 한다는 생각에 자녀들을 모두 똑같이 대우할 필요도 없다. 자녀 각자의 필요에 맞게 대우하는 것이 더 바람직하다. 무엇을 줄 때 똑같은 양을 주려고 하지 말고, 각자가 원하는 만큼을 주어야 한다. 또한 "둘 다 똑같이 사랑한다." 고 말하기보다 각자를 나름대로 사랑하고 있다는 것을 표현한다. 어떤 아이에게 더 많은 시간과 노력을 들일 것인가는 현 상황에서의 중요성, 우선순위에 따라 정한다.

　또한 이 시기의 아이들은 현실과 공상을 분별하지 못할 때가 있기 때문에 아이들의 거짓말을 전적으로 나쁜 의도가 있다고 보기는 어렵다. 이 시기의 아이들은 기억을 유지할 수 있는 기간이 짧아 정말 기억이 안 난다고 말할 수도 있다. 그러나 부모에게 야단맞을까봐, 또는 장난감을 치우고 정리하는 일 등 하기 싫은 일을 회피하려는 의도로 거짓말을 하기도 한다. 그러나 이렇게 아이가 지속적으로 자신의 이야기가 옳다고 주장을 하는 경우에는 아이와 옳고 그름을 가리기위한 논쟁을 지속하지 않는 것이 좋다. 단지 아이가 어떻게 생각하고 있든지 부모는 규칙을 분명하게 다시 설명해준다.

　이 시기의 아이들은 잘못된 행동을 했을 때 이를 인정하고 자신의 행동에 책임지는 것을 배워야 한다. 아이가 거짓말을 반복할 경우 습관이 될 위험이 있기 때문에 부모는 아이가 거짓말을 왜 했는지 동기를 살피고, 이러한 동기를 정직하게 표현할 수 있도록 도와주어야 한다. 절대 아이가 거짓말한 것을 비난하면서 아이 자체를 나쁜 틀에 묶어버려서는 안 된다. '거짓말쟁이, 부모 말을 안 듣는 나쁜 아이, 구제불능' 등으로 낙인찍게 되면 결국 아이들은 부모의 비난에 맞설 수 없어 행동을 개선하려 하기보다는 부모에게 인정받으려는 노력 자체를 스스로 포기하려 할 수 있다. 아이가 용기를 가지고 솔직하게 진실을 말할 때 부모는 아이의 정직함에 대해 감사를 표시하고, 아이의 감정을 잘 수용하면서 공감하며, 실수를 통해 배우고 성장할 수 있다는 것을 알려준다.

아이가 야단맞을까 두려워 거짓말 하는 경우가 있다. 많은 부모들이 아이가 거짓말쟁이가 될 것을 우려해 무섭게 야단친다. 특히 고집이 센 아이와는 대질심문을 하듯 아이의 실수를 인정하게 만들려고 한다. 아이들은 아무 생각 없이 변명하기도 하는데, 마치 아이가 커서 큰 범죄라도 저지를 것 같은 두려움을 가지고 아이를 대하게 되면, 오히려 아이는 그런 부모의 태도를 내면화해 정말 그렇게 되는 경우도 있다. 따라서 아이가 실수하였을 때 지나치게 야단을 치기보다는 스스로 무엇을 잘못했는지 인정하고 다르게 행동할 수 있는 지침을 깨닫게 하는 것이 중요하다.

5) 학령기: 자녀가 학령기에 들어서면서 학부모가 되는 시기

학령기 아동은 하루 중 많은 시간을 학교에서 보내게 되며 부모와의 신체적·심리적 의존상태에서 상당 부분 벗어나 독립적인 하루 일과를 보내기 시작한다. 아동이 이전까지 가졌던 부모와의 상호관계는 상대적으로 줄어드는 반면, 새로운 집단에 소속되고 다양한 또래 경험을 하면서 가족 외의 다른 집단에서 추구하는 가치와 행동 양식으로부터 영향을 받게 되는 등 타인과의 상호관계가 늘어나게 된다. 이제 부모의 관심도 가족 안에서의 자녀로부터 학교라는 좀 더 넓은 영역 안에서의 자녀로 옮겨가게 되며, 동시에 이웃과 매체로부터 쏟아져 나오는 무수한 정보에 혼란을 겪게 된다.

(1) 사고능력 발달

자녀가 학교에 처음 입학하게 되면 부모와 아동 모두 흥분한다. 그러나 수줍음이 많은 아동은 새로운 환경에 놓이게 되면 겁부터 먹는다. 이런 아동의 경우 미리 학교를 구경 시켜주는 등 환경에 익숙해질 수 있도록 도와주

고, 학교생활이 즐거울 것이라는 인상을 심어주어 두려움을 줄여주는 것이 좋다. 그리고 학교생활에 관한 일반적인 규칙이나 학습태도 등에 대해서 재미있고 알아듣기 쉽게 이야기해주는 것이 도움이 되며, 아동이 실수를 해도 야단치는 것보다 다시 알아듣게 반복해서 알려주어야 한다. 그리고 알려준 대로 실행하는지도 확인해야 한다.

저학년에서 고학년으로 올라가면서 아동의 언어사용과 이해수준이 급격하게 발달하고, 사고능력도 높아진다. 이제 부모와도 제법 말이 통하고, 친구들과도 의미 있는 대화를 하게 되며, 학습과 놀이를 할 때에도 의사소통을 통해 문제를 해결한다. 정보를 받아들일 때도 단순하게 받아들이기보다 의미를 파악하고, 정보를 정리하고, 체계화한 정보에 의거해 판단한다. 판단에 따라 생각하고, 더 나아가 생각한 것을 행동에 옮기는 힘까지 생긴다. 어떤 아동은 메타인지 능력까지 발달하며 단순한 수준의 문제해결 능력을 넘어 문제의 연관성까지 추론해서 해결한다. 더하여 구체적 조작사고가 가능하기 때문에 사물의 보존과 가변성에 대한 개념을 형성하고, 모든 특성과 관계성을 고려하는 합리적인 사고가 가능해진다. 타인의 견해를 이해할 수 있는 능력이 발달하여 이전에 자기중심적이었던 언어와 사고에서 다른 사람의 입장을 고려하는 사회화된 언어와 사고로 변화한다. 또 언어를 사용한 창의적 표현능력이 생기고, 상상력이 풍부해지며, 감정의 다양성을 자각하여 다양한 표현을 할 수 있다. 그러나 부모로부터 학습 스트레스를 지나치게 받는 아동들은 이러한 열정과 호기심이 낮아진다. 지능지수나 공부를 잘하는 것보다 더 중요한 것은 호기심과 새로운 것을 배우는 즐거움을 잃지 않는 것이다. 부모는 학교나 교사에 대해 부정적으로 평가하지 않도록 하며, 만일에 자녀가 학교에서 힘든 일이 있으면 스스로 해결하도록 지지하되 학교의 도움이 필요한 경우에는 협조를 부탁하는 것이 좋다.

(2) 성취감

학령기 아동은 학교에서 요구하는 생활과 과제를 수행하고 따라가는 것에 가장 많은 관심을 가진다. 학교라는 사회에서 요구하는 일련의 능력(읽기, 쓰기, 셈하기 등의 인지적인 기능)을 획득하는 일이 아동에게 매우 중요하다. 이 시기에 순조롭게 학습과 학교에 적응하여 부모, 또래, 교사로부터 인정받게 되면 자신감과 성취감을 느끼게 되고, 이러한 과제들을 더 잘 해내려는 동기를 갖게 된다. 반면, 과제 수행이 힘들거나 실패했다고 느낄 때 학교 환경에 잘 적응하지 못하게 되고 열등감을 갖게 되기도 한다. 따라서 부모는 아동이 학교생활에서 과제를 성공적으로 수행하여 자신감과 성취감을 경험하고, 학습의욕을 고취시키며, 성실하게 공부하는 습관을 기르도록 도와주어야 한다. 학습범위를 확장시킬 수 있는 과외활동이나 취미생활에 대해서는 아동이 스스로 흥미를 가지고 선택하도록 기회와 주도권을 주고, 아동이 성공적으로 수행해낼 수 있는 수준의 활동을 우선적으로 선택하도록 도와준다.

(3) 도덕성 발달

도덕성 발달 측면을 살펴볼 때, 이 시기의 아동은 부모가 요구하는 것을 그대로 따르던 타율적 도덕성에서 이제 스스로 알아서 하는 자율적 도덕성으로 옮겨간다. 타율적 단계에서는 아동이 규칙에 대해 일방적인 존중을 보이고, 규칙을 절대적이고 고정된 것으로 이해하며, 행동의 동기보다는 결과에 의해 옳고 그름을 판단한다. 하지만 자율적 단계에서는 상호 협의 하에 규칙을 수정할 수 있으며, 결과보다는 의도를 고려하여 도덕적 판단을 하게 된다. 아동이 타율적 도덕성 단계에서 자율적 단계로 이행하는 과정에서는 무엇보다 평등한 관계를 맺을 수 있는 또래와의 접촉이 중요하다. 따라서 부모는 아동이 또래와의 관계를 잘 맺도록 격려하고, 부모·자녀 관계에서도 민주적이고 평등한 관계를 확립함으로써 아동의 도덕성 발달을 도울 수 있다. 부모가 먼저 일치적인 도덕적 삶을 살아갈 때 아동은 부모를 본받아 그 도덕성을 자기의 것으로 내면화해갈 수 있다.

아동이 도덕적인 딜레마에 빠지게 되면, 우선 뇌에서 감정적 반응을 일으키는 신경회로가 가장 먼저 작동한다는 연구결과가 있다. 그리고 난 후, 아동은 어떤 행동이 옳고 그른지 그리고 무엇을 선택할 것인지 판단하게 되고, 마지막으로 결정을 실행에 옮긴다.[2] 이 관찰연구에서는 아동이 뇌에서 감정을 느끼는 부분에 장애가 있는 경우 도덕적 판단이나 의사결정을 제대로 할 수 없었음을 함께 보고하고 있다. 즉 아동이 감정을 있는 그대로 느끼고 조절할 수 있을 때 아동의 도덕성도 제대로 발달할 수 있음을 시사한다.

(4) 정체성 발달

아동은 자신의 행동이 다른 사람들에게 미치는 영향에 대해 깨닫게 되면서 자기중심적이던 상호작용에서 쌍방향의 상호작용으로 변하게 된다. 또한 자기를 객관적으로 바라볼 수 있는 힘이 생기면서 다른 사람을 수용하고 존중할 수 있게 되며, 자신도 많은 사람들 중의 하나라는 사실을 깨닫게 되

---

2) Medina, J. (2011). 328-337.

는데 이때 자신의 존재에 대한 질문을 많이 하게 된다. 이 시기는 나와 타인을 비교하면서 타인과 다른 '나' 라는 개체의 정체성을 확립하는 시기로 자존감 형성과도 밀접한 관계가 있다. 타인과 자신을 비교하는 과정에서 자기가 부족하다고 느낄 경우 열등자기를 형성하게 되고, 반대로 타인의 입장에 서지 못하는 경우 지나친 자기중심적 태도로 인해 우월 자기를 형성하면서 자존감이 낮아진다. 이 과정에서 아동은 본능적으로 인정의 욕구를 채우기 위해 나와 타인을 구별하고, 나와 다른 집단에 대해서는 부정적으로 판단하려는 경향이 있다. 별로 중요하지 않은 차이점을 가지고 친구들을 놀리면서 왕따 시키거나 패거리를 만들기도 한다. 이 시기에 부모는 부모 자신의 인종이나 종교, 성별, 그 밖에 사람들 사이의 차이점에 대한 가치관과 행동을 점검할 필요가 있다.

(5) 또래관계

또래집단은 아동의 정서발달과 사회성 발달에 큰 영향을 미치며, 또래집단과의 관계는 아동기를 대표하는 발달영역이다. 학령기 아동은 학교에서 또래와 많은 시간을 보내게 되면서 이제 사회활동도 적극적으로 시작한다. 마음에 드는 친구에게 다가가고, 동성 친구와 강한 유대감을 느끼며, 활동과 놀이 속에서 다양한 관계 상황을 겪고, 각각의 사회적 상황에서 자신이 어떻게 행동하고 대처해야 하는지 여러 가지 방법으로 경험하고 배우게 된다. 또래 안에서 관심 받고 호감을 끌며, 주어진 관계 상황을 잘 처리할 수 있을 때 아동은 또래관계 안에서도 성취감을 경험하게 되고 이러한 경험은 긍정적인 자존감 형성에 도움이 된다. 이 시기의 또래집단은 단순히 놀이를 위한 친구 집단을 의미하는 것을 넘어서 그들만의 규칙에 따라 상호작용하고 소속감을 분명히 하며, 그들이 공유하는 목표를 달성하기 위하여 협력해 갈 수 있도록 하는 연합체이다. 이처럼 학령기의 아동이 새로운 집단에 잘 적응하고, 주어진 과제를 성취하며, 또래집단에 소속되어 원활한 관계를 형성하는 것은 아동의 사회화가 촉진되고 보다 성숙한 행동을 배우게 되면서 그 영향력은 자아성장으로까지 확장된다. 또래로부터의 관심은 이해력의 발달과 서로 밀접하게 연관되어 있다. 학교활동은 대부분 그룹별로 이루어진다. 이러한 그룹 활동을 통해 아동이 배워야 할 가장 중요한 기술은 바로 팀의 일원으로서 다른 사람과 원만한 관계를 형성하고 그들과 협력하는 것이다. 다른 사람들과의 상호작용을 통해 아동은 자기중심적인 태도에서 벗어나 나와 타인의 입장을 이해하게 된다. 이러한 과정을 촉진시키기 위해 부모는 자녀와의 문제나 갈등이 발생할 때, 부모의 권위를 내세우며 무조건적인 복종을 요구하기보다 아동의 입장에서 이해할 수 있도록 충분히 설명하여 억울한 감정을 느끼지 않도록 돕는다.

(6) 경제관념

경제에 대한 개념과 좋은 경제 활동 습관을 키워주는 일도 이 시기에 시작된다. 어릴 적부터 경제개념에 대한 가치관 형성과 경험이 적절하게 이루어져야 성장한 후에도 이러한 습관을 잘 유지해갈 수 있다. 부모는 아동에게 적절한 수준의 용돈을 주고, 스스로 용돈의 규모 안에서 자신이 필요한 것을 계획하여 지출하고 씀씀이를 조절하는 연습을 하게 한다. 처음에는 부모가 함께 이 과정을 관찰하고 조언해 가면서 경제교육을 이끌어가는 것이 좋다. 또한 자녀가 집안 전체의 경제 규모와 지출 예산에 대해서도 자세한 정보까지는 아니더라도 어느 정도 인식을 갖게 하는 것이 좋다. 간혹 부모들이 자녀를 보호하고자 집안의 경제적 상황이 매우 나빠져 어려움에 처했음에도 이러한 사실을 자녀에게 알리지 않으려 하는 경우가 있다. 그럴 때 아동은 가족의 구성원으로서 가족의 현실적 상황에 맞추어 욕구를 조절하는 행동이 어떤 것인지 배우지 못하거나, 막연한 불안감을 느끼기도 한다.

(7) ADHD

과거보다 ADHD(주의력결핍과잉행동장애)로 진단받는 아이들이 늘어나고 있다. 초등학생의 경우는 6~10%의 아이가 이 증상을 가지고 있다. 이런 아이들은 자기조절 능력이 떨어지는 아이로서, 뇌의 특정부분의 발달이 느린, 기능 발달 장애라고 할 수 있다. 이 증상의 주 특징은 주의력이 떨어지는 것인데 주의를 기울여야 할 때에는 주의하지 못하고, 오히려 주의를 안 해도 될 때에 지나치게 주의하는 것이다. 즉, 자기들이 흥미를 느끼는 것에는 몰입을 매우 잘하는데, 이 몰입행동이 학습 같은 것이 아니라 부모가 이해하기는 힘든 것들이다. 이러한 아이들은 흥미를 끌지 않는 공부에도 집중하는 훈련을 하는 것이 좋다.

이런 증상을 지닌 아이는 그 발생 원인이 어디에 있는지 확인하는 것이 필요하다. ADHD로 진단받은 아이들의 병인은 기질적 장애, 발달장애, 정서장애, 부부갈등 혹은 부모의 정신건강이 문제인 경우로 나눌 수 있는데 가족이 문제일 경우에 부모가 자녀를 대하는 태도를 바꾸어야 한다. 불안한 부모가 자녀에게 주의를 주면 자녀가 부적절하게 반응하는 상호작용이 반복되면서 아이들이 점차 더 산만해지고, 부모는 이러한 자녀의 행동을 통제하려는 악순환이 반복된다. 틱장애, 불안장애 역시 원인을 탐색해서 치료시기를 놓치지 말아야 한다. 적절한 시기에 도움을 받지 못할 경우 성인 ADHD로까지 발전할 수 있다.

(8) 가족관계의 영향

이 시기의 아동이 흔히 보이는 공통된 문제 행동은 거짓말하기, 물건 훔치기, 숙제 미루기, TV나 게임에 지나치게 몰두하기, 용돈을 낭비하기, 버릇없이 굴기, 늦잠자기 등이다. 앞서 언급했듯 이 시기에는 아동이 좋은 학습 태도뿐만 아니라 바람직한 생활습관을 갖도록 지도하는 것이 중요하기 때문에 자녀가 스스로의 욕구를 조절하면서 감정과 행동을 통제할 수 있도록 훈련시켜야 한다. 아동 스스로 절제하는 능력이 충분히 형성되지 못했을 때 부모는 사사건건 자녀와 부딪히게 되는데, 이런 경우 자녀의 욕구와 행동을 통제하려는 부모의 훈육 때문에 부모와 자녀는 서로 부정적인 정서를 경험하게 되고 관계가 나빠지기도 한다. 따라서 아동의 성장에 도움이 되고 부모·자녀 관계가 손상되지 않을 수 있는 훈육 방식에 대해 부모는 잘 배우고 적용할 수 있어야 한다.

훈육은 기본적으로 사랑과 보살핌을 바탕으로 이루어져야 한다. 훈육이란 바람직한 행동은 권장하고 잘못된 행동에 대해서는 대가를 치르도록 함으로써 자신의 행동에 책임을 지는 것을 배우도록 돕는 행위이다. 그렇다고 훈육과 처벌을 동일한 개념으로 이해해서는 안 된다. 부모가 자녀에게 애정을 주지 않고, 권위적이고 일방적인 명령을 하는 것은 훈육이 아니다. 특히 감정적으로 쉽게 폭발하는 부모들은 자녀의 훈육을 위해서라기보다 자신의 분노를 해소하기 위해 훈육을 선택하는 경우가 많다. 부모 자신은 화를 내며 감정을 절제하지 못하는 모습을 보이면서, 자녀에게만 절제된 행동을 요구하는 것은 교육적이지 못하다. 이럴 때 자녀들은 부모와 똑같은 방식으로 감정을 해결하게 되고, 부모가 원하지 않는 행동을 고쳐야 할 이유를 모르게 된다. 오히려 부모를 비난하고 반발하게 되면서 좋은 생활습관을 형성해나가야 할 시기에 안 좋은 영향을 받게 된다.

가장 바람직한 훈육 방법은 귀납적 훈육이다. 귀납적 훈육이란 아동에게 왜 그렇게 행동하는 것이 필요한지 설명하고, 아동의 행동이 자신과 타인에게 가져올 결과적인 상황을 알려주면서 자신의 동기와 타인의 입장을 생각해보도록 유도하고, 아동의 자긍심과 스스로 성숙하고자 하는 노력을 충분히 격려하는 방법이다. 이와 같은 방식의 훈육은 아동으로 하여금 자신의 행동에 대한 결과를 예상해볼 수 있게 하며, 스스로 그 결과에 대한 책임감을 키울 수 있게 도와주어 아동의 자존감을 높인다.

여러 연구 결과를 보면 친구들과 사이좋게 지내며, 협동심이 뛰어나고, 자존감이 높은 아동들의 부모는 평소 자녀에게 자애로운 태도를 보이고, 자녀들의 의견에 진심으로 관심을 가지면서 배려해주는 것으로 나타났다. 그러면서도 훈육에 있어 주도권을 갖고, 자녀들이 꼭 지켜야 할 규칙은 확실하게 지키도록 했다. 또 자녀들에게 현실적으로 성취 가능한 수준의 기대를 가졌고, 일관성 있는 양육 태도를 보였다. 절대로 안 되는 것은 분명하게 알려주고, 직접 모범을 보임으로써 자녀들이 정한 규칙과 한계를 신뢰할 수 있게 하였다. 이렇듯 부모 자신이 직접 자녀들의 바람직한 본보기가 되는 것은 매우 중요하다. 약속한 대로 실천함으로써 자녀들은 부모가 왜 그런 규칙을 정했고, 왜 지켜야 하는지 확실히 깨닫게 되기 때문이다. 평소 부모가 한결같은 모습을 보여주면 자녀들도 이를 본받아 일관성 있는 사람으로 자랄 수 있다. 자신이 서야 할 자리를 확실하게 알 뿐만 아니라 자라면서 독립적인 행동을 할 때도 자신의 한계를 제대로 정할 수 있다. 부모는 언제나 충분한 사랑을 보여주면서 아동의 다양한 욕구를 민감하게 파악해야 한다. 학교에 들어가면 자녀들은 점점 더 독립적으로 행동하고 싶어 한다. 그러한 자녀들의 욕구를 파악하기 위해 노력하면서 자녀들에 관해 정한 규칙을 때때로 재평가하고 다시 정리하는 것이 부모가 해야 할 일이다.

규칙을 재평가하는 것과 일관성을 지키는 것 사이에서 갈등 할 수도 있겠지만 걱정할 것은 없다. 왜냐하면 일관성을 유지하라는 뜻은 융통성 없이 행동하라는 뜻이 아니기 때문이다. 일관성을 지키되, 자녀들의 생각에 귀를 기울이면서 성장하는 자녀들의 독립성에 따라 규칙을 바꾸는 방법에 대해 대화를 나누면 된다. 자녀들에게 안 된다고 말해야 할 때는 반드시 그만한 책임을 져야 한다. 흔들리지 않을 자신이 있을 때만 말해야 한다는 것이다. 사실 자녀가 어릴수록 부모와 타협할 만한 것이 그리 많지 않다. 세상에 대한 경험이 훨씬 많은 만큼 부모의 의견이 자녀들보다 합리적인 것이 사실이기 때문이다. 하지만 이 시기쯤 부터는 타협을 시작할 시점으로 자녀들의 생각에 좀 더 귀를 기울이고 관심을 가지면서 수용할 것은 수용해 주되, 정말 받아들일 수 없는 것에 대해서는 단호한 태도를 지켜야 한다. 자녀들에게 사랑과 관심을 보여주면서도 일관성 있는 가치관과 훈육 태도를 지키고, 자녀 스스로 자유롭게 삶의 방식을 정할 수 있도록 도와주어야 한다. 균형 잡힌 태도를 취하기란 쉬운 일이 아니다. 그러나 어렵다는 생각이 들더라도 부모 역할을 하는 한 끝까지 지켜야 한다.

작업하기) 학령기 자녀에게 일어날 수 있는 상황에 대한 대처

- 상황1: 어머니가 초등학교 2학년인 아들의 가방에서 이전에는 보지 못했던 새 필통을 발견했다. 어디서 나온 필통인지 아들에게 묻자 아들은 짝꿍 아이가 주었다고 한다.

- 상황2: 받아쓰기에서 거의 100점을 받아오던 아들이 오늘은 한 문제가 틀렸다고 학교에서부터 울면서 왔다. 틀렸다고 야단을 친 적도 없고 반드시 100점을 맞아야 한다고 하지도 않았는데 어쩌다 문제 하나라도 틀리면 하늘이 무너지기라도 하는 듯 저 혼자 심하게 속상해 한다.

- 상황3: 학원이 끝나고 집에 돌아올 시간이 되어도 초등학교 3학년인 아들이 돌아오지 않는다. 학교 근처로 찾으러 갔다. 문방구 앞에 있는 오락기 앞에서 넋이 나간 얼굴로 쪼그리고 앉아서 구경하고 있는 아들의 모습이 보였다.

- 상황4: 아들이 4학년이 되고부터 어머니는 직장을 다니게 되었다. 빨래를 하려고 아들의 바지를 털자 만 원짜리 지폐가 3장이 나왔다. 며칠 전에 못 보던 게임기며 쓰레기통에 수북이 쌓여있던 과자봉지를 무심코 보아 넘겼는데 석연찮아졌다.

- 상황5: 초등학생과 이제 중학생이 된 딸 둘은 만나기만 하면 싸운다. 쳐다본다고 동생 머리를 쥐어박고, 동생은 왜 때리느냐고 소리치며 울고, "야, 바보 멍청아 넌 징징거리지 않으면 말 못 하냐." "저런 게 뭐가 언니냐, 언니답지도 않고." "너 자꾸 까불래, 확 그냥." "전에 빌려간 내 물감 내놔." "너도 아침에 가져간 내 고무줄 내놔." 결국 서로 빌려갔던 물건들을 던져주는 것으로 싸움이 끝난다.

- 상황6: 방학을 맞은 초등학교 6학년인 딸이 친구 집에 놀러갔다. 오후에 돌아오겠다고 한 딸에게서 5시쯤에 전화가 왔다. 그 친구 집에서 자고 싶다고 한다. 어머니는 딸아이의 친구를 잘 알지 못한다.

6) 청소년기: 자녀가 사춘기에 들어서는 시기

자녀가 사춘기에 들어서면 우선 부모들은 자녀들의 갑작스러운 변화와 엄청난 에너지에 놀란다. 정서가 불안하고 공격적인 성향을 보이는 등 사춘기 자녀들은 갑자기 괴물이 된 듯 보인다. 얌전하던 아이가 갑자기 부모에게 대들고 생각지도 못한 행동을 하는데, 사실 자녀들도 자신의 변화에 속으로 놀라고 당황하며 어떻게 대처해야 할지 모르기는 마찬가지다. 부모가 자신의 사춘기 시절을 어떻게 보냈느냐에 따라 자녀를 대하는 태도가 달라지는데, 자신의 사춘기에 대해 후회하는 부모의 경우 자녀들의 사춘기를 혹독하게 다루고, 그 시기를 잘 넘긴 부모는 여유를 가지고 자녀를 바라보기도 한다.

사춘기 자녀들의 급작스러운 변화는 식구 모두를 불안하게 하고 두려움을 느끼게 한다. 이 시기의 자녀들은 자율에 대한 열망과 의존에 대한 열망이 공존하기 때문에 자기 삶을 살아가고자 하는 의지와 부모에 대한 의존 사이에서 혼란스러워 한다. 더구나 자녀뿐만 아니라 부부, 가족의 해결되지 못한 문제들이 한꺼번에 쏟아져 나오는 시기이기 때문에 혼란이 가중된다. 특히 부부가 서로를 수용하지 못하고 차이점을 해결하지 못한다면 자녀를 중심으로 갈등이 더 심화된다. 사춘기 자녀는 부모의 문제를 계속해서 끄집어내고, 부모의 잘못된 가치관, 부모의 삶이 보여주는 생활방식이 옳은지 시험해보려고 한다. 따라서 사춘기 자녀는 가족의 문제를 제기하고 마치 어른으로 새로 태어나기를 바라듯 가족이 새롭게 성장할 것을 촉구한다. 이 시기는 부모가 다시 한 번 자신들의 삶, 부부관계, 부모·자녀관계를 점검하고, 특히 식구들 사이의 의사소통을 개선할 필요가 있다.

(1) 사춘기 특징

① 사춘기가 빠른 아이는 초등학교 3학년부터 시작하여 중학교 2학년 즈음에는 정점에 이른다. 마치 정서불안 장애를 앓고 있는 것처럼 신경질을 내기 시작하고 매우 예민해진다.

② 자신에 대한 생각이 많아지고 스스로를 평가하면서 빈번히 자신을 다른 친구와 비교하게 되는데, 이때 주로 자기평가 시스템이 강력하게 발동한다. 때문에 자존감이 매우 낮아졌다가 어느새 이와 반대로 허세를 부리기도 한다. 다시 말해 시시때때로 열등자기와 우월자기 사이를 왕복하는 것이다.

③ 우선 부모의 권위를 부정하고, 부모의 단점을 예리하게 파헤치고 비판한다.

④ 모범적인 부모의 자녀들은 부모의 경직된 세계관에 도전한다.

⑤ 부모가 적절한 참견이나 훈육을 시도해도 마치 부모가 자기에게 큰 잘못을 한 것처럼 대든다.

⑥ 부모를 이기려하고, 무서워하다가도 막무가내로 덤벼들기도 한다. 또는 이기지 못할 것 같으면 속으로 무시하고 피해버리기도 한다.

(2) 2차 성징과 변화

청소년기에는 신체적 변화와 함께 심리적 변화도 급격하게 찾아온다. 이 시기를 특징짓는 뚜렷한 변화는 급격한 신체발달과 제2차 성징으로 나타나는 생리적 변화이다. 더 이상 어린 아이도 아닐 뿐만 아니라 그렇다고 완전히 성장한 어른도 아니다. 다양한 변화를 맞이하면서 자녀는 정신적으로도 크게 발달하여 내면적인 성숙을 다듬어간다.

급격한 신체적·생리적 변화를 경험하면서 청소년 자녀는 자신의 신체에 대해 매우 민감하게 인식하고 몸에 대한 새로운 이해를 갖게 된다. 얼굴에 난 여드름이 부끄러워 외출을 하지 않으려고도 하고 다이어트를 위해서 밥을 굶기도 한다. 성적인 호기심이 커지고 이성 친구에 대한 관심도 높아진다. 부모는 자녀의 이러한 변화에 앞서 자녀들이 부적절한 성 문제에 빠지기 전에 성과 그와 관련된 문제들을 적절하게 교육하는 것이 바람직하다.

(3) 자아정체감

청소년 자녀는 이제 내면으로부터 자신에 대한 물음을 시작한다. '나는 누구인가'라는 질문과 함께 주위에서 자신에 대해 어떻게 보고 말하는지 관심을 갖는다. 자신의 생각과 마음을 표현하려는 욕구가 높아지고, 이치를 따져 자신의 판단에 어긋날 때에는 지금까지 익숙하게 받아들여 왔던 전통적 신념, 권위에 대항하려는 욕구도 느낀다. 이것은 청소년 자녀가 자아정체감을 형성하는 과정에서 자연스럽게 드러나는 현상으로 자아정체감 확립은 이 시기 자녀에게 가장 중요한 발달과제이다.

자아정체감이 청소년기에 갑자기 생겨나는 것은 아니다. 자아에 대한 인식이나 자아개념은 이미 태어나면서부터 지속적으로 형성되어오다가 이 시기에 혼란과 변화를 거치면서 새로운 통합을 이루는 것이다. 그 결과 이전과는 질적으로 매우 다른 자아정체성이 확립되는 것이다. 청소년기의 자아정체감 형성 과정은 자녀의 내면으로부터 주체적이고 의식적인 자기 성찰이 더해진다는 데 큰 의미가 있다. 자아정체감은 자기 확인, 자기 수용, 자기 규정의 과정과 결과로서, 하나의 자율적이고 독립된 성인 개체로 자신을 통합한 것이다. 이 시기에 확립되는 자아정체감은 앞으로 이루어 갈 삶의 틀을 결정하기 때문에 매우 중요하다.

(4) 인지발달

이 시기의 청소년 자녀는 추상적인 사고, 체계적 사고, 조합적인 사고, 연역적·귀납적 사고가 가능하며, 자신의 의견과 타인의 의견을 비교하여 듣고 판단할 수 있는 능력이 발달한다. 또한 이 시기는 아동기에서 성인기로 전환되는 시기로써 자녀는 자신의 신념을 바탕으로 미래의 자기 모습을 그리며 구체적인 진로를 준비하기도 한다. 새로운 학습이나 경험에 따라 이전에 가지고 있던 자신에 대한 인식을 강화하거나 또는 수정하기도 하며, 새로운 가능성에 대해서도 열린 마음을 갖는다.

(5) 또래압력

이 시기의 자녀들은 지금까지 자신들을 인도했거나 통제했던 부모나 선생님 같은 권위자의 말을 듣기보다는 자신들의 욕구를 이해하고 공감해주는 친구들에게 귀를 기울이고, 친구들의 견해나 경험을 자신의 것으로 받아들이려 하는 경향이 높다. 따라서 또래집단은 불안하고 외로운 청소년기 자녀에게 정서적 지지를 제공해주는 역할을 한다는 측면에서 긍정적이기도 하지만, 부정적인 또래압력의 영향을 받는 경우 아이의 정상적인 발달이 방해받을 수 있다. 또래란 거의 비슷한 발단단계에 있으면서 그 시기에 보편적으로 가질 수 있는 가치관과 관심사, 비슷한 공통점을 지닌 무리를 말한다. 또래들은 대개 같은 공간에서 함께 활동하며 시간을 보낸다. 우리나라의 경우 학교라는 공간에서 또래와 가장 많은 시간을 보내게 된다. 특히 청소년기로 접어들면서 아이들은 내적 혼란과 불안감을 다른 아이들과 한 패가 되어 해결하려는 경향이 있다. 동시에 어떤 아이를 지목하여 자신들의 불안을 투사하거나, 자신들과 다른 아이들은 배척하기도 한다. 이 시기에 아이들은 또래와 하나가 되고 싶은 욕구가 크기 때문에 또래들로부터의 압력을 거부하기 어려울 수 있다. 자녀가 또래들에게 받아들여지기 위해 그들과 똑같은 행동을 해야 한다고 느낀다면 그것이 바로 또래의 압력을 받고 있는 증거라 할 수 있다.

또래압력의 유형에는 긍정적 또래압력과 부정적 또래압력이 있다. 긍정적인 또래압력은 친구들과 함께 의미 있고 건전한 활동을 하도록 동기를 부여한다. 예를 들어 숙제나 연구 과제를 함께 한다거나 운동을 한다거나 놀이공원이나 음악회 등에 함께 가는 것들이다. 반면, 부정적 또래압력은 자신과 친구들을 해로운 행동으로 빠져들게 한다. 예로는 흡연, 음주, 마약, 폭력적 행동을 하도록 압력을 받거나, 지나치게 비싼 브랜드 상품을 선호하거나, 과도한 다이어트에 빠져들거나, 음란물을 접하고, 쉽게 혼전 성경험을 하도록 압력을 받는 것들이다.

(6) 따돌림

부모는 자녀가 집밖에서 부당한 대우를 받거나 또래 아이들에게 맞고 따돌림 당한다는 것을 알게 되었을 때, 내 아이가 너무 나약하기 때문에 괴롭힘 당한다고 여겨 화가 난다. 그래서 상처받고 울고 있는 아이의 모습을 보면 속상한 마음에 오히려 아이를 다그치게 된다. 또는 당장 나서서 문제를 대신 해결해주려는 부모도 있다. 한편, 피해를 준 아이의 부모는 내 아이가 절대 그런 행동을 했을 리 없다며 아이의 잘못을 믿으려 하지 않고, 장래에 해가 될까 두려워 잘못을 두둔하려 한다. 이렇게 아이의 잘못된 행동에 단호하지 못한 부모의 태도는 이 후 아이의 행동 개선에 도움이 되지 않을 뿐만 아니라, 오히려 자녀의 잘못된 행동을 강화하기도 한다.

피해자 부모의 바람직한 태도는 우선 철저히 아이를 이해하고 보호하는 입장에 서는 것이다. 어떤 이유에서도 사람을 괴롭히는 것은 용납될 수 없으며 잘못은 가해자에게 있다는 것을 명확히 해야 한다. 더불어 용기를 내서 말해준 것에 대한 감사를 표하고, 최대한 아이가 수치심을 느끼지 않도록 아이가 겪은 일을 캐묻기보다 그 상황에서 느꼈을 감정을 충분히 공감해주며 상처받고 속상한 아이의 마음을 달래주어야 한다. 나아가 같은 일이 두 번 다시 발생하지 않도록 조치를 취해야 한다. 가해 학생을 직접 대면하여 같은 일이 반복될 경우, 그에 따른 조치에 대해 경고를 주며, 만약 이를 어길 시 가해학생의 부모를 만나겠다는 말도 전달한다.

가해학생의 부모 또한 아이를 비난하거나 혼내기 보다는 진지한 대화를 시도해야 한다. 아이들은 다른 친구들을 괴롭히면서 자신이 괜찮은 사람이라는 자신감을 얻으려 할 수 있다. 자신이 무능하거나 부족하다고 느끼는 아이들일수록 다른 아이를 무시하는 행동과 말을 통해 자신의 모습을 좋게 보이고자 하는 숨은 욕구를 지닌 경우도 있다. 또한 무리를 지어 집단으로 행동하려는 경향 탓에 소극적이거나 좀 부족해 보이는 친구들을 괴롭히는 행동에 다른 아이들을 끌어들이기도 한다. 부모는 이러한 아이의 문제 행동과 연관된 가족 문제가 무엇인지 살피고, 아이가 내면에서 경험하는 바를 표현하도록 도와주어야 한다.

아이의 잘못된 행동과 감정을 분리하여 아이가 어떤 배경에서 이런 행동을 했는지 탐색해보고, 감정을 공감하되 행동은 그냥 넘어갈 수 없음을 알게 한다. 이런 행동이 두 번 다시 일어나서는 안 되며, 어떠한 경우에도 사람을 괴롭혀서는 안 된다는 것을 단호히 전달한다. 직접적으로 연루되지 않았더라도 옆에서 동조하거나 방관하지 말고, 누군가 다른 친구에게 위험한 행동을 하려고 하면 그 행동에 반대하거나 또는 선생님께 알리는 용기를 가지도록 지도한다.

(7) 가족관계의 영향

자녀가 사춘기에 들어서면 가족체계의 안정성이 깨지곤 한다. 이 시기는 묻어두었던 가족의 문제들이 터져 나오는 시기이기 때문에 어느 가족이든지 큰 도전을 맞이한다. 특히 이전에 부적절하고 역기능적인 부분이 많았던 가족일수록 그 문제점들이 더 두드러진다. 즉, 부모와의 관계가 부적절하였다면 그 문제가 드러나고, 부모의 문제도 여과 없이 드러난다. 또한 자녀들은 자신의 가족과 부모의 문제점에 대해 그 어느 시기보다 예리하게 파악하고 비판하며 이에 대항하려고 한다. 자신의 발달된 사고 능력과 새로운 욕구로 인해 지금까지 형성해온 부모와의 관계에 대해서도 비판적인 태도를 보일 수 있다. 이때 부모는 자신의 양육방법에 대한 혼란을 느끼면서 회의와 좌절감이 찾아온다. 또한 자녀가 부모의 결정을 따르지 않고 사생활이라며 자신에 대해 말하기를 거부할 때 상당한 무력감과 거절감을 느끼기도 한다. 이렇게 자녀의 청소년기는 부모에게도 새롭고 힘든 경험의 시기인 것이다. 더 늦기 전에 가족의 문제가 드러나는 것은 바람직하지만, 부모에 대한 지나친 반항으로 자녀가 자신의 삶을 충실히 살지 못하게 될 우려가 있다. 내 자녀는 사춘기를 겪게 되더라도 비행을 저지르거나 규칙을 깨뜨리는 일은 절대 없을 것이라고 생각하는 것은 비현실적이다. 청소년 시기의 자녀들은 흡연, 음주, 음란물 보기 등 자신에게 금지된 어른들의 행동을 똑같이 따라해 보고 싶어 하며, 이를 통해 마치 모험을 하듯 스릴을 느끼고 싶어 한다. 따라서 이 시기의 새로운 도전들을 가족이 성장하기 위한 발판으로 여기고, 무조건 자녀를 억누르려하기 보다 우리 가족의 문제점이 무엇인지 냉철하게 파악하며, 자녀가 지적하는 문제점에 대해 겸손하게 수용하면서 타협할 수 있는 융통성을 갖도록 해야 한다.

이 시기에 부모와 자녀 사이에 발생하는 실질적인 문제는 귀가 시간, 용돈, 학업, 정리정돈, 옷과 몸치장, 친구 선택, 이성 관계 등이다. 부모가 제시하는 기준보다 또래 사이에서 공유되는 기준이 더욱 중요하게 여겨지기 때문에 행동의 기준과 가치관의 영역에서 부모와 많은 대립과 충돌을 겪는다. 그렇다고 부모가 자녀를 전적으로 수용하면서 자신의 가치를 포기하는 것은 바람직하지 않다. 자녀의 욕구를 충분히 이해하고 수용하면서도, 적절한 안내지침과 도움을 제공하고, 우리 가족 안에서 수용될 수 있는 기준과 가치관들을 자녀에게 충분히 이해시키며, 항상 대화를 통해 타협의 과정을 거쳐 행동의 적정선을 정하도록 한다. 그리고 정해진 규칙에 대해 자녀가 책임 있게 이행해야 한다는 것을 명백하게 전달한다. 이러한 과정은 자녀에게 좀 더 많은 자율성을 허락하면서도 자녀가 스스로 한계를 인식하면서 자기를 통제할 수 있는 능력을 갖게 한다. 이럴 경우 자녀도 타협점을 정하는 과정에 스스로 참여했기 때문에 좀 더 책임감을 가지고 이를 준수하게 된다. 사춘기 이전에 자녀와의 대화통로를 열어놓게 되면 사춘기를 보다 무난히 넘길 수 있다.

자녀에게는 다양한 영역에서 당면하는 문제들에 대해 자신의 어려움을 이해해주고, 적절한 조언을 해줄 수 있으며, 그러면서도 잘 해낼 것이라 믿고 기다려주는 존재가 절실히 필요하다. 부모가 이러한 역할을 잘 수행하기 위해서는 사춘기 자녀의 성장 및 발달에 대한 정확한 지식을 배우고, 자녀의 조력자, 상담자로서의 역할에 맞는 의사소통 능력을 키워야 한다. 이 시기에 부모가 자녀와의 의사소통에 실패하는 주된 이유는 자녀를 여전히 어린 아이로 여겨 그 시기에 적용했던 방법대로 자녀를 통제하고, 지배하려는 태도를 바탕으로 대화하기 때문이다.

부모는 자녀가 부모의 기대하는 모습대로 성장하지 않을 수도 있다는 것을 현실로 받아들이고, 자녀의 변화에 대처할 수 있도록 마음의 준비를 해야 한다. 무엇보다도 청소년기의 자녀는 스스로 혼란을 겪으며 진정한 자신의 모습을 찾아가는 과정에서 자신이 존중받기를 원한다. 이러한 이유로 자기 생각을 혼자서 간직하려 하거나, 부모보다는 친구에게 말하고 싶어 하고, 자신의 사생활에 대해 부모가 알게 되는 것을 꺼려한다. 따라서 부모는 기본적인 이해와 수용을 바탕으로 다소 부적절하고 돌발적인 것처럼 보이는 자녀의 모습일지라도 인격적으로 대하며 진솔한 대화를 나눌 수 있어야 한다. 자녀와 애기할 때에는 어른에게 하듯 하고, 자녀의 의사를 반드시 먼저 물은 다음 행동하는 것이 좋다.

특히 부모가 감정 중심적인 자녀를 대할 때는 자녀의 감정부터 다루어야 하며, 반대로 사고중심적인 자녀를 대할 때는 자녀의 생각을 잘 읽어주어야 한다. 성격이 급한 자녀를 다룰 때는 자기를 다스릴 시간을 허락해야 한다. 또 자녀들에게 사적인 시간과 공간을 가질 수 있도록 허용하고, 그들의 영역을 침범하지 않도록 주의해야 한다. 이 시기의 청소년 자녀들은 부모가 참견하는 것을 싫어하면서도 항상 옆에 있어주길 원하기 때문에 우선 선택권을 자녀에게 준 후 타협을 시도하는 것이 좋다.

부모가 협조적이지 않아 갈등이 지속될 경우 이 시기의 자녀들은 상황에 좀 더 예민하게 반응한다. 자살기도나 자해, 반항 등의 문제는 보통 가족문제에서 비롯된다. 부모가 서로 존중하는 모습을 보여주어야 자녀도 부모를 존중한다. 부모가 서로 역할은 다르지만 권위가 있어 가정 내에 어른이 있다는 느낌을 갖게 해야 한다. 더불어 부모가 자신의 삶을 돌보기보다 자녀의 성공에 집착할 경우, 자녀는 심한 스트레스를 받게 되므로 부모는 부모자신의 삶에 충실해야 하며, 자녀에게는 그들의 삶을 살아 갈 수 있는 공간을 허락해야 한다.

많은 부모들이 무심코 학교 선생님에 대해 부정적인 말을 하는데, 이는 자녀교육에 도움이 되지 않는다. 부모의 이러한 행동을 통해 자녀들은 어른이나 권위를 무시하게 되고, 나중에는 권위의 표상인 부모도 무시하게 된다. 그렇기 때문에 자녀와 함께 선생님에 대해 이야기할 때는 선생님도 사람이기 때문에 완벽할 수 없다는 점을 주지시키고, 선생님의 행동 이면에 있는 의도를 보게 하되, 선생님에게 불만이 있으면 충분히 들어주고 인정해주며,

그 상황에 어떻게 대처하는 것이 현명한지 함께 논의하는 것이 좋다. 그러나 가끔 선생님의 잘못된 행동에 대해서는 정중히 수정을 요구할 수 있어야 함을 알려주어야 한다. 이 시기 자녀들은 대부분 비일치적이기 때문에 대처 방식을 찾아내어 자신의 내면을 탐색하게 해주는 것이 효과적이다. 특히 우리나라처럼 위계질서가 분명하고 어른에 대한 예의를 중요하게 여기는 문화에서는 부모에게 따지고 대드는 자녀의 행동을 용납해주기란 그리 쉬운 일이 아니다. 그러나 현재 자녀들이 자라고 있는 사회문화적 배경은 부모세대가 성장했던 때와는 너무도 많은 것들이 달라져 있다. 훨씬 더 서구화 되었으며, 서구사회에서 중요시하는 자기표현 능력이 점점 더 많이 요구되고 있다. 또한 과거 유교사상에서 비롯된 권위주의적인 부모역할, 가부장적 가치관, 수직적인 부모·자녀 관계, 남녀 간의 성역할 구분 등은 현재 우리 세대와는 매우 동떨어진 개념이 되어가고 있다. 이러한 세대 간의 가치관 충돌은 부모·자녀 관계에도 적잖은 혼란과 갈등을 준다. 따라서 부모는 자녀 세대가 노출되어 있는 사회문화적 가치관을 알고 배우는 일에도 노력을 기울여야 한다. 또한 충돌되는 가치관에 있어서도 열린 마음을 가지고 자녀와 대화할 수 있어야 한다. 부모 자신의 가치관을 버리라는 뜻이 아니다. 다만 자녀를 이해하는 마음으로 자녀 세대의 가치관을 수용할 수 있어야 하고, 부모 자신의 가치관도 자녀와 충분히 공유하면서 자녀가 속한 가족체계의 고유한 가치관과 사회 문화 체계의 가치관이 서로 조화를 이루는 선에서 통합 과정을 거칠 수 있도록 돕는 것이 필요하다.

7) 사춘기 이후의 자녀와 가족발달 시기

사티어는 에릭슨과 같이 자녀의 발달시기와 가족의 발달시기를 10단계로 나누고 있다. 부모와 자녀의 관계는 평생 분리될 수 없는 관계이지만 이 장에서는 주로 청소년기까지 부모의 역할에 대해서 설명하였다. 부모·자녀의 관계는 자녀가 청장년이 되면 돌봄의 역할이 바뀌지만 부모의 입장에서 자녀는 평생 자녀이기 때문에 부모역할은 노년기 이후까지도 지속된다.

자녀가 사춘기를 지나 청년기에 들어서고, 직업을 갖게 되어 부모의 품을 떠나게 되면 가족에게는 또 다른 위기가 다가올 수 있다. 어머니가 완경기, 아버지가 갱년기에 들어서면서 부부갈등의 증폭, 급격한 신체적 변화, 아버지 혹은 어머니의 사회적 위치 변화, 특정한 질병으로 인한 스트레스 등 여러 문제들이 발생할 수 있는데 이는 자녀에게도 큰 변화를 가져오게 한다. 경제적 압박 때문에 학업을 중단해야 하는 경우도 있고, 부모가 심리적으로 자녀와 분리될 마음의 준비가 안 되었거나, 자녀가 삼인군에 끼여서 부모를 떠나지 못하거나, 사회로 나갈 준비가 안 되서 부모 옆에서 지속적으로 돌봄을 받으려하게 되면 가족에게 위기가 찾아올 수 있다. 최근 가족과 관련한 사회적 문제는 결혼을 미루거나, 안하거나, 하더라도 자녀 낳기를 기피하는 현상이다. 이제는 한 가족의 발달과업을 이행하지 못하는 문제가 한 가족만의 문제를 넘어 사회적 문제로 확장된 것이다.

자녀가 결혼을 하게 되면 원가족 외의 새로운 구성원들이 가족에 포함되면서 다양한 문제들이 제기될 수 있다. 한 가족관계가 두 가족관계로 확대되고 그만큼 가족관계가 복잡하게 얽히게 되는 것이다. 이 시기에는 가족관계가 급변하기 때문에 자녀는 양쪽 부모와의 관계설정이 복잡해진다. 부모는 부모대로, 자녀는 자녀대로 새로운 형태의 가족과 만나면서 적응해야 할 것이 너무나 많기 때문이다. 부모가 건강하지 못하거나 자녀부부가 건강하지 못하면 가족의 갈등은 한층 더 복잡해지고, 이로 인해 자녀들이 이혼하는 사례도 급격하게 증가하고 있다. 자녀뿐만 아니라 부모세대도 변화하고 있어서 부모의 부부관계가 깨지는 황혼 이혼이 증가하는 것도 한 예일 것이다.

3. 양육적인 부모가 되기 위한 지침

자녀의 문제 행동은 자녀가 주어진 환경과 조건에 적응하는 데 어려움을 겪고 있다는 신호이다. 문제 행동이 나타날 때 ① 자녀의 발달단계가 어느 시점에 와 있는지 정확히 파악하는 것이 필요하며, ② 자녀가 느끼는 욕구 불만이 무엇인지 좀 더 깊이 들여다보는 노력이 필요하다. ③ 또한 부모의 내면, 부모와 자녀의 상호작용 방식, 이에 영향을 미친 전체 가족체계와 부모 역할 방식 등을 잘 살펴보는 것도 매우 중요하다. 특히 ④ 가족체계 안에 존재하는 역기능적 요소가 자녀의 증상을 통해 드러나는지 확인한다.

1. 맞벌이 부부와 자녀양육

맞벌이를 하는 부부에게 자녀양육과 관련된 문제는 항상 우선적으로 대두되기 마련이다. 친정 부모님이나 시부모님이 자녀양육에 대한 책임을 분담해주는 경우라면 정말 감사한 일이지만 여러 가지 사정상 그런 특혜를 누리지 못하는 가족도 많다. 이럴 때 부부 둘 중 한 명은 자녀양육의 책임을 맡게 되어 직장을 그만두게 된다. 결혼 전 자신의 일을 가졌던 여성이 자녀양육 때문에 일을 그만두고 전업주부의 삶을 받아들이는 것이 쉬운 일이 아님을 쉽게 목격할 수 있다.

특히 요즘 같은 경쟁시대에, 그리고 젊은 세대일수록 대학 졸업 이후 자신의 꿈을 이루고자 또는 특정 분야의 전문가가 되고자 자기 계발에 많은 시간과 노력을 투자하게 되는데, 자녀양육을 위해 자신의 삶을 포기해야 한다면 자신만 도태되는 것 같은 불안과 좌절을 겪게 될 수 있다. 또한 법적으로 출산휴가의 혜택을 받을 수 있다고는 하지만 현실에서는 매우 눈치가 보이는 일이어서 혹시나 불이익을 당할까 불안해하는 부모들이 많다.

 부모로서 진심으로 자녀와 함께 많은 시간을 보내고자 하는 욕구가 있고, 그것이 자녀에게 훨씬 더 많은 이로움을 줄 것이라고 생각한다면 자신의 가치관에 대해 확고한 자신감을 가져야 한다. 물론 계속해서 커리어를 이어가는 동료들에 비해 조금은 늦어질 수 있다는 것을 인정해야 한다. 그러나 자녀의 미래와 성장에 긍정적으로 기여할 수 있다는 믿음을 가지고 그 시간을 전적으로 즐길 수 있어야 한다. 자꾸 주변과 자신을 비교하면서 불안을 느끼는 것은 자녀에게도 전혀 도움이 되지 않는다.

 반면 사회적인 성취가 여전히 중요한 사람이거나 또는 경제적인 이유로 부부가 맞벌이를 해야 하는 입장이라면, 스스로 이를 인정하고 불필요한 죄책감을 느끼지 않아야 한다. 일터에서도 시종일관 자녀 걱정을 하거나, 자녀에게 무슨 일이 생길 때마다 자신이 옆에 있어주지 못해 그렇다는 죄책감을 갖는다면 그것은 자녀에게도 전혀 도움 되지 않는다. 즉, 전업주부로 자녀에게 전적으로 시간을 할애하든 아니면 밖에서 일을 하든 자신의 결정에 대해 확신을 가지고, 역할에 충실하며, 주어진 환경 속에서 자녀양육을 위한 최선을 다해야 한다. 부모가 자신의 삶에 대해 확신을 가지고 최대한 안정되고 일관된 양육환경을 조성할 수 있을 때 대부분의 아이들은 그러한 상황을 자연스럽게 받아들이고 적응하게 된다.

자녀가 부모 대신 자신을 돌봐주는 양육자와 좋은 애착관계를 형성할 수 있다면 아이는 안정된 환경에서 성장할 수 있다. 그러기 위해서는 부모가 아이를 돌봐주는 양육자와 좋은 협력관계를 유지하기 위해 노력해야 한다. 또한 대리양육자는 부모의 육아원칙을 일관되게 유지할 수 있는 믿을만한 사람, 오랫동안 안정적으로 아이를 돌봐줄 수 있는 사람이 가장 좋다.

대리양육자에게 아이를 맡긴 후 자주 보게 되는 현상은 아이가 엄마와 만나거나 함께 있는 시간을 낯설어하고 그리 편하게 느끼지 못한다는 것이다. 이러한 현상을 너무 심각하게 받아들이면서 걱정할 필요는 없다. 대신 아이가 오랜 시간을 함께 보내지 못하는 부모와도 좋은 애착관계를 형성할 수 있도록 최선을 다하면 된다. 퇴근 후, 또는 주말 등 허락된 시간을 이용하여 아이와 함께 보낼 수 있는 시간을 일관되게 가지는 것이 중요하다. 함께 보내는 시간의 양보다 질이 좋은 애착관계 형성에 훨씬 더 크고 긍정적인 영향을 준다는 것을 기억해야 한다. 짧은 시간을 보내더라도 함께 놀이를 하거나 식사를 하는 등의 시간을 꼭 지켜서 지속적이고 일관된 유대감을 형성해야 한다. 맞벌이를 하는 부모들 중 아이를 직접 돌보지 못한다는 죄책감 때문에 아이의 응석을 다 받아주는 등 지나치게 허용적인 태도를 취하는 경우가 있다. 특히 아이가 대리양육자와 더 탄탄한 애착관계를 형성하고 부모와는 다소 서먹하게 느낄 때 부모는 어떻게든 아이와 연결되려는 마음으로 아이에게 지나치게 허용적인 태도를 취하기도 한다. 하지만 이러한 부모의 행동은 양육의 일관성을 깨뜨려 아이와 대리양육자와의 관계에도 어려움을 주고, 아이의 성장과정에도 도움이 되지 않는다.

2. 규칙과 훈육

1) 일반적인 훈육 원칙

(1) 자녀와 충분히 의논한 후 합의과정을 거쳐 규칙을 만들고, 그에 따르는 행동을 지킬 것을 말한다.
(2) 자녀에게 요구하는 규칙과 행동을 분명하게 알려주어야 한다. 하지 말아야 하는 것보다는 해야 할 것을 더 이야기해준다.
(3) 부모 자신이 규칙을 지켜야 한다. 그래야 권위를 가지고 자녀를 훈육할 수 있다.
(4) 부모는 자녀들의 성장 수준에 맞게 규칙을 요구하여야 한다.
(5) 훈계를 할 때는 자녀와 행동을 분리해서 현재의 문제행동만 다루고, 바꿔야 할 행동에 대해 구체적으로 말해 주어야 한다.
(6) 화를 내지 않고 분명한 어조로 지시한다. 훈계를 할 때에도 부모의 감정에 치우지지 말고 부모의 사랑을 느낄 수 있도록 하여야 한다.
(7) 부모가 요구하는 것이 예측 가능한 것이어야 하고 일관성이 있어야 한다.
(8) 부부가 미리 어떻게 할지 의논을 하여 지시하는 사항이 같아야 한다.
(9) 규칙을 안 지켰을 때 그 상황에 따른 대가를 어떻게 치를 것인지 미리 자녀가 선택하게 한다.
(10) 무엇을 잘못했으며, 왜 벌을 받아야 하는지 자녀에게 명확하게 이야기해준다.
(11) 규칙을 어긴 이유를 물어보아야 한다. 합리적인 이유가 있을 수도 있기 때문이다.
(12) 이유가 합당치 않을 때는 지금 가르치고자 하는 것이 무엇인지, 얼마

간 벌을 줄 것인지에 대해 말해준다.
(13) 부모의 말을 따를 경우 칭찬해주고 그렇지 않고 잘못된 행동을 지속할 경우 '타임아웃' 으로 들어간다. 이때 부모는 흔들림 없이 자신의 태도를 견지해야 하고, 자녀에게 말을 걸면 안 되며, 시간이 다 될 때까지 어떠한 관심도 보여 주어서는 안 된다. '타임아웃' 을 쓰고 난 후에는 그 일에 대해 다시 이야기하지 않는 것이 좋다. 자녀가 다른 일을 하도록 격려하고, 자녀가 다른 일에 초점을 맞추어 행동하면 칭찬해준다.
(14) 이후에 같은 잘못된 행동을 반복하면 '타임아웃' 방법을 반복해서 사용한다.
(15) 만약 '타임아웃' 방법을 올바르게 사용했는데도 문제가 지속되거나 자녀의 상태가 호전되지 않는다면 전문가의 도움을 구한다.
(16) 이러한 방법을 통해서도 자녀가 훈육에 부응하지 못할 때는 기존의 훈육방식을 평가하여 무엇이 문제인지 파악한다.

2) 적절한 규칙 설정

(1) 공격적이고, 파괴적이고, 갑자기 부적절한 행동을 하거나 부모를 속이는 행동을 할 때 그에 합당한 규칙을 세운다.
(2) 고쳐야 할 행동을 정하고, 자녀가 이해할 수 있는 말로 그 행동을 표현하고, 설명해준다. 만일 부모가 잘못되었다고 하는 것이 어떤 행동인지 잘 모를 경우 그 행동을 할 때 한두 번 지적해서 알려주며, 어떤 규칙이 적용될 지에 대해 설명한다.
(3) 규칙을 안 지킬 때는 분명하게 벌칙을 적용한다. 반대로 규칙을 잘 지

켰을 때는 바로 칭찬해준다.
(4) 자녀에게 두 가지 정도의 규칙을 지킬 것을 요구한다. 너무 많으면 효과가 떨어진다.

3) 긍정적 행동을 강화시키는 방식

(1) 한 번에 한 가지 행동에 대해서만 다룬다.
(2) 목표를 아주 작게 나누어 조금씩 변화시킨다.
(3) 바람직한 행동을 하면 곧 상을 줌으로써 이를 강화시킨다.

4) 명령의 원칙

(1) 명령은 직접적인 형태로 해야 한다.
(2) 해야 할 것에 대해 명령하고, 하지 말아야 할 것에 대해서는 명령하지 않는다.
(3) 명령을 할 때는 한 번에 한 가지만을 하여 자녀에게 지킬 것을 요구한다.
(4) 명령은 구체적으로 하여 애매모호해지지 않게 한다.
(5) 자녀의 나이에 걸맞은 명령을 한다.
(6) 자녀에 대한 존중을 바탕으로 명령한다.
(7) 명령 전후로 부모가 그러한 명령을 한 이유에 대해 충분히 설명한다.
(8) 명령은 꼭 필요한 경우에만 한다.

5) 타임아웃

근래에 '떼 쓸 때 무시하기, 타임아웃' 등의 훈육방법에 대한 찬반논란이 있다. 이러한 벌을 받게 될 때 아이들은 단순히 그 상황이 싫거나 무서워 딴 생각을 하려하기 때문에 효과가 적고, 오히려 이러한 방식이 아이의 마음에 상처를 줄 수도 있다는 것이다. 그러나 일각에서는 이러한 방법을 통해서라도 한계를 설정해주지 않으면 아이가 성장해서도 자기조절 능력이 떨어지는 등의 더 큰 문제가 발생할 수 있다고 주장한다.

부모는 모든 훈육방법이 하나의 제안임을 감안해야 한다. 따라서 가장 중요한 것은 언제나 부모의 판단 아래 자신의 자녀에게 가장 적절한 훈육방법을 적용하는 것이다. 아이의 통제가 심히 어려워 분명한 한계를 설정해줄 필요가 있다고 판단되는 경우, 타임아웃과 같은 방법들을 고려해볼 필요가 있다. 어떠한 방법을 적용하든 아이에게 이것이 훈육이라는 것을 느낄 수 있게 해야 하며, 아이가 흥미롭게 시간을 보낼 수 있는 환경이 되어서는 안 된다. 아이에게 타임아웃을 적용할 때는 아래 사항에 유의한다.

(1) 아이에게 타임아웃을 실시하는 이유에 대해 분명하게 설명한다.
(2) 아이가 타임아웃을 거부할 경우, 강제로 아이를 끌어다 앉히는 것 보다는 뒤에서 두 팔로 안아 의자에 앉히도록 한다. 의자의 크기는 아이에게 맞는 사이즈여야 한다. 의자가 너무 클 경우 의자에 앉아 장난을 칠 수도 있고, 반대로 의자가 너무 작을 경우 불편하여 벌 받는 것에 집중하지 못할 수도 있기 때문이다.
(3) 단호한 표정과 낮은 목소리로 이 의자에 앉아있는 동안에는 조용히 앉

아 있을 것을 명령한다. 이때 부모가 화를 내서는 안 되며, 진중한 태도로 일관해야 한다.

(4) 그리고 언제까지 이 의자에 앉아있어야 하는지에 대해서 시계를 보고 정확하게 알려준다. 대개 3분 동안은 의자에 앉아있어야 하는 시간이고, 이 시간 동안에 말을 하거나, 움직이거나, 어떤 행동을 하는 것에 대해서는 제한을 하지 않고 관심을 갖지 않는다. 하지만 다음의 5초 동안은 아무 말도 하지 말고 조용히 있어야 한다. 어떤 아이는 시간을 가지고 따지려하기 때문에 정확하게 하려면 알람을 사용해도 좋다.

(5) 타임아웃이 끝나면 제자리로 돌아와 조용히 앉을 것을 지시한다. 이때 아이가 자신의 억울함을 호소할 경우 이에 동조해주어서는 안 되며, 단호한 어조로 그칠 것을 지시한다.

(6) 타임아웃 중간에 의자에서 내려오려는 경우가 있는데, 이러한 경우 다시 의자에 앉을 것을 지시한다. 의자에 앉아 엄마의 관심을 끌기 위해 이상한 행동을 하여도 이를 완전히 무시해야 한다. 엄마가 어떤 방식으로든 아이의 행동에 반응할 경우 이러한 아이의 행동을 강화시키는 꼴이 된다.

(7) 타임아웃을 잘 이행할 경우, "이젠 됐다." 와 같은 단순한 표현으로 상황이 종료되었음을 알린다.

(8) 이런 과정 후에 엄마의 지시에 잘 따르거나 바람직한 행동을 할 경우, 그것을 구체적으로 인정해주며 칭찬해준다.

3. 인터넷 · 게임 중독

인터넷 · 게임 중독은 IT 기술의 급격한 발전과 함께 등장하게 된 새로운 형태의 중독현상이다. 성장기의 아이들이 게임중독에 빠지게 될 경우, 뇌 발달 및 성격 형성에 치명적인 영향을 받게 된다. 게임중독에 빠지는 아이들의 특징은 자존감이 낮고, 사회성이 부족하며, 현실에서 지속적인 좌절과 우울, 열등감과 무력감 등을 경험했거나, 때로는 집단 따돌림과 같은 학교폭력의 피해자라는 것이다.

이러한 아이들이 게임에 쉽게 중독되는 이유는 게임의 세계에서는 현실보다 우월한 힘을 발휘할 수 있고, 게임을 통해 현실에서 경험한 고통들을 잊을 수 있기 때문이다. 게임을 통해 무한한 힘의 욕구를 충족시키고, 그로 인한 쾌감을 느끼며, 현실세계에서 경험하지 못한 인정을 누리게 되면서 아이들은 점차 현실의 세계를 등지고 게임의 세계에 몰입하게 된다. 이러한 게임의 세계는 현실에서의 스트레스로 인한 정신적 긴장감이나 각성상태로부터 해방감을 느낄 수 있는 일종의 도피처라고 볼 수 있다.

환경적인 요인도 게임중독에 기여하는 바가 크다. 우리나라의 IT 환경은 타국에 비해 인터넷 속도가 빠르고 접근이 용이하며 각종 IT기기를 손쉽게 접할 수 있다. 이에 따라 인터넷 또는 IT기기를 사용하는 연령층이 매우 낮아지고 있다. 따라서 부모들은 인터넷, IT기기의 편리함과 유익함 못지않게 그것이 주는 위험요소들로부터 아이들을 보호할 계획이 마련되어 있어야 한다.

그러나 맞벌이 부부 또는 직업을 가지고 있는 한 부모 가정의 아이들 같은 경우, 부모가 아이들과 함께 할 시간이 적어 아이들을 지도할 여유가 많지 않다. 그 결과 아이들이 혼자 집에 머무르는 시간이 길어지게 되는데, 홀로 있는 동안 스스로의 힘으로 게임의 유혹을 물리치기란 대단히 어렵다. 부모와의 상호작용을 통해 삶을 공유하고 어려움을 극복해나가야 할 아이들이 집에 홀로 남겨짐에 따라 인터넷 또는 게임으로 그러한 과정을 대체하고 있는 것이다. 때로는 인터넷·게임 문화에 익숙하지 않아 그 위험성에 대해 잘 인식하지 못하는 조부모 세대가 양육을 담당할 경우, 아이들에 대한 적절한 기준설정과 개입이 없어 인터넷과 게임에 더 쉽게 노출되기도 한다.

방과 후 과외활동이나 사교육으로 늦은 밤까지 쉴 틈 없는 아이들에게 부모가 먼저 인격적인 대화, 즐거움으로 공유할 수 있는 시간과 활동을 제공하지 않는다면, 게임은 아이들에게 유일한 도피처이자 안식처가 될 수밖에 없을 것이다.

어린 아이들의 경우 심각한 중독 상태라기보다 고위험군에 속한 경우가 많다. 따라서 부모를 포함한 양육자는 인터넷, 게임 중독의 위험성에 대해 충분히 인지하고, 아이들의 인터넷, 게임 시간과 그것의 활용에 대해 각별한 주의를 기울일 필요가 있다. IT기술이 주는 유익함에 초점을 맞추어 활용하도록 유도하고, 문제행동을 보일 때에는 효과적이고 빠르게 대처해야 한다. 아이가 하고 있는 게임이 아이 연령에 적합한 내용인지, 위험한 요소를 포함하고 있지는 않은지 점검해 보는 것도 좋다. 만일 게임이 지나치게 부정적인 내용이거나, 부적절한 내용의 자료를 다운받았거나, 왜곡된 성적인 자료를 접하고 있다면 자녀와 함께 이것에 대해 진지하게 대화를 시도해야 한다.

또한 정해진 시간 동안은 즐기도록 허락하되 자녀와 책임과 제한에 대해 합의할 필요가 있다. 부모가 무조건 컴퓨터와 인터넷 사용을 금지하면 자녀들은 이에 반발하게 된다. 따라서 자녀와 함께 이용시간을 하루, 일주일 단위 등으로 정확하게 나누어 이를 지킬 수 있도록 도와야 한다. 자녀가 계획을 제대로 실천했을 경우에는 이에 상응하는 보상을 한다. 약속을 지킨 다음이나 지키지 않은 경우 어떻게 할 것인지, 이에 대한 상벌에 대해서도 자녀로 하여금 직접 결정하게 한다.

더불어 지금 사용하고 있는 게임, 메일, 채팅, 사이트, 파일 등은 어떤 것들이며, 얼마의 시간을 할애하고 있으며, 무슨 목적으로 필요한 것인지 자녀와 함께 의논한다. 또한 자녀가 불필요 하거나 불건전한 사이트를 직접 정리하도록 하거나, 자녀 스스로 결정하여 프로그램을 선택하도록 하는 것도 좋다. 이러한 과정을 거치는 동안 자녀들의 생활에 문제가 없는지 확인해야 한다. 학업의 문제, 친구관계의 문제, 가족 간 갈등의 문제 등에 대해 확인하고 문제가 있다면 부모가 적극적으로 나서 자녀와 함께 문제 해결을 위해 노력해야 한다.

앞서 언급했던 것처럼, 부모는 게임이 아이의 뇌 발달과 성격형성에 치명적인 영향을 미칠 수 있다는 사실을 알아야한다. 아이의 뇌는 게임 자극에 대한 반응기제에 적응하게 되고, 자극을 받는 뇌의 부분이 훨씬 더 발달하게 된다. 결과적으로 뇌에서 감정처리, 주의집중, 의사결정, 인식조절을 담당하는 부분인 전두엽이 발달해야 하는 중요한 시기를 놓칠 수도 있다는 것이다. 뿐만 아니라, 게임중독으로 인한 폭력성, 비만, 다른 정신질환의 동반 가능성도 간과할 수 없다.

아이가 몰입하던 게임을 대체할 수 있는 다른 관심거리를 찾거나 아이의 에너지를 발산할 수 있는 가족 놀이, 가족 간의 유대감과 친밀감을 바탕으로 하는 가족 활동을 활성화 하는 것은 매우 효과적인 접근이라고 할 수 있다.

4. 학습과 관련된 양육과제

우리 사회의 교육환경은 지나친 경쟁구도, 성적 지상주의가 팽배하다. 뜨거운 교육열은 이러한 환경에서 살아남아야 하는 자녀들에게 엄청난 학업 스트레스를 안겨주며, 이러한 스트레스는 비교와 경쟁 속에서 자녀들의 자존감에 해를 입힌다. 해마다 자신의 성적을 비관하여 자살을 선택하는 청소년에 관한 기사를 쉽게 접하고 있다. 학력 위주의 획일화된 교육 환경은 부모가 자녀에게 요구하는 높은 기대와 결합하여 자녀의 고유한 특성이 개발되는 것을 방해한다. 또한 과도한 학업 스트레스는 소아·청소년 우울증을 불러일으키는 주요 원인으로도 작용한다. 주어진 환경에 적응하기만을 강요받은 자녀는 무력감을 느끼고 자기 효능감을 상실하게 된다.

이런 시대에 놓인 자녀를 양육하면서 부모가 알아야 할 것은 내 자녀가 반드시 공부를 잘 하리라는 기대를 내려놓아야 한다는 것이다. 사회가 빠르게 변하고, 또 가치관도 빠르게 변하고 있다. 현 시대의 젊은 사람들은 삶의 질이 반드시 명예와 물질의 소유와 일치하지 않는다는 것을 알고 있다. 그리고 과거처럼 틀에 짜여진 조직에 들어가는 것을 선호하지도 않는다. 또 성공의 기준도 각 개인이 판단하는 행복에 달려있어서 행복을 판단할 때 일괄적인 외부의 기준에 따르지 않는다. 따라서 자녀들이 공부뿐만 아니라 다른 영역에서도 자신의 재능을 찾아갈 수 있도록 도와주고, 설령 그러한 과정이 실패했다 하더라도 다시 일어날 수 있게 용기를 주어, 재차 도전할 수 있는 힘을 키워주어야 한다. 실패라는 것은 삶의 일부분이므로, 다음과 같은 과정을 거침으로써 자녀로 하여금 실패를 긍정적으로 다룰 수 있게 도와주어야 한다.

1) 개인특성에 따른 학습목표

아이들은 학습능력에 따른 자기만의 계획표가 있어야 한다. 학습능력은 아이들마다 차이가 있으며, 그러한 차이는 아이의 특성에 기인한 것으로서 절대 문제가 아니다. 그렇기 때문에 아이의 학습능력이 높다고 해서 지나치게 과도한 양의 학습을 시켜서는 안 되며 반대로 학습능력이 떨어지는 아이를 무관심하게 내버려둬서도 안 된다. 따라서 학습량을 정할 때는 아이들의 특성을 충분히 고려해야 한다.

현실에서는 공부를 잘 하지 못하면 따돌림을 당하는 등 쉽게 자존감이 낮아지기도 한다. 그러므로 부모는 자녀들이 학습 습관을 잘 갖추도록 도와주는 것도 필요하다.

부모는 자녀를 있는 그대로 받아들이고 항상 자녀의 능력 범위 안에서 학습 목표를 세우도록 해야 한다. 이를 위해서 우선 자녀의 한계를 파악하는 것이 중요하다. 한글도 깨우치지 못한 아이에게 하루에 단어 10개씩 쓰고, 외우기를 기대한다는 것은 마치 갓 태어난 아기에게 책을 읽어보라고 억지를 부리는 것과 같다. 자신의 능력치에 맞게 목표를 설정하고 스스로 설정한 목표를 성취하는 과정은 자녀의 자존감을 높여주는 데 도움이 된다. 자신에 대해 스스로 괜찮다고 생각하는 아이들은 자존감이 낮은 아이들보다 훨씬 더 열심히 학습 하고자 하는 의욕을 보인다.

학습목표를 세울 때는,
(1) 자녀가 감당할 수 있을 만큼 세분화해야 하며, 구체적으로 설정한다.
(2) 측정이 가능하고, 수행 가능해야 하며, 시간을 제한하여 설정한다.
(3) 목표달성에 대하여 스스로 책임을 맡도록 설정한다.

아이들은 저마다 자신의 능력이 본격적으로 개발되는 시기가 다르다. 어떤 아이들의 경우 초등학교 때는 전혀 알 수 없었던 능력이 중학교에 진학하면서부터 드러나기도 하고, 더 늦은 아이들의 경우 대학교 또는 사회에 나가서야 본격적으로 그 진가를 드러내기도 한다. 따라서 부모는 조급해 하지 말고, 자녀를 믿고 기다려주는 것이 가장 중요하다.

아이들은 자신들에게 맞는 방법과 환경에서 최대의 효과를 보인다. 어떤 아이는 반복적인 훈련에 적합한 반면 어떤 아이들은 창의적인 학습 환경에서 최대의 능력을 발휘한다. 또 어떤 아이는 꼼짝하지 않고 한 가지 일을 끝까지 해내기도 하고, 어떤 아이는 정기적으로 휴식을 취해야 할 필요가 있기도 하다. 어떤 아이는 큰 소리로 읽어야 기억을 잘 하는 반면 어떤 아이는 소리를 내지 않고 읽으면서 배우기를 좋아한다. 따라서 방법과 환경을 정할 때에는 부모의 기준이 아닌 자녀의 고유한 방식에 따라 공부할 수 있는 최적의 방법과 환경을 조성해 주어야 한다.

2) 바람직한 학업태도

부모가 자녀와 함께 선행학습을 하는 것 보다는 현재 배우고 있는 것을 잘 따라갈 수 있도록 스스로 학습 계획을 세워 지켜나가도록 도와주어야 한다.

그러나 이 계획은 반드시 자녀가 주도권을 가져야 하며, 부모는 옆에서 도와주는 역할이어야 한다. 자녀가 어느 정도 스스로 할 수 있게 되면 혼자 하도록 두고, 잘 해내고 있는지 점검하기만 해도 된다.

더불어 부모는 아이가 너무 많은 시간을 전적으로 학업에만 몰두하지 않도록 해야 하며, 학업으로 인한 스트레스를 적절히 해결할 수 있도록 가이드 하는 것이 필요하다. 아이가 공부, 휴식, 놀이에 적절한 균형을 갖도록 도와주고, 스스로 자신의 시간에 대한 계획을 세우게 한다.

아이가 학업의 과정에서 실패를 경험했을 때 부모는 아이가 실패를 긍정적인 방향으로 다룰 수 있도록 도와야 한다. 이를 위해서 우선 부모 스스로가 먼저 자신의 실망감을 다루어 부모의 감정이 주를 이루지 않도록 한다. 그리고 자녀의 실망감에 대해 부모가 이해한다는 것을 알려주고 아이의 감정을 충분히 공감해준다. 자녀와 함께 실패를 통해 성장한 사람들의 예를 살펴보며 실수로부터 배우는 것의 중요성을 깨닫게 도와준다. 그 다음, 자녀가 자신의 실망감을 극복하고 문제해결로 들어갈 수 있도록 돕는다.

아이들은 때때로 부모의 눈치를 보면서 자신의 슬픔과 실망을 감추려고 한다. 아이와 직접 이야기 해보기 전까지는 설불리 "그까짓 것쯤은 아무 것도 아니다." 라는 태도로 판단하지 않아야 한다. 부모와 모든 기쁨과 슬픔을 함께 나눌 수 있다는 확신이 들 때 자녀는 실패를 두려워하지 않고 앞으로 나갈 수 있다. 학업 지식과 능력을 키우는 것보다 바람직한 학업 태도를 배우는 것이 앞으로의 삶을 결정짓는 보다 중요한 요소가 될 것이다.

3) 학습에 대한 동기부여

자녀가 공부에 흥미를 느끼지 못하는 경우, 자녀의 학습방법을 점검해보고 자녀에게 맞는 공부 방법을 찾아주는 것이 필요하다. 부모가 고수하는 방식의 학습과정을 자녀에게 강요하면 금방 흥미를 잃게 되고, 스스로 공부하고자하는 동기도 잃게 된다. 자녀를 관찰하여 어떤 학습방법을 가장 좋아하는지 찾아내고, 그것에 맞게 학습 분위기를 조성해주면 자녀의 학습 동기를 북돋아줄 수 있다.

자녀는 학습과정에서 열심히 한 만큼 만족스러운 결과를 얻을 때도 있지만, 잘하지 못해서 실망하는 순간도 분명 거치게 된다. 아이가 노력해서 얻은 성취에 대해서는 충분히 칭찬해주고 이러한 긍정적인 경험이 이후의 학습에 더 큰 동기로 작용할 수 있도록 도와야 한다. 반면, 아이가 잘 하지 못한 부분에 대해서는 지적하거나 혼내기보다는 결과에 대해 스스로 생각해 볼 수 있도록 시간을 허락하고 부모와 함께 의견을 나누며, 나아가 개선 방법을 찾을 수 있도록 지도해야 한다.

또한 아이가 노력한 것과 그 결과로 생긴 조그마한 변화에 대해서는 충분히 인정해 주는 것이 학습 동기를 부여하는 데 도움이 된다. 그러기 위해서 부모는 아이를 늘 관심 있게 관찰하고 칭찬할 만한 성과들을 발견해 내도록 노력해야 한다.

자녀의 학업을 평가할 때는 언제나 약점을 언급하기에 앞서 강점을 인정하는 것에서부터 시작해야 한다. 자녀의 성적이 기대에 못 미쳤을지라도 절대 비웃거나, 비판적으로 말해서는 안 된다. 부모가 잘 하지 못한 것에 더 큰 초점을 두게 되면 아이는 부모를 실망시켰다는 생각에 낙담하고, 부모를 만족시키는 것을 공부의 목표로 삼게 될 수 있다. 이러한 경우, 늘 실패에 대한 두려움을 안고 공부해야 되기 때문에 즐겁게 학습하기 어려워진다. 그러므로 부모는 아이가 학습의 과정에서 다른 누군가가 아닌 스스로의 목표를 설정하고 이에 도달할 수 있도록 격려해야 한다.

적절한 보상은 자녀의 학습동기를 고취시키는 데 도움이 된다. 자녀의 노력이 아무리 작더라도, 또 그 노력이 결과로 드러나지 않더라도 자녀의 태도든 노력이든 어떤 것이라도 찾아서 인정해주고 보상해주는 것이 바람직하다. 단, 이러한 보상은 성취결과에 따른 보상이 아닌 자녀의 노력을 인정하는 차원의 보상임을 알려주어야 한다. 보상은 자녀가 좋아하는 것이면 충분하며, 반드시 물질적인 것일 필요는 없다.

4) 조기 특수 교육

특수한 영역의 교육을 하게 될 경우, 우선 아이가 무엇에 흥미를 느끼고, 무엇을 잘하는지를 잘 살펴보아야 한다. 아이가 우뇌가 발달하였는지 좌뇌가 발달하였는지, 운동이나 예술에 재능이 있는지, 없는지 등이 고려되어야 한다. 이러한 고려 없는 무조건적인 교육은 아이의 자존감, 성장욕구, 동기 등을 사라지게 하기도 한다. 물론 경우에 따라서는 조기에 재능이 잘 드러나지 않는 아이들도 있기 때문에, 아이가 원하든 부모가 원하든 어느 정도 끈기 있게 교육을 지속한 다음에 아이가 그 분야에 재능이 있는지 확인하는 것이 중요하다.

부모의 욕구에 따라 아이가 싫어하는 것을 지나치게 일찍 혹은 억지로 배우게 된다면 아이들은 쉽게 배움에 대한 흥미를 잃어버리며, 새로운 것을 배우려는 동기는 물론 공부 전반에 걸쳐 거부증이 생기게 한다. 혹 부모의 요구에 순응하여 공부를 지속한다 해도 언제든 공부를 그만둘 여지가 있으며, 공부로 성공한다 해도 자기가 원하는 삶이 무엇인지 모르게 되는 경우도 많다. 조기에 하는 특수한 교육의 과정에서도 한두 가지의 선택을 제시하여야 한다. 지나치게 광범위한 종류를 제시하거나 개방적으로 선택하게 하면 오히려 아이에게 부담이 된다.

5) 적절한 지식습득

숙제에 관한 한 양적으로 많이 한다고 해서 좋은 것이 아니라는 것을 인식해야 한다. 양보다는 질이 더 중요하다. 아이들이 배운 것을 지루하게 많이 복습 시키는 것도 좋지 않다. 적은 분량이더라도 매일 조금씩 숙제하는 습관을 길러주는 것이 좋다. 이때에도 부모는 자녀가 새롭게 배운 것을 충분히 익혀 자신의 것으로 소화할 수 있도록 시간을 주어야 한다.

또 자녀가 지식을 습득할 때에도 단순 암기식의 학습을 강요하기보다는 배우는 내용의 앞뒤 연관성을 깨닫게 해주는 것이 학습능력의 증진에 매우 도움이 된다. 즉 인지학습에서 말하는 metacognition을 할 수 있도록 도와주는 것이다. 그 방법 중 하나는 무엇인가를 배운 다음에 마치 부모가 모르는 듯이 그 답이 왜 그렇게 나왔는지 호기심을 가지고 아이에게 설명해보라고 하거나, 스스로 모르는 것을 알게 되면 부모에게 알려달라고 말하는 등 아이의 학습에 흥미를 보여주는 것이다. 이러한 과정을 통해 아이는 논리적,

체계적 사고를 키워간다.

종종 부모들은 조급한 마음에 지나치게 많은 정보를 자녀들에게 공급할 때가 있다. 아이들이 일찍 어떤 것에 흥미를 느끼면 마치 내 아이가 그 분야의 전공자가 될 것 같은 기쁨에 동네방네 온 친척들에게 아이를 치켜세우기도 하는데, 이럴 경우 오히려 아이는 그 관심이 부담스러워 학습을 포기하려 하기도 한다. 어떤 부모는 많은 경비와 시간을 들여 나이에 맞지 않는 전시회 혹은 탐험여행 같을 것을 경험하게 하지만, 이러한 경험이 아이의 흥미와는 무관한 것이라면 아이들은 다 잊어버리거나 피곤하고 지루했던 기억만 남게 될 것이다.

어떤 부모는 자녀를 어른 취급해 아이의 나이에 맞지 않는 시사, 정치, 기업 등 어느 한 분야에 대해 정보공급 식으로 장황하고 지루하게 대화하려 하는데 이렇게 되면 자녀는 부모와의 대화를 마음속으로부터 단절하게 된다.

6) 교육 자료 및 활용

지나치게 지식 주입적인 교육을 일찍 시작하면 자녀들의 자율성과 학습동기를 무너지게 할 수 있다. 어떤 집은 자녀가 아주 어린데도 거실을 책장으로 꾸미고, 이미 자녀에게 좋다는 책이나 교육자재로 꽉 채운 집들도 있다.

그러나 중요한 것은 자녀에게 지식을 축적시키는 것이 아니라 스스로 궁금한 것을 책을 통해서 알게 하는 것이다. 따라서 책을 전부 세트로 구입하기보다는 서점에 가서 아이로 하여금 한두 권 고르게 하는 것이 더 바람직하다. 물론 아이가 선택한 책이 전혀 아이의 기준에 맞지 않다면 부모가 다른 것을 추천하고 왜 추천하는지에 대해서 설명을 해주어야 한다.

책장이나 책꽂이, 책들은 자녀의 눈높이에 따라 선택하는 것이 바람직하며 이를 통해 아이들이 책과 친숙해져 스스로 책을 선택해서 보도록 하는것이 좋다. 교육자재를 구입할 때도 무조건 구입하기보다는 상상력을 발휘하여 무언가 만들어보게 하는 것이 바람직하다. 아이들은 상상력이 풍부하기 때문에 쓸데없어 보이는 물건으로도 상상력을 통해 놀이에 필요한 것으로 만드는 재주가 있다. 지나치게 상세하고, 지나치게 많은 양의 장난감, 놀잇감은 오히려 아이의 상상력을 차단하는 결과를 낳는다.

이 시기에 부모는 아이와 같이 놀아주면서 상호작용하는 방식을 가르쳐 줄 수 있다. 특히 무엇이 되고, 무엇이 안 되는지 가르쳐 주면서 관계에서나 행동에서 경계선을 그어주면 아이가 자기의 경계선을 세우는 방식을 스스로 배울 수 있게 된다.

아이가 하는 것이 답답하다고 부모가 짜증을 내거나 만들기를 다 해줘서는 안 된다. 답답하더라도 아이가 해낼 수 있도록 참아주고, 진심으로 재미를 느끼면서 해야 아이도 부모가 자기와 같이 즐긴다고 느끼게 되어 부모와의 관계가 깊어질 수 있다. 그리고 놀이 후에는 반드시 정리정돈을 스스로 하도록 해야 한다. 정리정돈을 하는 것을 잘 배우면 학교규칙을 지키는 일이나 학습, 사회생활에서의 자기조절 능력이 향상되며, 이러한 능력은 일평생 아이들의 삶에 큰 보탬이 된다.

5. 자녀의 이성교제와 성문제

자녀에게 처음으로 이성 친구를 사귄다는 말을 들을 때 부모는 본능적으로 걱정하게 되면서 건전하게 이성교제를 하고 있는지 궁금해 하고 알고 싶어 한다. 그래서 간섭하게 되고, 몰래 자녀의 물건을 뒤져보거나, 아예 이성교제를 금지하면서 이를 어긴 자녀와 싸우기도 한다. 자녀는 부모가 자신을 전혀 지지하지 않는다고 느끼는 순간 부모와 대화를 나누지 않으려고 하고 이성교제 사실을 숨긴 채 몰래하려 할 것이다. 그러면 이성교제에 대해 죄책감이나 불안 등 불필요한 감정을 경험하게 되고, 몰래하다 보면 부적절한 행동을 하게 될 가능성이 높아진다.

자녀가 이성교제를 시작하게 되면 부모는 자녀의 이성교제 대상이 어떤 아이인지 파악하기 위해 순수하게 물어볼 수 있고, 자녀의 이성교제가 건전하게 이루어질 수 있도록 지켜져야 할 몇몇 규칙들을 제시하고 함께 결정할 수 있다. 이를 위해 당연히 성에 대한 교육도 다루어져야 하며, 본능적이고 충동적인 욕구가 올라왔을 때 이를 잘 조절하고 이성적인 결정을 할 수 있도록 평소에 성에 대한 건강한 가치관을 제시하고 실질적인 상황에서 어떻게 대처해야 할지에 대해 자녀와 대화를 나누는 것이 중요하다. 한국 부모들은 아직 자녀와 성에 대해 이야기하는 것을 편치 않게 생각하는 경우가 많다. 그러나 성에 대한 부모의 가치관은 자녀의 성적 정체성과 가치관 형성에 큰 영향을 미친다.

자녀들에게 올바른 성교육을 시키기 위해서는 우선 부모가 자신의 성에 대한 이해와 성에 대한 태도를 돌아보는 것이 전제되어야 한다. 성교육의 내용보다 부모 자신의 성에 대한 이해나 태도가 더 중요하다. 부모가 전달하려는 교육 내용과 부모의 태도가 일치하지 않으면 자녀들은 내용보다는 부모의 태도에 더 영향을 받게 되기 때문이다. 따라서 부모가 자라온 가족이 성에 대해서 어떤 가치관을 가지고 있었는지, 또 아들과 딸들을 어떻게 대하였는지를 파악하는 것도 많은 도움이 된다. 부모 자신이 성에 대해 부정적 가치관을 지니고 있으면 성에 대한 자신의 욕구나 본능이 드러나는 것이 두렵고 불안하게 되어 이러한 것을 무조건 억압하게 되고, 억압된 것이 자녀들에게 투사되어 자녀들로 하여금 성에 대해 잘못된 태도를 갖게 한다.

1) 성에 대한 가치관을 점검해야 한다.

우리는 처음 2차 성징이 나타났을 때의 당혹감을 기억할 것이다. 여성의 경우는 젖 몽우리가 생기기 시작할 때의 아픔, 첫 월경의 두려움, 음모가 생기기 시작할 때의 수치심 등은 자칫 성에 대해 부정적 가치를 형성할 수 있다. 남성의 경우는 처음 몽정을 경험하였을 때의 당혹감, 원하지 않을 때의 발기, 여성의 신체에 대한 호기심 등은 죄책감을 유발시키기도 한다. 더 나아가서 부적절한 성적 접촉이나 성추행, 성폭행 등을 경험한 경우에는 성에 대해 잘못된 가치나 태도를 지니게 된다. 부모들은 자신의 성에 대한 태도와 가치관이 이러한 경험에 근거하여 형성된 것은 아닌지 점검해보아야 한다.

2) 부부의 친밀감에 대한 표현이 일상생활에서 자연스럽게 드러나야 한다.

부모 세대는 자녀 앞에서 친밀감을 표현하는 것은 부부유별의 유교문화를 거스르는 것이기 때문에 지나치게 부끄러워하거나 잘못된 것이라 여겼다. 그러나 부모가 보여주는 친밀감이 자녀들이 성장한 후의 이성 관계나 부부 친밀감 형성의 모델이 된다. 성적 친밀감이 건강하게 드러나기 위해서는 우선 부부사이가 좋아야 한다. 성숙한 두 사람이 좋은 관계를 형성하고, 그 좋은 관계의 일부로 성적 친밀감이 드러나야 한다. 그러나 성적 친밀감을 표현할 때에도 자녀들의 발달단계를 고려하여 자녀에게 지나치게 성적 자극이 되지 않는 수준이어야 한다. 부모의 성행위를 너무 어린 나이에 보게 되면 자녀들에게 상처가 될 수 있다.

3) 성 발달을 포함한 보편적 발달단계에 대한 이해가 있어야 한다.

부모들은 자녀가 신체적, 심리적으로 많이 성장했지만 자녀들의 성적 발달에 대해서는 무지하거나, 무관심하고, 애써 무시하려는 경향이 있다. 어쩌면 부모 자신이 자녀의 성적 성장을 인정하게 됨으로써 성적인 내용을 다루는 것이 두렵거나 꺼려져 무의식적으로 회피하는 것 일수도 있다. 부모가 이런 태도를 취하면 자녀는 자신의 성적 호기심을 건강하게 드러내는 것에 대해 수치심을 느끼고 잘못된 방식으로 이를 충족시키려 하게 된다. 앞에서 설명하였듯이 성 정체성은 2, 3세부터 자기 신체의 일부인 성기에 대해 호기심을 갖게 되면서부터 시작되기 때문에 자녀를 단순히 자녀가 아니라 여성, 남성이라는 성적 특징을 지니고 태어난 존재로 이해하고 인정하는 것이 중요하다. 여성으로서, 혹은 남성으로서 성 정체성이 건강하게 형성될 때 한 인간으로서의 건강한 정체성이 형성될 수 있다.

4) 성에 대한 자녀의 질문을 피하지 않는다.

자녀가 성에 대해 질문할 때 부모는 자녀가 무엇을 알고 싶은지, 얼만큼 알고 있는지를 먼저 확인해야 한다. 자녀는 단순한 수준의 질문을 하였는데 부모가 지레짐작하여 지나치게 자세히 설명을 하는 것도 적절하지 않다. 반대로 자녀의 질문수준에 너무 못 미치는 대답을 하는 것도 적절하지 않다. 따라서 부모는 자녀들의 질문에 피상적으로 대답하기보다 객관적인 사실을 포함하여 구체적으로 설명해주는 것이 필요하다. 추상적인 설명은 자녀에게 궁금증을 증가시키고 자의적으로 잘못 해석할 수 있는 위험이 있다. 어린 아이들이 성적인 질문을 하는 것은 궁금증을 해결하고자 하는 것이지 어른들이 생각하는 것처럼 성적인 호기심 때문만은 아니다. 따라서 자녀의 성에 관한 질문에 대해 답변해 줄 때는 자녀의 나이에 맞는 설명을 해주어야 한다. 자녀가 성에 대한 질문을 하면 우선 부모는 자녀에게 그러한 질문을 한 것에 대해 고맙다는 긍정적 피드백을 해주는 것이 중요하다. 그리고 부모가 대답하기 힘든 질문에 대해서는 좀 더 정확히 알아보고 대답해주겠다고 하는 것도 한 방법이 될 수 있다. 진실하고, 솔직하고, 성실한 태도로 자녀의 질문에 응할 때 자녀들은 부모를 신뢰하고, 부모가 제시하는 성에 대한 가이드라인에 대해서도 공감하게 된다.

5) 성 행동에 대한 책임의식을 심어주어야 한다.

신체적으로 성숙하여 충분히 가임이 될 가능성이 있는 자녀들에게는 특히 성적 행동에 따르는 책임의식을 반드시 심어주어야 한다. 남자아이에게도 이성친구가 아이를 잉태하였을 때의 현실적 상황에 대해 아주 자세하게 알게 하고, 그 상황에서 자신의 책임, 그 책임을 완수하기 위한 희생 등에 대해서 될 수 있으면 상세하게 설명해 주어야 한다. 사회적, 윤리적 차원의 문제에 대해 토론하고 지도할 수 있으며, 고아원을 방문하여 하루 정도 아이를 돌보는 일을 경험하게 하거나, 산부인과를 방문하게 하고, 태아를 낙태하였을 때 태아의 반응을 기록한 비디오를 보게 하거나, 혹은 입양시켰을 때 그 아이를 상상하고 편지를 쓰게 하거나, 또는 낙태한 아이에게 편지를 써보게 하는 것들도 좋은 경험이 될 수 있다.

6) 평등한 관계의 모범을 보여야 한다.

남성은 성적으로 적극적이고, 여성은 성적으로 소극적이어야 한다는 사회적 통념 때문에 남성이 여성에게 성적으로 다가 갔을 때 여성들이 안 된다고 하여도 이를 받아들이지 않는 경우가 많다. 여성의 "안 돼!" 라는 말을 "된다!" 로 받아들이는 태도는 문제가 된다. 이런 성차별적인 태도는 어른이 되어 부부관계를 형성했을 때에도 영향을 미치게 된다. 따라서 상대방을 성적 대상으로 보기에 앞서 여성, 남성을 차별하지 않고 서로를 인격적으로 존중하는 것을 배우도록 해주어야 하며, 남녀에 대한 편견을 극복하고 이해를 증진시켜서 서로 존중하고 협조하는 태도를 갖도록 도와야 한다. 특히 많은 여성들의 자신의 권리에 대한 인식이 점점 높아지고 있기 때문에 남성들이 성차별적 태도, 권위적 태도를 고집하는 경우에는 결혼생활에 많은 갈등을 야기할 수 있다. 자녀가 올바른 성 정체감을 형성하고 한 인간으로서 당당하게 살아갈 수 있기 위해서는 부모가 자녀에게 평등한 관계의 모델이 되어야 한다.

7) 성에 대해 열린 자세를 취해야 한다.

부모가 열린 자세를 취하여도 때로 자녀들은 부모에게 쉽게 성 문제를 가지고 다가오지 않을 수 있다. 이런 경우를 위해 자녀의 수준에 맞는 지침서나 교재를 적당한 곳에 놓아두는 것도 성교육의 한 방법이 될 수 있다. 비디오나 영화를 감상한 다음 편안한 태도로 편하게 대화를 시도하는 것도 좋다. 그러나 이때에도 미리 부모가 자녀들에게 어떤 특정한 가치관을 주입시키려 해서는 안 된다. 부모가 결론을 내리는 것보다는 다양한 사례를 알려주고 결과를 예측할 수 있도록 함으로써 자녀 스스로 판단하고 결정하여 대처할 수 있는 능력을 습득하도록 돕는 것이 중요하다. 부모가 성에 대한 열린 태도로 자녀와 터놓고 대화할 수 있다면 대부분의 자녀들은 어려움 없이 부모의 가치관을 물려받게 된다. 옛날 이야기하듯이 부모 자신의 경험을 자연스럽게 들려주면서 대화의 실마리를 찾을 수도 있다.

III. 의사소통편

　부모·자녀 사이의 사랑과 돌봄의 관계는 상호작용을 통해서 이루어진다. 상호작용은 접촉, 얼굴표정, 손짓, 발짓, 몸의 움직임 등의 신체적인 표현과 말로써 이루어지는 언어적 표현으로 나뉜다. 의사소통은 신체적 표현과 언어적 표현이 일치할 때 정확하게 전달된다. 두 표현방식이 일치하기 위해서는 부모가 스스로의 감정과 생각, 기대, 그리고 왜 내가 이런 것을 자녀에게 요구하는지 자신의 내면에 대한 자각이 있어야 한다. 또한 자녀가 무슨 생각을 하고, 어떤 감정을 느끼고, 무엇을 원하든지 인정해주고 지지해주어야 한다. 자녀는 부모의 의사소통을 통해 일치적인 표현방식을 배우기 때문에 자녀의 바람직한 의사소통을 위해서는 부모의 의식적인 노력이 필요하다.

> 우리가 어른이 된다고 해서 어린 시절에 배웠던 규칙, 그리고 관계로부터 받은 영향에서 저절로 벗어나는 것은 아니다. 내담자에 대한 치료 목표는 이러한 과거의 오염을 자각하게 하여 과거의 생존방식(의사소통을 포함한 모든 삶의 방식)을 무의식적으로 반복하며 살아가는 대신, 새로운 생존, 대처방식을 선택하여 자유롭게 살 수 있다는 것을 자각하도록 돕는 데 있다.
>
> Satir, V., et. al. (1991), p. 221.

1. 부모의 의사소통 방식

자존감이 높은 부모는 자녀를 존중하며 서로의 의견이 달라도 두려워하지 않고 인격을 존중하면서 타협점을 찾아간다. 그러나 자존감이 낮은 부모는 상처 입을까봐 혹은 상처를 줄까봐 눈치를 보거나, 비난하거나, 상황을 회피하려 한다. 사티어는 이러한 의사소통 방식을 대처방식, 혹은 본능적으로 취하는 방식이라 하여 생존방식이라고 이름 붙였다. 끊임없이 잔소리하는 어머니, 또는 밤마다 술을 먹고 들어와 아내와 자녀들을 깨우고 술주정을 하는 아버지, 조그만 잘못에도 무섭게 처벌하는 부모, 갈등이 심각해도 쉬쉬하면서 마치 아무 일도 없었던 것처럼 평온을 유지하는 가족, 묵묵하게 말이 없다가 갑자기 벼락같이 화를 내는 아버지, 항상 힘들다고 자녀들을 붙잡고 하소연 하는 어머니로부터 자녀들은 어떤 의사소통을 배울까?

1. 비일치적 의사소통

사티어는 가족 문제의 근원이 식구들 사이의 의사소통에 있다고 보았다. 자존감이 낮은 부모들은 원가족으로부터 배운 부적절한 의사소통 방식으로 부부관계를 맺고, 또 자녀들에게 전달한다. 사티어는 부적절한 비일치적 의사소통 방식을 다음과 같이 몇몇 유형으로 나누어 소개하였다. 상대를 비난하면서 나를 보호하려고 하는 비난형, 상대방의 비위를 맞추면서 나를 보호하려고 하는 회유형, 무엇이 옳고 그른지를 따지고 자신이 옳다고 주장하면서 자기를 보호하려고 하는 초이성형, 내면의 불안이 높아지면서 어쩔 줄 몰라 하거나 또는 그 상황을 피해 상처를 입지 않으려고 하는 부적절형(산만형, 회피·철회형)이 대표적인 비일치적 의사소통 유형이다.

비일치적 대처방식을 사용하는 양상도 저마다 각기 다르다. 어떤 사람은 하나의 대처방식을 주로 사용하기도 하지만, 어떤 사람은 상대방이 사용하는 대처방식에 따라 자신의 대처방식을 다르게 선택하기도 한다. 또 자신의 상태에 따라서 또는 상대의 특징이나 상황에 따라서 여러 가지 대처방식을 바꿔가면서 사용하기도 한다. 한 부부의 예를 들어보자. 비난형 남편의 비위를 맞추기 위해 매번 자신의 감정이나 생각을 무시하던 회유형 아내가 어느 시점에 이르러서는 더 이상 참지 못하고 남편에게 똑같이 비난을 퍼부었다. 아내의 대처방식이 비난형으로 바뀌자 이제 남편은 아내의 비위를 맞추려고 회유형의 방식을 선택하게 되고, 시간이 지나면서 회유형의 남편이 다시 아내를 비난하게 되었다. 그러면 아내는 다시 회유형으로 돌아서면서 처음의 상호작용 패턴을 반복하게 된다. 이들은 어느 한 사람이 일치적 의사소통을 시작할 수 있기 전까지 같은 방식으로 상호작용을 반복할 것이다. 또 다른 예로, 상사에게는 회유형의 의사소통 방식을 사용하지만, 아내나 자녀에게는 비난형의 방식을 사용하는 남편이 있다. 남한테는 비위를 맞추기 때문에 좋은 사람으로 보이고, 회유형처럼 보이지만 실제로는 속으로 비난하고 있기 때문에 듣는 사람 입장에서는 말의 의미를 파악하기 혼란스러울 수도 있다. 부모가 자녀를 비난하고 통제하는 경우 자녀는 부모 말에 순종하면서 회유형의 대처방식을 취하다가 어느 순간에 자녀가 부모한테 대들기 시작하면서 자녀가 비난형을 취하고 오히려 부모는 회유형의 태도를 취하게 되기도 한다. 특히 자존감이 낮아 비일치적인 의사소통 방식을 사용하는 사람들은 타인과의 관계에서 언제, 어떻게, 무슨 말을 해야 할지 몰라 힘들어한다.

1) 비난형 의사소통 방식

비난형의 부모는 자신이 무조건 옳고 자녀는 틀렸기 때문에 부모가 하라는 대로 해야 한다는 태도를 취하며, 자신에게는 관대하면서 자식에게는 엄격하다. 한 남자는 자신의 아버지가 수도 없이 바람을 피웠지만 아버지에 대한 분노를 억압하고 그 분노를 동네깡패가 되어서 다른 사람들을 괴롭히는 것으로 풀었다. 자신은 깡패로 못된 짓을 다했으면서도 당시 고등학생이었던 아들이 담배 피우는 것을 알게 되자 심하게 구타하여 가출하게 만들었다. 이렇게 이중 잣대를 적용할 때 자녀들은 부모가 공평하지 않다며 분노를 느끼지만 아버지의 권위적인 태도 때문에 감정을 억압하고 표현하지 못한다. 한편 이런 부모는 자신들이 옳다고 확고하게 믿기 때문에 자녀들이 자신들의 기대와 다른 모습을 보이게 될 때 부모로서 무시당했다고 느낀다. 이런 부모들은 비판적 태도를 취하면서 자녀의 잘못을 예리하게 잘 찾아낸다. 자녀들의 잘못을 지적할 때 무의식적으로 힘을 느끼고 부모로서 우위에 있다고 느끼지만, 부모 자신도 마음이 편치는 않다.

이렇게 폭력적이지 않다하더라도 권위적인 부모들은 대체로 비난하는 방식으로 자녀들을 대한다. 아버지만이 아니라 어머니들도 자녀들을 잔소리의 형태로 비난한다. 특히 자녀의 성공을 부모의 훈장처럼 여기는 경우에는 더욱 그렇다. "네가 그렇게 힘들어하면서 공부도 제대로 못하는 것을 볼 때 엄마 가슴이 얼마나 찢어지는지 모르겠니? 엄마의 이 괴로움을 네가 달래주어야 하지 않겠니? 엄마는 오로지 너 때문에 살고 너의 미래만 생각한단다.", "이번에도 네가 대학에 떨어진다면 엄마는 더 이상 창피해서 살 수가 없을 거야. 친구들도 만날 수 없고, 모임에도 나갈 수가 없어.", "모두가 너를 수재라고 생각하고 있어. 엄마의 이 비통함을 네가 조금이라도 알아준다면 나는 더 바랄 것이 없겠구나." 라고 애매한 비난을 하게 되면 자녀들은 더 혼란스러워지고 자기 확신이 낮아진다.

2) 회유형 의사소통 방식

회유형 부모는 마음이 약해서, 자녀가 상처 입을까 봐 혹은 자신을 싫어하게 될까 봐 자녀의 비위를 맞추려 한다. 이런 유형의 부모는 자녀들의 눈치를 살피고, 자녀의 요구를 거절하지 못하거나, 자녀가 원할 것이라고 생각하는 것을 미리 채워주려 한다. 반면에 자녀와 거래하듯이 내가 이렇게 해주었으니까 너도 이렇게 해야 된다는 방식으로 자녀들을 통제하기도 한다. 이런 부모의 내면을 들여다보면 '내가 이렇게 해서 자녀들이 성공하면 나는 훌륭한 부모가 되는 것이기 때문에 많은 사람들이 나를 부러워할 거야.' 라는 마음이 들어있다. 그러나 자녀가 자신의 기대를 채워 주지 못할 때 '내가 너를 어떻게 키웠는데...' 라면서 비난형으로 돌변하기도 한다. 간혹 자녀의 증세가 너무 심각해져 정신과 진료가 필요한데도 자녀가 간절히 거부하거나 혹은 마음이 아파서 치료시기를 놓치는 경우도 종종 목격할 수 있다.

3) 초이성형 의사소통 방식

초이성형의 부모는 자신의 주장이 매우 합리적이고, 논리적이라고 생각한다. 자주 유명한 사람의 이름이나 책의 내용을 거론하면서 자신의 말에 힘을 실으려고 한다. 그리고 감정이 실리지 않은 딱딱한 목소리로 마치 논문을 읽듯이 지루하고 길게 말하며 일장 설교와 훈시로 자녀와의 대화를 끝낸다. 이러한 부모의 말은 정확하고 결점이 없으며 논리적인 것처럼 보이지만, 실상은 매우 주관적이고, 비논리적이며, 보편성이 결여되어 있다. 때때로 주관적인 공평심과 정의감에 불타있으며, 주관적 기준에 맞추어 자녀를 비난하기도 한다. 이렇듯 자신이나 가족은 제대로 돌보지 못하면서 인류애를 부르짖기도 한다.

이런 부모는 자신의 감정을 잘 자각하지 못하거나 억압하고 있는 사람들이며, 자신은 물론이고 타인에게도 냉정하기 때문에 따뜻한 느낌이 없다. 어떤 상황에서도 지극히 초연한 태도를 취하며, 자신의 감정조차 인정하려 하지 않을 뿐만 아니라, 다른 사람이 감정을 중요시 여기는 것도 허용하지 않는다. 그래서 항상 어떤 감정도 드러내지 않은 채 이성적이고 차분하고 냉정하게 자기의 생각만 피력하려고 한다. 이들은 원리원칙 중심의 재미없고 강박적인 특징을 지니며 상대방에 대한 이해와 공감 능력이 낮기 때문에 인간관계가 피상적이다. 이러한 사람들은 자주 일중독에 빠지는 경우가 있다. 불안하기 때문에 일에 빠지고 규범으로 자기를 합리화시킨다. 이런 부모는 당연히 자녀와 연결될 수 없다.

4) 부적절형 (산만형, 회피·철회형) 의사소통 방식

초이성형 부모가 조용하고 안정된 것처럼 보인다면, 부적절형 부모는 생각과 말 그리고 행동이 부산스럽고 혼란스러워 자녀들도 혼란스럽게 만든다. 이런 부모는 한 주제에 집중하지 못하고 자녀의 얘기를 무시하거나 질문에 엉뚱한 대답을 하는 경우가 많아 자녀들이 대화를 정상적으로 이어갈 수가 없다. 가령 어떤 산만형의 아버지는 상담실에 와서, 아들의 심각한 증세에 대해 의논하는 중에도 엉뚱한 소리를 하거나, 주위를 두리번거리면서 발로 앞 탁자를 툭툭 치는 등 집중하지 못하는 것을 볼 수 있다. 대부분 이러한 유형의 부모는 어려서도 산만하였으며 내적 불안이 높은 사람이었을 가능성이 있다. 이들의 산만한 태도는 내적 불안을 흩트리려는 무의식적 행동이다. 자녀들도 상황에 대응하기 힘들면 여러 가지 부적절한 태도를 취하는데, 상황에 직면하지 못하고 산만하거나 회피하면서 그 상황에서 빠져나가려는 등의 행동을 할 수 있다. 산만형의 경우, 유머 감각이 뛰어나고 늘 즐거워 보이며 친구들 모임에서 분위기를 주도하는 역할을 하기 때문에 명랑하거나 혹은 활발하거나 인기 있는 사람으로 보이기도 한다. 회피·철회형의 경우 그 상황에서 도망가려 하거나, 아무런 행동도 하지 못하고 가만히 있는 상태다. 부부갈등이 심한 가족의 자녀들은 특히 부모가 싸울 때 느끼는 두려움, 공포, 불안 등을 스스로 해결할 수 없기 때문에 그 감정을 회피하려 애쓰거나, 억압하면서 철회하거나, 산만하게 행동하면서 두렵고 불안한 감정을 흩어지게 하려 한다. 아래 가족의 모습에서 다양한 비일치적 의사소통을 찾아보자.

- 현재 가족 상태
  현우 부모가 상담실을 찾아와 모든 사람들이 자신들을 잉꼬부부라고 한다고 강조하면서 말하였다[자존감이 낮아 서로 엉켜있는 것을 부부가 친밀하다고 믿고 있음]. 그리고 상담실을 찾은 것은 아들 때문이라고 단호하게 말하였다[역기능가족에서 증상을 지닌 아이가 문제라고 믿음]. 그러면서 큰아들 현우가 문제라고 하소연하였다. 현우 이야기를 하면서 아내가 눈물을 흘리면, 남편이 따라서 눈물을 흘리고, 또 남편이 눈물을 흘리면 아내가 따라 눈물을 흘렸다[두 사람은 밀착되어 감정분리 및 감정조절이 잘 안되고, 내면의 힘이 없음]. 남편은 모든 문제가 자기 때문이라고 하고, 아내는 자기가 문제라고 했다. 큰 아들 현우는 학교를 가지 않겠다고 해서 자기 방에만 있고 그 누구와의 접촉도 원하지 않았다[회피·철회형]. 딸은 어머냐고 묻자 부모의 얼굴은 한순간에 행복한 얼굴로 바뀌었지만 부모가 말하는 딸의 모습은 부모와 친구들에게 비위를 맞추고[회유형] 학업에 집중하지 못하고 인터넷에 빠져있고 산만한 모습인데, 부모는 딸이 밝고 명랑한 줄로만 믿고 있었다[산만형].

• 현우 아버지

현우 아버지는 강원도 아주 깊은 산골에서 태어났다. 형제·자매가 많았기 때문에 도회지로 나가 공부를 한다는 것은 그림의 떡이었다. 하지만 학창시절 성적이 좋아서 부모는 다른 자식들은 중등 교육까지만 받게 하였고, 현우 아버지와 함께 도시로 유학을 갔다. 그런데 온 집안 식구의 사랑을 받고 자랑거리였던 현우 아버지는 도회지로 나온 다음부터 별 관심이나 인정을 받지 못하자 주로 친구들을 웃기는 역할을 하거나, 힘이 있어 보이는 친구에게 붙어서 따돌림을 면했다[산만, 회유형]. 고등학교를 졸업한 후에는 군복무를 마치고 옆 마을의 처녀와 부모 허락 없이 결혼을 해버렸다. 현우 아버지는 항상 불안하고 자신이 못나보였고 부모의 기대를 저버린 것에 대한 죄책감이 많았다. 이 때문에 자신의 아들이 명석해보이자 아들에게 큰 기대를 걸게 되었고, 아들이 자신의 기대에 미치지 못할 때면 소리를 지르며 야단을 치곤했다[비난형].

• 현우 어머니

현우 어머니도 가난하게 살았다. 술만 마시던 아버지가 갑자기 돌아가시자 현우의 외할머니는 혼자 가게를 운영하였고, 자녀를 돌보는 일도 전부 혼자 하게 되었다. 막내였던 현우 어머니는 매일매일 수도 없이 어머니와 형제들의 심부름을 해야만 했기 때문에 집에서 도망가는 것이 꿈이었다. 중학교를 졸업하고 집에서 어머니를 돌보던 중 옆 동네에 휴가를 나온 남자를 만나게 되었고, 곧 이 남자의 아이를 갖게 되자 동거를 시작하였다. 현우 어머니 역시 막내였지만 돌봄을 받지 못하는 위치에 있었고, 식구들의 이런저런 심부름이나 하는 것이 지겨웠던 차에 현우 아버지를 만나자 새로운 삶을 펼칠 수 있을 것이라는 기대에 결혼까지 하게 되었던 것이다. 그러나 어린 시절을 제대로 보낸 적이 없었던 현우 어머니는 일단 결혼하고 애를 낳자, 집에 있기보다 마치 사춘기 소녀처럼 밖으로 나돌며 친구들과 어울려 다녔다[산만형].

• 현우 친가
현우 아버지네 식구들은 현우 어머니가 기대에 차지 않았다. 집안의 기대 주었던 아들이 대학 진학에 실패한 마당에, 아버지도 없는 가난한 집 딸과 부모의 허락도 없이 만나 애부터 가졌으니 현우 어머니가 곱게 보일 리 없었다[비난형].

• 현우 부모
두 사람이 만나서 얼마 지나지 않아 현우 아버지는 군 세내를 하게 되었고 이때부터 본격적인 동거생활을 시작하게 되면서 곧 아이를 갖게 되었다. 현우 아버지는 어린 나이에 아이가 생겼다는 사실이 심리적 부담으로 다가왔고 결국 밖으로 나돌기 시작했다. 그러던 중 직장동료인 여직원과 바람을 피우기 시작했다. 아내는 청천벽력과 같은 상황에 힘들어 하였으며, 회유, 비난, 초이성, 산만 등 모든 대처방식을 동원해 남편을 돌아오게 하려 했으나, 그럴수록 남편의 마음은 더 멀어져만 갔다. 현우 어머니는 남편이 집에 들어오면 고성을 내며 싸움을 하곤 했는데[비난형], 이런 사실을 알게 된 시댁은 오히려 현우 어머니를 비난하였다. 현우를 임신하고, 현우가 세 살이 될 때까지도 부부싸움은 끝나지 않았다. 현우가 네 살이 되었을 무렵, 현우 어머니는 총명한 아들에게 기대를 걸며 아들을 잘 키워 남편과 시댁에 복수하겠다고 다짐하게 되었다. 그래서 잠시 쉴 틈도 없이 현우를 데리고 다니며 이것저것 가르쳤다. 현우는 유치원에 입학할 때쯤부터 아이들과 어울리지 못했다. 그러는 와중에도 현우 어머니는 동네 아줌마들과 어울리며 집에 있을 때가 없었고, 이로 인해 현우는 밥도 스스로 차려 먹곤 하였다. 초등학교는 그럭저럭 다녔지만 중학교에 들어가면서 따돌림을 당하기 시작했다. 그나마 하나 있던 친구와 말싸움을 한 후 부터는 아예 학교를 가지 않으려 하고 있다.

• 현우 여동생

현우의 여동생은 현우가 네 살 무렵 태어났는데, 현우 어머니는 딸이 사랑스러웠지만 온 신경이 현우에게 향하고 있어서 딸에게는 특별한 관심을 갖지 못했다. 다행히 딸은 문제를 일으키지도 않고 친구들과도 잘 어울려 안심 했는데, 어느 날 보니 몰래 술, 담배를 하는 등 비행행동을 하고 다녔다. 그러나 부모의 관심은 온통 현우의 문제에 쏠려 있는 탓에 딸은 여전히 나쁜 친구들과 어울리며 비행 행동을 거듭하고 있다[산만형].

작업하기) 의사소통 방식 탐색

1. 부모·자녀간의 의사소통에 만족하고 있는가?
2. 부모가 자녀에게 습관적으로 하는 말들은 무엇인가?
3. 습관적으로 하고 있는 말들을 대처방식 유형(비난형, 회유형, 초이성형, 부적절형)으로 구분해본다.
4. 위에서 찾은 구성원들의 표현방식을 그림으로 그려본다.
5. 위의 표현방식을 어떻게 변화시킬 것인지 의논한다.

2. 가족의 의사소통 규칙

모든 조직에는 규칙이 있다. 가족도 하나의 조직으로 규칙이 필요하다. 어떤 조직은 규칙이 많고, 강력하게 지킬 것을 요구하며, 조직원들의 행동을 지나치게 통제하려는 반면, 어떤 조직은 규칙이 적거나 실행이 되지 않아서 조직원들을 통제하지 못해 문제가 발생하기도 한다. 가족도 마찬가지다. 규칙이 너무 많으면 식구들을 지나치게 통제하게 되고, 규칙이 너무 적으면 식구들이 느슨하게 연결되어 가족으로서의 유대감이 없을 수 있다. 가족이 효율적으로 기능하려면 적절한 수준의 규칙이 융통성 있게 적용되어야 한다. 가족의 규칙 중에는 특히 의사소통에 관한 규칙이 많은데, 지나치게 엄격하게 규칙을 지킬 것을 요구하면, 자기를 편안하게 표현하는 것이 힘들어지기 때문에 가족이 성장하는 데 도움이 되지 않는다.

지나치게 강력하고 많은 의사소통 규칙은 일치적 의사소통에 큰 걸림돌이 된다. 부모는 자신들이 가치 있다고 여기는 규칙 전반에 대해 탐색해 보아야 하고, 특히 의사소통에 관한 규칙을 점검해 보아야 한다. "우리 가족의 규칙은 누가 정하였는가? 그 규칙이 적절한지 혹은 실행되었는지 누가 판단을 하는가? 그 판단은 합리적인가? 부모들의 권위를 지키기 위한 것은 아닌가? 부모 각자의 규칙은 그들의 원가족에서 왜 필요했던 것인가? 부모 각자의 가족규칙이 서로 충돌하고 있지는 않은가? 현재 가족에도 과거의 원가족의 규칙이 필요한가? 궁극적으로 그 규칙은 누구를 위한 것인가?"라는 질문을 던져보아야 한다.

"자녀들은 가족 내에서 긍정적인 것뿐만 아니라 부정적인 것도 표현할 수 있는가? 가족 중에 누군가 규칙을 어겼다면 누구에게 말할 것인가? 자녀들은 규칙이 부당하거나 이해가 안 갈 때 부모에게 말할 수 있는가? 부모의 말이 불분명 할 때 자녀들은 다시 말해주기를 요구할 수 있는가? 자녀들의 질문에 부모는 성실하게 대답할 수 있는가?" 등 부모가 이런 질문에 대한 답을 제대로 못할 때 자녀들은 오히려 부모들의 권위를 지켜주려 대화를 하려고 하지 않을 수 있다. 자녀들은 부모 자신보다 훨씬 더 많이 부모에 대해 알고 있다. 자녀들은 부모들이 대답하기 힘들면 도리어 화를 내거나, 당황해서 야단을 치거나, 답을 모르지만 아는 척 하려 하는 등의 부적절한 태도를 취할 것이라는 것도 알고 있다. 자녀들은 부모들이 정직하게 답할 때 부모를 사랑하고 부모의 말을 따르고 싶어 한다.

의사소통 규칙은 가족에게 필요한 것이지만 지나치게 경직된 규칙은 가족을 경직되게 만든다. "지금 부모가 자녀들에게 지킬 수 없는 규칙을 요구하는 것은 아닌가? 은밀하지 않고 누구에게나 알려져도 되는 규칙인가? 자신은 규칙을 지키지 않으면서, 다른 사람에게만 지킬 것을 요구하는가? 지금 규칙이 도움이 되는가? 도움이 안 된다면 어떻게 변화시킬 수 있는가?" 등에 대해서 심각하게 고민해야 한다.

작업하기) 가족의 의사소통 규칙

1. 현재 부모가 자녀들에게 지킬 것을 요구하는 의사소통 규칙은 무엇인가? 리스트를 작성해본다.
2. 왜 그런 규칙이 필요한가? 그런 의사소통 규칙의 목표가 적절한가?
3. 현재 우리 가족의 규칙으로 인해 발생하는 문제가 있는가?
4. 가족이 모여서 이런 규칙이 필요한지, 필요하다면 규칙을 적절하게 변화시킬 수 있는지 토론해본다.

2. 적절한 부모 · 자녀의 의사소통

1. 자녀의 발달단계에 따른 의사소통

1) 영아기

영아기의 의사소통 방식은 울거나 칭얼거리는 것이 전부다. 울음으로 자신의 상태를 전달하고, 상대방의 신체적 표현을 감각기관을 통해 받아들이며 상호작용 한다. 상대방이 웃으면 따라 웃고, 화를 내거나 무서운 표정을 지으면 두려움을 표현하고, 슬퍼하면 같이 울려고 한다. 이 시기의 아기는 처음에 자신과 타인의 상호작용의 연관성을 모르지만 조금씩 자신의 어떤 표현이 상대방의 어떤 반응을 이끌어내는지 그 연관성을 알게 된다. 실제로 배냇짓이라고 불리는 외부에 반응하는 능력은 뇌가 발달하면서 뱃속에서부터 연습을 하다가 태어난다. 이런 능력은 사회적 관계를 맺는 데 필수적이며, 생후 5~7개월 정도부터 본격적으로 시작되는 이러한 학습은 앞으로 타인과의 의사소통에서 타인의 감정을 읽어내고, 상대의 의도와 동기를 알아차리는 통찰력의 기초가 된다.

이 시기 의사소통의 주된 방식은 신체적, 비언어적 표현이기 때문에 눈 맞춤과 신체적 접촉, 그리고 부모의 따뜻한 감정과 자녀에 대한 사랑의 표현, 적절한 환경을 제공하는 것이 매우 중요하다. 만일에 갓난아기의 울음에 반응을 해주지 않으면 아기는 좌절감과 무력감을 느끼게 되고, 이 감정이 자신에 대한 핵심감정으로 자리 잡게 된다.

2) 유아기

부모가 자녀의 감정을 민감하게 알아차리는 것은 자녀와의 의사소통에 매우 중요한 요인이 된다. 감정을 느끼는 것은 생존과 연관된 본능적 반응이기 때문에 아이는 생존을 위해 행복, 슬픔, 두려움, 놀람 등의 감정을 경험하고 표현한다. 신체적으로 편안하면 생글생글 웃고, 배가 고프거나, 잠이 오거나, 큰 소리에 깜짝 놀라거나, 갑자기 엄마가 보이지 않으면 운다. 이렇게 감정을 신체적으로 표현하기는 하지만 언어를 습득하기 전까지는 신체적으로 느끼는 감정과 그 감정에 대한 이름을 연관시키지 못한다. 그러나 아이의 감정을 부모가 수용하고, 읽어주고, 공감하는 과정을 통해 비로소 자신이 느끼고 있는 감정이 무슨 감정인지, 그 감정이 어떻게 표현되고 처리되는지 알게 되며, 이에 따라 감정조절이 가능해지고 감정을 말로 표현하는 능력이 생기게 된다. 그러나 이 시기에는 아직 자신의 감정과 외부의 자극과의 관계를 분명하게 분리할 수 있는 능력이 덜 발달되었기 때문에 외부의 자극으로 인해 불편한 감정을 느낄 때, 이 감정의 원인이 자기로부터 온 것인지, 외부에 대한 반응인지 구별하지 못한다. 예로, 부모가 화난 표정으로 큰 소리로 싸우면 아이는 두려움을 느끼는데, 이 두려움은 자기가 느끼는 감정이기 때문에 이 감정이 자기 때문이라고 믿게 된다. 이 시기에 부모가 싸움을 했다면 아이에게 부모가 화가 난 것은 너 때문이 아니라는 사실을 이야기해주고, 너와는 상관없는 일이라고 구분해서 정확하게 알려주고 안심시켜주는 것이 좋다.

앞에서 설명하였듯이, 2세 전후에는 자기의 감정을 잘 알지 못하기 때문에 불안하거나 욕구가 충족되지 않으면 울거나, 화를 내거나, 공격적 행동으로 감정을 표현한다. 아이가 왜 이런 행동을 보이는지 부모가 알지 못하면, 아이의 태도에 부모가 화를 내거나 야단치게 되고, 아이는 부모의 파괴적인 반응을 따라하게 된다. 예로, 장난감을 부수거나, 부모를 물어뜯거나, 동생을 때리거나, 또는 부모가 야단치는 모습대로 다른 아이에게 공격을 가한다. 어떤 부모는 아이의 행동을 제압하는 힘이 약해 야단칠 때와 야단치지 않을 때의 기준이 불분명한 경우가 있는데, 이러한 부모의 태도는 오히려 자녀의 부적절한 행동을 강화시키기도 한다. 또는 부모가 바빠서 자녀에게 전혀 관심이 없거나, 혹은 미성숙한 상태에서 부모가 되었거나, 부부갈등 때문에 자녀에게 사랑의 감정을 느낄 여유가 없을 때, 아이는 다양한 부정적 감정을 느끼고, 그 감정을 부정적 행동으로 표현한다. 이렇게 아이가 부적절하게 감정을 표현할 때 부모는 아이의 감정을 읽어주어 감정을 가라앉힌 다음 이런 행동을 해서는 안 된다는 것을 단호하게 말하는 것이 좋다.

3) 학령전기

이 시기에는 자녀의 인지능력이 급격히 발달하면서, 인지체계가 활발히 형성되는 시기이기도 하다. 따라서 부모는 자녀의 감정을 공감하고 반영해 주는 것에 더하여 스스로 자신의 감정을 통제하고, 자신의 행동에 대한 결과를 생각하며, 다른 사람의 입장과 감정까지 고려하여 행동을 계획하고 선택하는 능력을 키워갈 수 있는 방향으로 부모의 의사소통 방식을 조금씩 변화시키는 것이 바람직하다. 부모는 자녀가 부정적인 감정을 느끼거나 갈등 상황에 놓였을 때 우선적으로는 감정을 물어보거나 또는 감정을 읽어주며 공감함으로써 자녀가 감정을 표현할 수 있도록 돕는다. 그 다음으로는 자녀 스스로 문제 해결과 의사 결정을 연습할 수 있는 기회를 갖도록 자녀가 생각하는 적절한 행동은 무엇인지, 그리고 그에 따르는 결과는 무엇인지 생각해 볼 수 있는 질문한다. 이것은 자녀가 감정을 자각하고, 생각한 다음에 행동할 수 있도록 자기조절 시간을 갖게 하는 것이다. 이를 통해 자녀는 자신의 행동에 대해서도 책임질 수 있고, 상대방의 입장에서 상대방의 마음상태를 조금은 이해할 수 있게 되어 공감 능력을 바탕으로 한 의사결정을 할 수 있다. 이때 부모가 자녀의 감정에 대한 공감 없이 이성적으로 상황을 판단하고, 설명하고, 충고해서는 안 된다.

4) 학령기

이 시기에 자녀는 세상에 대한 이해가 증가하면서 세상의 즐거움에 빠지기 시작한다. 우선 자녀들은 쏟아지는 정보의 홍수 속에서 인터넷이나 스마트폰을 통해 순식간에 퍼지는 다양하고 자극적인 재밋거리에 매료되며, 자녀들은 거기서 즐거움을 느끼게 되어 많은 시간을 빼앗긴다. 부모들에게는 걱정거리겠지만, 자녀들의 관심거리를 무조건 막기보다는 자녀들과 친구처럼 같이 놀고, 시간을 함께 보내는 것이 자녀와 연결 될 수 있는 방법임을 기억해야 한다. 또 이 시기는 또래관계가 중요해지기 때문에 자녀들이 따돌림 등의 경험을 하고 있는지를 항상 민감하게 눈 여겨 보아야 하며, 성에도 일찍 눈을 뜨기 때문에 이 시기부터 자녀와 성에 관한 대화 통로를 열어놓아야 한다.

이 시기는 자녀들이 자기의 정체성을 찾아 나서는 준비시기이기 때문에 어느 순간에는 어린아이같이, 또 다른 순간에는 마치 어른같이 행동하면서 나이에 맞지 않는 어른대접 받기를 원한다. 부모는 자녀가 부모로부터 존중받는다고 느끼게 대우하면서 동시에 분명한 규칙과 가이드라인을 지킬 것을 요구해야 한다. 이때부터 조금씩 권위자에 대한 불복이 시작되기 때문에 부모의 규칙이 공평하지 않다고 반발하는 등 갈등이 발생한다. 그러므로 자녀들로 하여금 적절한 의사소통을 통해 갈등을 해결할 수 있는 방법을 배우게 해야 한다. 특히 이 시기에는 자녀들의 감정기복이 크기 때문에 자존감이 낮은 부모는 자녀들을 양육하기보다는 자녀들과 싸우게 되고 결국에는 권위로 자녀들을 누르려 하는데, 공평성에 눈을 뜨기 시작한 자녀들은 감정적 반발을 하게 된다. 따라서 이 시기에는 자녀의 감정을 읽어주고, 이해시키고, 또 몸으로 같이 활동하고, 규칙을 적절하게 조절해가면서 관계를 유지하여야 한다. 부모들은 가끔 자녀들과 함께 무언가를 하면 시간을 같이 보냈다고 오해하기도 한다. 그러나 자녀들은 단순히 부모가 자신들과 같이 있는 것만이 아니라 함께 즐거움을 공유할 때 부모와 연결되었다고 느낀다.

이 시기에는 전 발달단계에서 문제가 있었을 경우 거부증, 함묵증, 틱 장애, 반항장애, ADHD 등의 증상으로 드러나기도 한다. 이렇게 증상으로 드러나면 부모·자녀관계에 부적절한 무언가가 있다는 신호다. 따라서 이런 증상으로 인해 부모의 능력으로는 자녀양육이 불가능하다고 판단되면 빨리 전문가의 진단을 받아 상호작용 방식에 변화를 주거나, 기질적인 문제가 있을 경우 치료를 받아야 한다.

5) 청소년기

청소년기에 접어들면서 자녀는 자신과 타인, 주변을 비교하고 관찰하면서 자기만의 고유한 자아정체감을 형성해간다. 이 시기에는 호르몬이 쏟아져 나오기 때문에 스스로 자기를 제어하기 힘들다. 한편으로 자기 존재에 대한 질문을 시작하면서 멜랑콜리해지기도 하고, 혼란스러워하기도 하고, 자존감이 낮은 자녀들은 우울감에 빠지기도 한다. 우리나라에서는 학교성적이 자존감과 밀접하게 연결되어 있기 때문에 성적으로 인한 우울증, 정신병이 발생하기 시작하는 시기이기도 하다. 이러한 혼란스러운 시기에는 부모가 지나치게 이들의 삶에 개입하기보다는 혼돈의 시기에 버팀목 역할을 해줄 수 있어야 한다.

이 시기에 자녀는 자신에 대해 그리고 주변에 대해 구체적인 기대를 갖게 되고, 주변이 자신에 대해 어떤 기대를 갖고 있는지에 대해서도 생각한다. 그리고 이러한 기대들이 잘 채워졌을 때 자녀는 열망이 충족되는 경험을 하면서 정서적으로 편안하고 건강하게 성장할 수 있다. 따라서 부모는 자녀와 의사소통할 때 자녀가 어떠한 구체적인 기대를 갖고 있는지 좀 더 세심하게 관찰하며 물어보고, 이러한 기대들이 자녀가 가진 어떤 열망을 충족시켜주는지 탐색하는 것이 필요하다.

그러나 자녀는 부모가 자신들의 삶에 지나치게 개입하면 통제당한다고 느껴 반발하려 한다. 한순간에는 부모를 밀어내기도 하고, 어느 순간에는 아기같이 기대고 싶어 하기도 한다. 따라서 부모는 보이지 않는 그림자 같이 있다가 부모에게 기대고 싶어 할 때는 옆에 있어주어야 한다. 부모는 자녀의 상태를 면밀하게 살펴 자녀가 말할 준비가 되어있을 때 대화를 시도해야 한다. 특히 자녀에게 부모와 의사소통하고 협상할 수 있는 분위기를 조성해주어 현실적인 시각 안에서 적절한 수준의 기대를 형성하고 이를 충족시켜나갈 수 있도록 도울 수 있어야 한다.

작업하기) 각 발달단계의 자녀 이해

아래의 여러 가지 상황을 읽고 자녀가 느낄 수 있는 감정에 대해 나눈다. 각 상황을 역할극으로 해 본 후 서로 느낀 점을 나눈다. (참가자 모두 자녀의 역할을 해본 후 각 상황에서 자녀로서 느낀 감정에 대해 서로 나눈다.)

- 상황1 : 엄마가 나에게 젖을 물리고 있다. 난 자꾸 눈을 맞추고 싶은데 엄마는 허공만 바라보고 있다. 내가 "아~으"하며 목청을 높이거나 또는 두 발을 비비는 묘기를 보여줘도 도무지 아는 체 하지 않는다.

- 상황2 : 나는 이제 일어설 수 있다. 아직 중심잡기는 조금 어렵지만 그래도 걸을 수 있다. 아빠에게 가고 싶어 한 발을 옮기고 다른 발을 옮기려고 하니 아빠가 먼저 다가와 나를 덥석 안아버렸다. 저만치 떨어져있는 장난감을 가지러 가려고 할 때에도 아빠는 내가 가기도 전에 먼저 집어서 내 손에 쥐어주곤 한다.

- 상황3 : 나는 엄마, 아빠가 먹는 밥상을 보면 신이 난다. 축축한 것, 물렁물렁한 것, 딱딱한 것 모두 만질 수 있고 입에 넣으면 혓바닥에서 여러 가지 맛도 나기 때문이다. 내가 밥상 위의 것을 신나게 주물럭거리고 있으면 엄마는 나를 밥상에서 멀리 떨어진 곳에 데려다 놓고 밥상에 못 가게 한다.

- 상황4 : 엄마의 화장대에는 재미있는 것들이 많다. 엄마가 입술에 바르는 것을 나도 얼굴에 발랐더니 내 얼굴이 달라졌다. 이것저것 다른 것도 만지다가 떨어뜨려서 깨졌다. 엄마가 와서 보고는 소리를 꽥 지른다. 난 고함 소리에 놀라 엉엉 울었다. 엄마는 내가 운다고 더 야단을 친다.

- 상황5 : 아이스크림이 옷에 묻어 엄마처럼 빨래를 해 보려고 욕실에 갔다. 미끈미끈한 비누로 하얀 거품을 많이 만들었다. "우유 쏟아 놓은 것 닦는 사이에 금새 또 사고를 치니? 너 엄마 골탕 먹이려고 작정 했지?"하며 욕실에서 나를 야단쳤다.

- 상황6 : 엄마랑 마트에 가서 로봇 장난감을 사달라고 했더니, "집에 많잖아" 하며 다른 매장으로 가려고 한다. 집에 있는 장난감하고는 분명히 다른 건데, 엄마는 왜 집에 있다고 하는 건지 참 이상하다. 로봇 장난감 앞에서 계속 꼼짝 않고 서 있었다. 엄마가 모른 척해서 아예 주저앉아 울면서 사달라고 떼를 썼다. 엄마는 날 내버려두고 다른 데로 가 버린다. 날 버리고 가서 깜짝 놀라 더 큰소리로 울며 엄마 뒤를 따라갔다.

2. 자녀를 중심으로 한 의사소통

모든 부모들은 자녀들의 성격을 잘 알고 있다고 믿지만 의외로 자녀에 대해 알지 못하는 경우가 많다. 마치 부모와 자녀 사이에는 건너지 못할 강이 있는 것처럼 느껴진다. 부모와 자녀 사이의 강을 건너기 위해서는 자녀의 성격을 알고 자녀의 성격에 맞추어 대화를 할 수 있어야 한다. 그러나 자녀의 성격은 어릴 적부터 드러나는 것도 있지만 그렇지 않은 것도 있고, 또 지속적으로 유지되는 것이 있는 반면 그렇지 않은 것도 있다. 사람들은 자신의 어린 시절을 되짚어 볼 때 어느 시점에서 성격적 특성이 갑자기 바뀐 것을 기억해내기도 한다. 그 당시에 부모는 물론 자녀 자신도 이러한 변화를 자각하지 못하고 지나칠 수 있다. 활발하던 자녀가 갑자기 내성적인 성격으로 변하여도 외부적으로 문제를 일으키지 않은 경우에 부모는 이러한 변화를 눈치 채지 못하기도 한다. 또 사춘기에 들어서 조용하던 자녀가 갑자기 공격적으로 변했을 때 그저 사춘기 때문이라고 지나치기도 한다. 이렇게 자녀들은 어느 시점에서는 심각한 문제를 일으키기도 하고, 지속적으로 의사소통의 문제를 안고 일생을 지내기도 한다. 따라서 부모는 자녀의 성격적 특징을 파악하고 특성이 갑자기 변했을 때는 자녀의 변화를 민감하게 알아차릴 수 있어야 하며, 지속적으로 자녀에게 관심을 가져야 한다. 또 부모는 자녀들의 성격적 특징을 다른 형제들 혹은 타인과 비교하면서 평가를 내려서는 안 된다. 특히 자녀를 자신이 싫어하는 성격과 비슷한 특징을 가진 사람으로 판단하면서 비난하게 될 경우 자녀의 자존감은 더욱 낮아지게 된다.

1) 부모·자녀의 성격특성과 상호작용

(1) 부모가 외향적이고, 자녀가 내향적인 경우 부모는 자녀를 답답하게 여겨 자꾸 야단 칠 수 있다. 반대로 부모가 내향적인 경우 외향적인 자녀가 말을 많이 하면 귀찮아하거나 무시하거나 받아주지 않을 수 있다.

(2) 구체적인 것을 선호하는 부모는 자녀가 상상이나 엉뚱한 이야기를 하면 현실성이 없다고 꾸짖게 된다. 그럴 경우, 자녀의 창조성은 무시당하고 자존감은 낮아진다. 또는 부모가 지나치게 비현실적이고 이상주의적일 경우, 비현실적이고 애매모호한 언어표현으로 인해 아이들에게 실제적인 도움을 주지 못하고 오히려 더 혼란을 겪게 만들기도 한다.

(3) 부모가 감성적이고 자녀가 이성적인 경우, 자녀가 자기의 의견을 이야기해도 부모에게 따지고 든다고 생각하여 야단을 치기도 하고, 부모가 이성적이고 합리성을 추구하면 감정중심인 자녀는 부모로부터 사랑을 받지 못했다고 느껴 상처를 입는다. 반면에 부모가 지나치게 감정중심이고 자녀는 이성중심인 경우 부모를 약하게 보거나 이해받지 못한다는 생각에 대화를 차단하게 된다.

(4) 부모가 정리정돈을 잘 하고 체계적인 경우 자녀가 모든 것을 확실하게 해주기를 바란다. 자녀가 어린 경우, 정리정돈을 잘 못할 수 있다. 이런 유형의 부모는 자녀들에게 정리정돈 할 것을 강요하고, 야단치고, 비난하기 쉽다. 자녀들이 지나치게 산만하다면 성격적인 것인지, 불안해서 그런 것인지 확인할 필요가 있고, 야단을 치기보다는 조금씩 자기 것을 정리할 수 있도록 도와주어야 한다. 또는 부모가 너무 느리고 산만한 경우에는 자녀도 이런 생활방식을 배우거나, 자신의 행동에 책임

을 지지 않고 많은 것을 미루려고 한다.
(5) 성격이 급한 부모는 신중하고 차분한 자녀가 느리게 행동하는 것을 참지 못하고 닦달한다. 이럴 경우 자녀의 속도에 맞추어 자녀에게 시간적 여유를 주는 것이 좋다.
(6) 성격이 느긋하고 게으른 부모는 자녀의 준비물을 챙겨주어야 하는 시기에도 도움을 주지 못하는 경우가 있다. 자녀가 혼자 할 수 있다면 다행이지만 어려서 도움이 필요할 때는 부모가 숙제나 준비물 챙기는 것을 도와주어야 한다. 자녀들이 이러한 이유로 자주 야단을 맞다보면 자존감이 떨어질 수 있다.

2) 자녀의 눈높이에 맞춘 의사소통

부모는 자녀가 흥미를 갖고 있는 영역에 관심을 기울이고, 자녀와 함께 활동하거나 정보를 교환하는 등 대화의 통로를 열어놓도록 해야 한다. 많은 부모들이, 특히 자기중심적 부모일수록 부모가 관심을 가지고 싶을 때, 부모가 관심을 갖고 있는 것에 대해서만 대화를 하려 한다. 하지만 자녀들은 부모가 자신과 동등한 위치에서 대화하려 할 때 쉽게 마음의 문을 연다. 만일에 자녀의 관심사를 잘 알 수 없다면 직접 물어보면 된다. 이렇게 대화의 통로가 열려있으면 힘든 일이 있을 때 다른 사람보다 부모에게 의지하고 상의하려 한다. 자녀들은 훈육이나 지시가 아니라 이런 과정을 통해서 부모의 것을 받아들이고 자기를 만들어간다.

3) 자녀와의 적절한 경계선

앞서 이야기하였듯이 자녀와의 의사소통에서 무엇보다 중요한 것은 자녀를 존중하는 태도이다. 자녀를 존중하는 태도와 관련된 것이 경계선이라는 개념인데, 적절한 경계선은 각 사회문화적 특성에 따라 다를 수 있지만, 의사소통을 잘하기 위해 적절한 공간적, 신체적, 심리적 경계선을 유지하는 것은 매우 중요하다. 우리가 살고 있는 집을 예로 들어보자. 가족들은 각자의 방이 있으면서도, 모두가 같이 공유하는 거실이 있다. 거실에는 언제나 누구든 있을 수 있지만 다른 사람의 방에 들어갈 때에는 노크를 하여 방주인의 허락을 받아야 한다. 이렇게 공간적 경계선이 중요하듯 심리적 경계선을 잘 지키고 존중하면서 의사소통 하는 것도 매우 중요하다.

심리적 경계선이란 자신이 원하는 범위만큼 상대방을 허용하는 정도를 말한다. 부모·자녀 관계에서도 부모 마음대로 자녀에게 개입하는 것이 아니라 연령에 따라 자녀의 의사를 존중하면서 양쪽이 서로 타협해야 한다. 만약 부모가 매우 가부장적인 문화 안에서 성장해 왔던 경우라면 부모는 자녀의 삶에 깊이 관여하려 하고, 자녀들은 자신의 의견이나 원하는 것을 부모에게 자유롭게 전달할 수 없다. 이렇게 되면 자녀는 심리적 경계선을 스스로 적절하게 설정하는 법을 배우지 못한다. 그 결과 인간관계에서 상대방이 지나치게 경계선을 넘어와도 이를 분간하거나 방어하지 못하는 경우가 생긴다. 반대로 상대방의 경계선을 지나치게 침범하는 경우도 빈번하다.

건강한 경계선이란 자녀의 의견이 부모와의 관계에서 충분히 개진되고 수용될 수 있는 상태를 말한다. 그리고 부모와 자녀가 서로 적절한 선을 찾아

타협하면서도 경계선이 유지될 수 있는 상태를 의미하기도 한다. 물론 자녀가 어릴 때에는 부모가 자녀의 삶에 관여하거나 자녀 대신 결정해주어야 하는 경우가 더 많을 수 있다. 그러나 적절한 경계선을 유지하기 위해서는 먼저 부모가 자신의 경계선과 타인의 경계선에 대해 자각할 수 있어야 하고, 자녀와의 관계에서도 부모의 경계선과 자녀의 경계선을 존중할 수 있는 마음이 있어야 한다. 이러한 경계선은 의사소통에도 똑같이 적용된다.

4) 적절한 방식의 긍정적 피드백

자녀가 목표를 성취하거나 선행을 하는 등 긍정적인 경험을 했을 때 긍정적 피드백을 해주는 것이 중요하다. 긍정적 피드백은 자녀의 성장과정에서 비타민과 같은 역할을 한다. 그 효과가 즉시 나타나지 않더라도 오랜 세월을 지나다보면 마음에 쌓여 삶을 살아갈 수 있는 힘이 되는 것이다. 긍정적인 피드백을 할 때에는 다음과 같은 점을 유의한다.

(1) 긍정적 피드백은 즉시성이 있어야 한다.

자녀가 부모에게 좋은 소식을 전하고 있는데, 막상 그 당시에는 무심한 반응을 보였다가 아차 싶어 뒤늦게 긍정적 피드백을 준다면 매우 비효과적이다. 자녀는 자신이 기쁠 때 부모가 가장 가까이에서 함께 기뻐해 주기를 바란다.

(2) 긍정적 피드백은 명확하고 구체적으로 전달한다.

명확하고 구체적으로 전달해 줄 때 자녀는 부모로부터 진심으로 칭찬과 인정을 받았다고 느낀다. 왜 칭찬을 받았는지 잘 모르거나, 또는 별것도 아닌데 지나친 칭찬을 받을 때는 그것이 가식같이 느껴져서 오히려 부정적 효과를 가져 올 수 있다.

(3) 긍정적 피드백은 부모의 감정을 전달해 주는 것이다.

자녀를 보면서 "잘했다." 또는 "잘못했다." 식의 판단적 피드백이 아닌, 부모가 행복하고, 기쁘고, 자랑스럽다는 마음을 담아 전달할 때 자녀는 부모와 내면으로 연결되어 부모의 긍정적 피드백을 진심으로 수용할 수 있게 된다.

5) 자녀와의 지속적인 의사소통 시도

대화를 할 때 부모가 높은 자리에서 자녀에게 지시하거나 명령하는 태도로 일방적인 대화를 하는 것은 바람직하지 않다. 자녀와 대화하려면 자녀의 입장에 서서 자녀의 눈높이로 보고, 듣고, 이해해야 한다. 부모의 입장에서 지레짐작하거나 충고해서는 안 되며, 자녀들이 무엇을 느끼는지, 무엇을 원하는지, 직접 물어보는 것이 좋다. 자녀의 말에 동의할 수 없을지라도 일단 자녀의 생각과 느낌을 존중하고 수용하는 것이 필요하다.

대화는 피상적인 수준을 넘어 내면의 수준에서 이루어져야 한다. 자녀의 행동이나 태도, 학교에서 일어난 일을 포함한 하루 일과 등에 대해 대화하는 것도 중요하지만 무엇보다 자녀가 내면에서 경험한 것을 부모와 함께 이야기할 수 있도록 하는 것이 더욱 중요하다. 부모와 자녀 모두 각자의 내면에 대해 충분히 이야기함으로써 일치적인 의사소통을 할 수 있게 된다. 이러한 대화법은 자녀의 자존감을 높여주고 좀 더 성숙한 사람이 될 수 있도록 돕는다.

부모와 자녀는 워낙 가까운 관계이기에 우리는 부모와 자녀 사이의 친밀감이 그냥 생길 것이라 기대하지만 결코 그렇지 않다. 모든 관계에서 친밀감이 하루아침에 형성되지 않듯 부모와 자녀 관계에서의 친밀감 역시 그렇다. 부모가 평상시에 자녀의 열망을 잘 충족시켜줄 때 자녀는 자신이 부모로부터 사랑받고 있고, 수용 받고 있으며, 옳다고 승인 받고 있다고 느끼게 되고 이를 통해 부모와 자녀 사이에 친밀감이 형성된다. 부모가 자녀의 잠재적 가능성을 인정하고, 자녀들이 자신의 내면을 자유롭게 경험할 수 있도록 내면에 대한 진지한 대화를 지속할 때 비로소 부모와 자녀 모두 친밀감을 경험하게 되고, 그것을 형성하는 능력을 키울 수 있다.

3. 일치적 빙산 의사소통에 대한 이해

1. 의사소통의 기본 기술

의사소통 과정에는 감정, 지각, 기대, 신체적 표현, 비언어적 표현, 뇌의 활성화(과거의 경험을 순간적으로 스캔)와 판단의 요소들이 들어있다. 의사소통이란 이런 요소들을 서로 주고받는 과정이기도 하다. 인간의 뇌는 감각 기관을 통해서 상대방에 대한 정보를 수집하자마자 과거의 경험에 비추어 상대방에 대한 판단을 내린다. 가령 '저 여자는 예쁘니까 남자친구가 많을 거야.', '저 남자는 눈웃음을 치는걸 보니 남의 비위를 살살 맞추는 기회주의자일 거야.', '눈이 부리부리하니까 화를 잘 낼 거야.', '조용한 것을 보면 우리 아버지같이 따뜻한 사람일거야.' 등의 판단을 내리게 된다. 따라서 의사소통의 첫 번째 단계는 감각기관을 통해 정보가 들어오는 것인데, 우리는 이 정보를 무시하거나 중요하게 다루지 않는 경향이 있다. 그러므로 신체적, 감각적 정보가 들어왔을 때 이 정보가 객관적인 사실인지 아닌지를 살펴보아야 한다.

> **작업하기) 의사소통: 감각적 정보 확인**
> 1. 말은 하지 않고 두 사람이 서로 마주보고 마치 카메라로 사진을 찍듯이 상대방을 자세히 살펴본다.
> 2. 상대방의 말을 아주 자세하게 들어본다. 몸도 자세히 살펴본다. 그리고 눈을 감는다.
> 3. 지금 살펴본 상대방의 모습을 복사기에서 복사하듯이 그려본다.
> 4. 다시 눈을 뜨고 상대방의 얼굴과 신체를 다시 살핀다. 무엇을 놓쳤는지 확인한다.

이러한 확인과정은 현재 의사소통을 할 때, 우리가 수많은 과거의 경험을 바탕으로 어쩌면 일방적인 의사소통 방식을 사용하고 있는지도 모른다는 사실을 깨닫게 해준다. '시어머니가 싫은 이유는 내가 과거에 경험한 것을 투사하고 있기 때문은 아닌가?', '나의 친정어머니와의 관계는 어떠했는가?', '나의 어머니에게 표현하지 못하고 눌러놨던 감정을 시어머니에게 표현하는 것은 아닐까? 아니면 친정어머니로부터 채우지 못한 기대를 시어머니에게 채우려하다 실망한 것은 아닐까?' 등 자신의 내면에 대한 탐색이 이루어져야 한다. 사실상 내가 시어머니와 의사소통 하는 것이 아니고 내 안에 있는 시어머니에 대한 이미지와 상호작용하는 것일 수도 있다. 이런 확인과정은 자녀에게도 똑같이 적용된다. 내가 나를 있는 그대로 수용하지 못하면 자녀의 어떤 부분이 나의 부족한 점과 닮았다고 느끼면서 비난하게 되고, 자녀는 자연스럽게 부정적인 의사소통을 통해 낮은 자존감을 형성하게 된다. 아래의 작업을 실행해보면 어느 부분에 의사소통의 문제가 있는지 확인할 수 있다.

작업하기) 의사소통: 문제 확인

1. 누군가를 만났을 때 어디서 본 적이 있는 것 같은 감정이 강하게 떠오르는지 확인한다.
2. 다시 일 분간 눈을 감고, 본 적이 있던 사람에 대해서 상대방에게 자세하게 말한다.
3. 다시 눈을 감고 내면에 들어가 상대방을 보고 과거의 사람을 떠올렸을 때, 내면에서 경험한 것을 상대방에게 말해준다.
4. 마음 속에 있던 그 사람과 현재 내 앞에 있는 사람과 실제로 어떤 연관이 있는지 나눈다.
5. 배우자, 자녀를 떠올려보고, 그들에게 내가 싫어하는 점이 있다면 과거의 어떤 사람과 연관이 있는지 기억을 찾아본다.

2. 빙산의사소통

1) 기본태도

자녀와 의사소통을 할 때에는 말을 잘 알아들을 수 있는 환경을 조성해야 한다. 너무 시끄럽거나, 자녀가 다른 데에 몰두하고 있거나, 너무 멀리 있어서 잘 알아듣지 못한다면 언어적 정보교환의 첫 단추부터 잘못 끼우게 된다. 특히 어린 자녀들은 부모와 이야기하려면 눈을 맞추기 위해 고개를 뒤로 젖히고 말을 해야 하는데 감정이 복받칠 때 이렇게 해야만 한다면 이미 아이에게는 고통을 주는 것이나 다름없다. 어린 자녀와 말을 할 때에는 아이의 키 높이에 맞추어 대화를 해야 위협감을 느끼지 않는다.

작업하기) 자녀역할 경험

1. 한 사람은 누워서 꼼짝하지 않고, 다른 한 사람의 겨드랑이나 볼 등을 건드리거나 꼬집거나 한다.
2. 한 사람은 서있고, 다른 한 사람은 땅바닥에 앉아서 얼굴을 위로 올려다보면서 대화를 시도한다.
3. 한 사람은 서있는 상태로 앉아 있는 사람의 팔을 잡은 채 걸어간다.
4. 두 사람 다 앉은 채 대화를 한다.
5. 서로 역할을 바꿔서 해본다.
6. 상대방이 자녀라고 가정 한다면 무엇을 경험하는지 나눈다.

작업하기) 의사소통 경험

1. 두 사람이 등을 대고 앉는다. 그리고 말을 주고받는다. 어떤 느낌을 받았는가?
2. 두 사람이 조금 더 떨어져 앉아서 말을 주고받는다. 잘 알아들었는지 확인한다.
3. 한 사람은 앉고, 한 사람은 서서 대화를 한다. 어떤 느낌을 받았는가?

4. 상대방의 머리를 툭툭 치면서 말한다. 머리를 맞은 사람은 어떤 느낌을 받았는가?
5. 간혹 부모들은 자녀의 머리나 몸을 아무 생각 없이 건드린다. 자녀들의 느낌을 느껴본다.

작업하기) 의사소통 경험 실습

1. 다른 사람과 대화를 할 때 동영상을 찍어 놓는다.
2. 대화 할 때에 신체적 표현을 살핀다.
3. 상대방을 잘 쳐다보고 말을 하는가?
4. 눈길은 딴 데를 보고 있는가?
5. 얼굴 표정은 말의 내용과 일치하는가?
6. 바꾸고 싶은 것이 있는가?

2) 빙산의사소통 과정

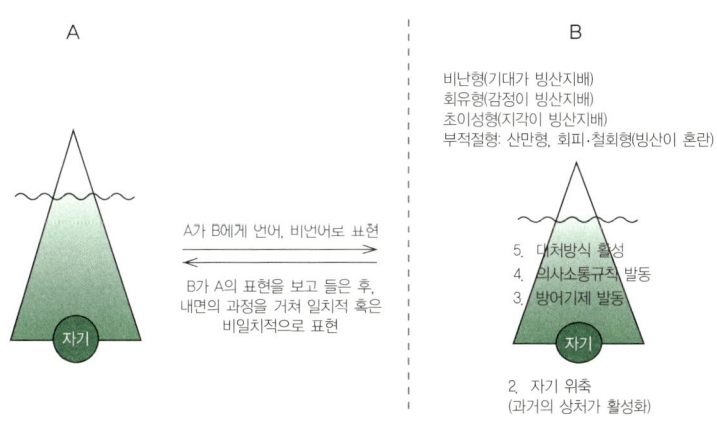

(1) 자녀(A)의 말을 듣는 순간, 부모(B)의 빙산 수면 아래 내면이 활성화되기 시작하고 내면에서 필터가 작동한다. 필터는 과거경험에 의해 형성된 것으로, 자존감이 높은 부모는 이 필터가 부정적이지 않기 때문에

듣고 본 것에 대해 판단 없이 받아들인다. 그런 경우, 부모는 편안하게 자신의 내면(감정, 지각, 기대, 열망, 자기)을 자녀에게 일치적으로 표현한다. 그러나 자존감이 낮은 부모는 필터가 부정적으로 형성되어 있기 때문에 자녀의 말을 왜곡해서 듣고 부정적으로 해석하려는 경향이 있다.

작업하기) 의사소통 방법 실습

1. 아내가 남편에게 정확하게 말을 한다.
2. 남편은 아내가 한 말을 그대로 반복한다.
3. 남편이 그대로 반복하면, 다시 아내는 좀 더 길게 말을 한다.
4. 남편이 아내가 한 말을 그대로 반복하되, 단순 반복이 아니라 남편이 이해한 의미와 단어를 바꾸고 명료화하면서 다시 정확하게 반복한다.
5. 이런 방식으로 5분간 대화를 하고, 경험한 것을 서로 나눈다. 이 대화법은 부부관계 개선에도 많은 도움을 준다.

작업하기) 그림1: 듣고 보는 순간 B의 필터가 작동

1. 부모가 가지고 있는 필터는 무엇인가?
2. 부모의 가족관계와 교육에 관한 가치관은 무엇인가?

(2) 부모(B)가 자녀(A)의 말을 왜곡해서 듣게 되면 자녀의 말을 부정적으로 판단하게 되고, 순간 부정적 감정이 올라오면서 과거의 상처가 활성화되고 부모의 자기(중심-나)가 위축된다.

작업하기) 그림2: 자기위축(과거의 상처가 활성화)

집단에서는 집단원 끼리, 가족에서는 부부 혹은 부모와 자녀가 함께 작업 할 수 있다.

1. 한 사람이 자녀역할을 담당한다. 자녀A는 부모B가 화가 날만한 반항적인 말을 한다.
2. 부모B는 이 순간에 느끼는 감정을 자각해본다.
3. 부모B는 자녀A의 말을 듣는 순간 온몸으로 느끼는 것을 자각해본다.
   (몸이 경직되는가? 얼굴이 뜨거워지는가? 두 손을 불끈 쥐는가? 등)
4. 과거에 비슷한 경험이 있는가? 그때의 경험을 나눈다.

(3) 부모(B)의 자기(중심-나)가 위축되면서 자기(중심-나)를 보호하기 위해 투사, 왜곡, 부인, 무시, 회피, 공격, 수동공격 등의 방어기제가 발동한다.

작업하기) 그림3: 방어기제 발동

1. 어떤 상황이 불편하게 느껴졌을 때, 그 순간에 느끼는 감정을 찾아낸다.
2. 대부분의 경우, 분노, 수치심, 실망, 억울함 등의 부정적 감정들이다. 이 감정을 느끼는 순간 어떤 충동이 올라오는지 확인한다.
3. 충동이 올라왔을 때, 자신의 행동이 무엇인지 찾아낸다.
   (상대방을 비난하는 경우, 투사, 공격, 수동공격의 형태로, 상대방이 잘못되었다고 판단하는 경우, 투사, 왜곡의 형태로, 상황이 무섭다고 느끼면 부인, 회피하는 형태로 행동한다.)

(4) 의사소통규칙이 전면으로 나오면서 부모(B)의 대처방식이 활성화된다. 일치적인 부모는 방어적이지 않고, 의사소통규칙이 강하지 않기 때문에 자신의 내면을 효과적으로 표현할 수 있다. 그러나 자존감이 낮은 부모는 방어적이고 의사소통규칙이 강하기 때문에 부적절한 대처방식이 전면으로 나온다.

작업하기) 그림4: 의사소통규칙 발동

1. 신체적 반응과 부정적 감정을 확인한 후 곧바로 떠오르는 의사소통 규칙은 무엇인가?
2. 자신이 자라면서 들어왔던 의사소통 규칙들은 무엇인가?
3. 현재 내가 자녀들에게 대화할 때 하지 말라고 하는 것들은 무엇인가?
4. 이러한 규칙들이 반드시 필요한 것인지 아니면 수정해도 괜찮은 것인지 부부가 서로 의논한다.

(5) 부모(B)의 비일치적 대처방식이 전면으로 강력하게 나온다. 부모는 화를 내거나 감정을 억압하거나 논리적으로 따지려들거나 대화를 회피하는 등 위와 같은 내적과정을 거친 후 자신의 반응을 선택해서 자녀에게 표현하게 된다.

작업하기) 그림5: 대처방식 활성

1. 자신의 대처방식을 확인한다.
2. 자신의 대처방식을 일치적으로 바꾸기 위한 계획을 세운다.
3. 그 계획을 한 가지씩 실천한다.

위와 같은 방식으로 자녀의 말에 부모가 반응하면, 그러한 부모의 반응에 다시 자녀가 반응하면서 비일치적 상호작용의 순환체계가 이루어진다. 이렇게 말을 하는 사람이나 듣는 사람 모두 자존감 수준에 따라 상대방의 말을 듣고 말하는 것이 다를 수 있다. 의사소통이 잘 안 되는 것은 명확하게 말하고 정확하게 듣지 못하기 때문이기도 하지만, 더 깊은 차원에서는 말하는 사람, 듣는 사람 모두 자기의 내면에서 경험하는 것을 모르거나, 경험을 숨기면서 말하거나, 듣는 사람 역시 자기 마음대로 상대방의 말을 짐작하거나 판단하기 때문이다. 따라서 부모가 자녀와 일치적 의사소통을 하기 위해서는 우선 자신의 내면에서 경험하는 것을 자각하는 것이 가장 중요하다.

작업하기) 현재 가족의 대처방식 표현

1. 원가족 조각하기
- 자신이 성장한 원가족의 모습을 조각한다.
- 자신의 원가족의 모습을 조각해 보면 자신의 성장과정과 현재 자신이 자녀를 양육하는 태도에서의 유사점이나 연결점을 발견할 수 있는 계기가 될 수 있다. 배우자의 가족도 조각한다.

2. 현재 가족 조각하기
- 현재의 가족을 조각한다.
- 현재의 가족 역동을 조각하면 스트레스 상황에서의 가족 구성원들의 대처방식을 확인하게 된다. 가족이 아닌 참여자들로 가족을 조각하였을 경우, 역할을 맡은 사람들의 경험을 이야기하게 한다.

3. 이상적 가족 조각하기
- 부모가 자신이 가장 원하는 방식으로 이상적 가족의 모습을 조각한다.
  이상적 가족을 만들기 위해서 지금 현재 내 자신이 어떻게 다르게 하면 될지를 찾아내고, 이런 변화에 대한 의지를 확인한다. 앞으로 나(참여자)는 이러한 변화를 선택하기로 결심한다.

사인 _____

3) 빙산 의사소통의 적용

(1) 대화 중에 불분명한 부분이 있다면 다시 말하기를 통해 정확하게 대화가 이루어져야 한다. 부모는 자녀의 말을 정확하게 듣고, 자신이 정확히 들었는지 자녀에게 확인한다.

"너는 내일 과외를 가는 대신 성수네 가족과 놀이동산에 가겠다고 말한 것 같은데 내가 제대로 들은 거 맞니?"

(2) 상대방의 말을 들은 다음 이해한 것을 덧붙여 다시 말하기를 한다. 자녀의 말이 불분명하거나 모순적이거나 추상적일 때, 질문을 통해 내용을 명확하게 한다.

"학원을 안 간다는 말이 오늘만 안 간다는 뜻이니 아니면 앞으로 계속 안가겠다는 뜻이니?"

(3) 자녀의 말에 공감해주고 인정해준다. 자녀의 말에 대한 판단을 미루고, 자녀가 표현한 것에 대해서 공감하고, 그것을 있는 그대로 인정한다.

"네가 친한 친구라고 생각했던 진주가 너를 따돌린다니 화가 날만하다. 그리고 진주한테 섭섭한 마음과 배신감을 느낀다는 것은 당연해. 그런데 진주가 왜 그랬을까? 혹시 너한테 섭섭했던 것이 있는 것은 아닐까?"

(4) 부모가 자녀에게 고마움을 표시하게 되면 자녀의 자존감이 높아지고 자녀도 감사하는 것을 배운다.

"네가 엄마하고 말하기 쉽지 않았을 텐데도 엄마 말을 다 들어주고 또 네 생각도 말해줘서 고마워."

(5) 부모가 자녀의 말에 일부 동의해주면 자녀는 대화를 지속할 마음이 생긴다. 자녀의 말 중에 동의할 수 있는 어느 부분만 동의하거나, 자녀의 말을 재구조화하면서 동의하거나, 자녀의 말을 있는 그대로 동의하면

서 동시에 자신의 이야기를 연결하여 대화를 이어간다.

"너는 학원에서 배우는 것이 별로 도움이 안 된다고 말하는데, 그 말은 학원에서 배우는 내용이 별로 도움이 안 된다는 말이니 아니면 학원에 가는 것이 성적을 올리는데 도움이 안 된다는 말이니? 그래, 학원에 가는 것이 성적을 올리는데 도움이 안 될 수도 있지. 그러면 학원에 가지 않고 성적을 올릴 수 있는 방법을 우리가 한번 같이 찾아보자."

작업하기) 자녀의 감정 읽어주기

자녀의 이야기	자녀가 느낄 수 있는 감정들	자녀의 감정을 읽어주는 말
기사 아저씨가 내게 고함을 지르는 바람에 버스 안에 있는 사람들이 모두 다 웃었어요.	당황스러움 부끄러움	몹시 당황했겠구나. 부끄러웠겠구나.
할머니가 지금도 살아계셨으면 좋겠어요.		
엄마는 늘 바쁘다고만 해. 나보다 일이 더 중요하지? 공개수업에 오기로 해놓고 약속도 지키지 않고. 내가 얼마나 기다렸는지 알아?		
내일 학교 안 갈래. 수학시간에 소수 나누기 하는데 하나도 몰라. 선생님이 앞에 나와서 풀어보라고 할 텐데. 못 풀면 어쩌지? 우리 반에서 나만 못 할 거야!		
엄마, 동생 낳지 마세요. 동생이 생기면 아기만 이뻐하고 나는 사랑해주지 않을 거잖아요.		
우리 반 대표 릴레이 선수로 출전했다가 그만 바통을 떨어뜨려 1등을 놓쳤는데 반 아이들이 모두 날 원망하는 눈치였어요.		
아빠는 왜 귀를 못 뚫게 하는지 모르겠어요. 요즘 귀 안 뚫은 애가 어디 있다고.		
선생님은 주말에 왜 그렇게 숙제를 많이 내주시는지 모르겠어요.		
이번에는 최선을 다했기 때문에 좋은 성적이 나올 거라 생각했는데 70점밖에 받지 못했어요. 난 바보인가 봐요.		

4) 자녀와 빙산 의사소통 할 때 유의점

(1) 부모가 자녀의 빙산에 대해서 말할 때

우선 듣기 기술을 사용하여 자녀의 언어적·비언어적 표현을 객관적으로 듣는다. 부모는 자녀의 말과 표정, 몸짓, 목소리, 톤 등이 일치하는지 관찰하고, 또한 부모는 자신이 들은 것이 정확히 맞는지 확인하며, 자녀의 빙산을 충분히 탐색하면서 자녀의 빙산에 공감하는 피드백을 한다.

① 들은 상황에 대해 구체적이고 객관적으로 진술하기

부모는 듣기의 원칙을 지키면서, 자녀에게 들은 것을 자신이 이해한대로 어떠한 해석이나 분석 없이 객관적인 태도를 견지하면서 그대로 진술한다. 이때 부정적인 언어나 부모의 판단이 들어간 단어를 사용하지 않도록 조심한다. 예를 들어, "너도 이번에 받은 네 성적이 정말 엉망진창이라고 생각하고 있구나." 라고 말하는 대신, "오늘 성적표를 받고난 후, 시험 결과가 네 기대에 미치지 못했다고 생각했구나." 라고 들은 그대로 말하는 것이 좋다. 부정적인 감정을 섞지 않고 말해야 자녀가 이에 대해 방어하지 않는다. 상황을 객관적으로 진술한 다음에는 이것이 맞는지 자녀에게 확인한다.

② 자녀가 사건이나 상황에 대해 부여한 의미나 해석을 묻거나 반영해주기

자녀가 해당 사건이나 상황에 대해 어떠한 의미나 해석을 부여하고 있는지 묻는다. 또는 이 부분에 대해 부모가 이해한대로 자녀에게 다시 반영해주고, 이것이 맞는지 자녀에게 확인한다. "이번에 성적이 잘 안 나왔는데 너는 그 상황에 대해서 어떻게 생각하니?" 라고 말하면 따지는 것처럼 들린다. "성적이 원하는 대로 안 나와서 정말 속이 상했구나! 이렇게 성적이 안 나온 것

에 대해 너는 어떤 생각이 드니? 혹시 네 자신이 부족하다고 생각하는 것은 아니니? 엄마는 네가 자신을 지나치게 비하할까봐 걱정이 된다. 그러기 보다는 다음에 어떻게 잘 할 수 있을지 생각하는 편이 더 좋을 것 같아."

③ 자녀의 감정을 묻거나 공감하고 그 감정에 대한 감정을 반영해주기

어떠한 사건이나 상황에 해석과 의미 부여를 하게 되면 특정한 감정이나 감정에 대한 감정이 따르게 된다. 부모는 자녀가 현재의 상황에서 어떤 감정을 경험하고 있는지, 그리고 그 감정에 대해 어떤 또 다른 감정을 느끼고 있는지 묻는다. 또는 부모가 먼저 자녀의 감정을 공감하며 반영해 준 뒤에 이것이 맞는지 자녀에게 확인할 수 있다. "모의고사 성적이 네가 기대한 것 만큼 나오지 않았구나. 그래서 네가 머리가 나쁘다고 생각하게 됐고. 아무리 노력해도 성적이 오를 것 같지 않아 답답하고 화가 났구나?"

④ 자녀가 갖고 있는 구체적인 기대를 묻거나 반영해주기

자녀가 그 상황에서 어떤 기대를 가지고 있는지 물어보고, 자신의 기대를 언어로 명확하게 표현할 수 있도록 돕는다. 이때 자녀가 추상적인 언어를 사용하여 자신의 기대를 애매모호하게 말할 때는 부모가 좀 더 구체적인 단어와 표현을 사용하여 기대를 명확하게 말할 수 있도록 돕는다. 또는 부모가 파악한 자녀의 기대를 자녀에게 말해주고, 이것이 맞는지 자녀에게 확인한다. "너는 모의고사 성적이 적어도 10등은 오를 것을 기대했는데 오히려 2등이나 뒷걸음치니까 너 자신에게도 실망하고, 시험문제를 낸 선생님들에게도 화가 나고, 또 부모님의 기대도 채워드리지 못해서 힘들구나."

⑤ 자녀의 열망을 짚어주고 자기(중심-나)를 표현할 수 있도록 하기

부모는 자녀가 특정 기대를 채움으로써 어떤 열망을 충족시키고자 하는 것인지 짚어준다. 그리고 현재 이러한 열망이 충족되지 않아 자신의 존재를 어떻게 경험하고 있는지 물어볼 수 있다. "네가 학급에서 솔선수범해서 쓰레기를 줍고 칠판을 깨끗이 닦았던 것은 선생님과 친구들에게 인정받고 싶어서였구나. 그런데 아무도 네가 한 일에 대해 칭찬하거나 언급하지조차 않아서 네가 한 일이나 네 자신이 아무 가치가 없는 것처럼 느껴졌구나." 자녀가 부모에게 자신의 열망과 자기(중심-나) 차원까지 표현하며 의사소통할 수 있을 때 부모와 깊은 차원에서 연결되는 경험을 하게 되고, 더 나아가 매우 일치적인 상호작용을 통한 인간관계를 맺을 수 있게 된다.

위의 다섯 가지 방법으로 부모가 탐색한 자녀의 빙산 전체를 한꺼번에 반영할 수도 있다.

"네가 말하는 것을 들어보니, 이번에는 학급에서 반장이 될 것이라고 기대했는데(기대), 선거에서 떨어져 몹시 실망하고(감정), 너 스스로 부족한 것이 있나 하는 생각도 들고(지각), 친구들에게 인정받지 못하는 것 같아서(열망) 너 자신이 부족하다고 느껴진다(자기에 대한 경험)고 말하는 것 같구나. 내 말이 맞니?"
그리고 좀 기다렸다가, "그렇지만 네가 원하는 것이 항상 다 되는 것은 아니잖아? 반장된 아이를 도와서 네가 학급을 위한 행동을 하면 그것이 더 멋진 모습일 것 같은데."

(2) 부모가 자신의 부정적 경험을 빙산에 의거해서 말할 때

자녀의 빙산에 대해 공감적 피드백을 충분히 한 다음에는 부모 자신의 빙산에 대해 이야기한다. 부모 자신의 빙산을 이야기할 때에도 위에서 설명한 방식과 원칙대로 빙산의 각 부분(상황, 감정, 감정에 대한 감정, 지각, 기대, 열망, 자기(중심-나))에 대해 구체적으로 표현하며 전달하도록 한다.

① 부모가 관찰한 상황에 대해 구체적이고 객관적으로 진술
"내가 직장에서 돌아와 보니 네 방뿐만 아니라 거실 전체에 책들과 벗어놓은 옷들, 먹고 치우지 않은 그릇들이 여기저기 놓여있더구나."

② 부모의 감정과 그 감정에 대한 감정 표현
부모는 감정 단어를 사용하여 자신의 감정을 표현한다. 이때 감정의 강도 및 기간, 또는 이와 관련된 과거의 경험을 포함시킬 수 있다. 만약 감정을 표현하면서 느끼는 감정에 대한 감정이 있다면 그것까지 포함하여 말한다.
"집에 들어서는 순간 화가 나고, 섭섭하고, 실망스러운 마음이 들었어."

③ 그 사건이나 상황에서 부모 자신이 부여한 의미나 해석 전달
"아무도 나를 이해해주고, 도와주고 싶어 하는 사람이 없다고 생각하니 이렇게 바쁘게 사는 내 모습이 초라해 보였어."

④ 부모의 기대를 구체적으로 표현
명확하고 구체적이며 긍정적인 단어를 사용하여 부모 자신의 기대를 표현한다. 기대를 추상적으로 전달하기보다 자녀에게 원하는 구체적이고 관찰

가능한 행동에 대한 변화를 요구하는 것이 더 효과적이다. 또한 한 번에 너무 많은 변화를 요구하면 자녀가 부담을 느끼기 때문에 한 상황을 지목하여 한 번에 한두 가지 행동만 변화할 것을 요구한다. 그리고 자녀의 가치나 태도, 동기, 감정까지 변화할 것을 기대하는 것은 무리이므로 부모가 적절한 경계선을 가지고 자녀에게 요구하는 것이 필요하다.

> "네가 설거지를 해 놓았다면 엄마는 저녁 식사 준비를 조금이라도 빨리 준비할 수 있었을 테고, 그러면 식구들이 저녁식사를 제 때 할 수 있었을 거야. 다음부터는 엄마가 이렇게 늦게 퇴근하는 날은 엄마가 부탁을 하지 않아도 설거지는 해 주기를 바래."

⑤ 부모의 열망과 자기(중심-나) 표현

부모의 기대가 자녀에게 받아들여졌을 때 채워지는 부모의 열망과 자기(중심-나)의 상태에 대해 자녀가 알아들을 수 있는 용어를 사용하여 표현한다.

> "네가 그렇게 해주면 엄마는 내 딸한테 인정받고, 사랑받는 것 같아 무척 행복할 것 같아. 그리고 내가 딸을 잘 키웠다는 생각에 내 자신이 꽤 괜찮은 엄마 같이 느껴질 것 같아."

작업하기) 사춘기 자녀와의 상호작용 이해하기

1. 부모의 태도에 따라 사춘기 자녀들이 느낄 수 있는 감정과 반응을 역할극을 통해서 경험해보고 서로의 느낌과 생각을 나눈다.

- 상황
  중3(15세)인 정호는 요즘 예전과는 달리 말이 별로 없고 우울해 보인다. 어쩌다 말을 하면 신경질적으로 대꾸를 하고, "모르면 가만히 계세요."라고 소리를 지르면서 방문을 쾅 닫고 자기 방으로 들어가 버리는 행동 때문에 부모는 몹시 속이 상한다. 중간고사 성적도 평소보다 훨씬 떨어졌을 뿐만 아니라, 며칠 전에는 교복 바지 주머니에서 담배를 발견하였다. 정호가 도무지 대화를 하려고 하지 않으니 직접 알아볼 수 없어 노심초사하던 중, 길에서 정호네 반 반장인 태형이 엄마에게서 정호가 요즘 어울리고 있는 친구들이 학교에서 문제아로 주의를 받고 있는 아이들이라는 얘기를 듣게 되었다. 태형이 말에 의하면 그 아이들이 정호에게 말을 듣지 않으면 혼내준다고 괴롭히면서 여러 가지 행동을 시키기도 하고, 그걸 하지 않으면 왕따를 시킨다는 것이었다. 정호 엄마는 이 말을 듣는 순간 가슴이 아프고 너무나 걱정이 되었다. 우선 정호한테 자초지종을 들어봐야 되겠다고 생각을 하고 장보러 가던 것도 그만두고 집으로 돌아왔다.

2. 두 사람씩 짝을 지어 한 사람은 정호역할을 하고 다른 한 사람은 어머니역할을 한다. 어머니역할을 하는 사람은 아래의 일곱가지 대처방식 중 한 가지를 선택하여 연기를 하고, 정호역할을 하는 사람은 어머니의 태도에 따라 자유롭게 반응해본다.

• 어머니의 대처방식

1) 집에 들어서자마자 정호 방으로 달려가 어떻게 된 일인지 꼬치꼬치 수사하듯이 캐물으며 다그친다.
2) 담배 피우는 것과 좋지 않은 친구들과 사귀는 것에 대해 펄쩍 뛰면서 그 친구들의 인간성 자체를 깎아 내리고, 당장에 그 아이들과 관계를 끊을 것을 명령하고 강요한다. 그렇게 하지 않을 경우 아버지에게 이르겠다, 집에서 쫓아내겠다는 식으로 협박 한다.
3) 아들의 상황에 대해 실망을 표하고 가슴 아파하면서 눈물을 흘리며 호소한다. "믿었던 네가 어떻게 나를 실망시킬 수 있니?" "아이고 불쌍한 우리 정호"하면서 슬퍼한다.
4) 좋은 친구의 필요성에 대해서, 학창 시절에 노력하는 것의 중요성에 대해서, 담배의 해로움에 대해서, 엄마와의 대화의 필요성에 대해서 설교와 훈계를 한다.
5) 친구들을 만나서 괴롭히지 못하게 하겠다, 담임선생님과 교장 선생님께 찾아가서 이르겠다, 학교를 따라다니며 감시하겠다, 전학을 시키겠다는 등 온갖 해결책을 제시한다.
6) 그런 아이들에게 당하고 있으니 바보 같은 멍청이라고 비난하고, 왜 그렇게 엄마 속을 썩이느냐, 공부도 못하는 것이 친구도 제대로 사귈 줄 모른다는 둥 자존심을 상하게 한다. 담배를 피우는 것에 대해 불량 청소년 취급을 하며 아버지가 그 모양이더니 자식도 그 모양이라고 빈정거리고, 남편 복 없고, 자식 복도 없다면서 팔자타령을 한다.
7) 속이 상하지만 일단 마음을 가라앉히고, 지금 이 상황에서 고통 받고 있는 정호를 어떻게 도와줄 것인지 생각하며, 정호와 대화를 시작한다.

- 우선 정호가 처해 있는 어려운 상황을 차근차근 탐색해 보고, 정호의 감정을 읽어 주고, 무슨 생각을 하고 있는지 들어본다.
- 함께 좋은 방법을 생각해 낼 수 있을 것이라 안심시키고, 힘이 되어준다.
- 정호 스스로 방법을 알아낼 수 있도록 도와준다.
- 정호가 자신이 생각해낸 대로 그 일을 잘 할 수 있을 것이라는 격려를 해주고, 어려움이 있을 때는 언제라도 부모와 대화할 수 있다는 믿음을 보여준다.

(3) 부모·자녀간의 대화가 일치적이지 않을 때

① 대화를 지나치게 억지로 끌어내려고 하지 않는다.

많은 부모들이 자녀와 연결되기 위해서 의사소통을 해야 된다고 굳게 믿고 아이들의 모든 것을 알려고 할 때가 있다. 매일 반복되는 일상에 대해서 매번 대화를 하기 보다는 자녀의 변화를 눈치 채고, 자녀가 평상시와 다를 때 대화를 시도하는 것이 바람직하다.

② 치료사와 같은 대화를 하지 않는다.

자녀에게 지나치게 상투적으로 반응하면 아이들은 대화하기를 거부한다. 대화는 원칙을 지키되 일상적인 형태로 나누어야 부모와의 대화가 진정성 있다고 느끼게 된다. 또한 자녀들도 말하고 싶을 때와 그렇지 않을 때가 있음을 유념한다. 부모가 원한다고 자녀의 상태는 고려하지 않고 말을 걸기보다는 자녀에게 대화할 마음이 있는지 물어보는 것이 좋다. 더불어 자녀에게 말할 때에도 자세하게 반응해줄 때와 편하게 대화할 때를 구분할 필요가 있다. 자녀가 속상해하거나 우울해 할 때, 반복적이고 기계적인 반응을 지속하다보면 자녀는 공감받기보다는 상투적인 대화라고 느껴 오히려 화가 날 수 있다.

③ 자녀가 원하는 대화를 해야 한다.

부모들은 자녀들과 대화 하는 것이 쉽지 않기 때문에 대화를 회피하기도 하고, 또는 몸이 귀찮고 무언가 편하지 않기 때문에 대화를 하고 싶지 않을 때가 있다. 자녀들과 하는 이야기가 지루하거나 귀찮거나 다른 데 더 관심이 가 있을 때도 있다. 그래서 평소에는 성의 없이 대화하며 지내다가 부모들이 묻고 싶은 것이 있거나 가까워지고 싶은 마음이 생길 때만 적극적으로 대화하려는 경향이 있는데, 이럴 경우 자녀는 부모가 자신을 위한 대화를 한다고 느끼기보다 부모가 원하는 대화를 하려 한다고 생각하게 된다. 특히 갑자기 대화를 시도하면서 "왜 그렇게 했어~?" 처럼 이유를 묻는 대화부터 시작하게 된다면 대화를 이끌어가기가 쉽지 않다.

④ 자녀의 상황을 잘 판단하여야 한다.

자녀와 대화를 하다보면 자녀가 급하게 말하려고 할 때 심호흡을 하게 하는 등 여유를 찾게 할 때가 있는 반면 빠르게 반응하여야 할 때가 있다. 예로 아이가 다쳐서 울면서 왔을 때는 부모가 빠르게 반응하여야 한다. 그러나 아이가 누구랑 싸우고 왔다면 조금은 여유를 찾게 한 다음 대화를 하는 것이 낫다. 다른 아이에게 놀림을 당하고 와 울먹거리는 자녀에게 어떤 말을 건넬 것인가? 이럴 때는 자녀의 입장에 서보라! 너무 속상하고 억울하고 창피할 것이다. 이럴 때는 끌어안아 주고 감정을 자녀의 입장에서 피드백 해주며 "아니 무슨 일이야? 어떻게 친구를 놀릴 수 있단 말이야. 정말 속상했겠다." 라는 식의 언어적, 비언어적 표현을 통해 공감적 차원에서의 대화가 가능하게 된 후 빙산의사소통을 시작한다. 그러나 아이가 말다툼을 하여 화가 나 있다면 숨을 고를 수 있게 물 한 잔을 주면서 "자, 어떻게 된 일이니? 화가 많이 난 것 같은데 설명해 줄래?"라고 상황에 대한 이야기를 하게 한 후 자녀가 그 감정에서 빠져나왔을 때 빙산의사소통을 시작한다.

⑤ 자녀와 친구가 되어야 한다.

자녀가 꽤 성장했거나 어떤 대화도 거부할 때에는 아예 친구같이 운동을 같이 하는 등의 방법을 통해 동등한 입장에 서는 것이 효과적일 때도 많다. 이때 주의할 점은 자녀와 친구와 같이 동등한 입장을 취하게 될 때에도 부모·자식 간의 서열이 무너지지 않게 경계선을 명확하게 하는 것이 중요하다. 자존감이 낮은 부모 중에는 더러 자녀와 친구같이 지낸다고 말을 가리지 않고 다 하거나, 자녀의 삶에 지나치게 파고드는 경우가 있는데, 이러한 방식은 좋지 못하다.

5) 부모가 자녀에게 말할 때 지켜야 할 원칙

(1) 부모 자신에 관해 아이의 발달단계에 적절하게 개방하면서 정직하게 말한다.
(2) 자녀에게 원하는 것을 말할 때는 편안하게, 친절하게, 일치적으로 말한다.
(3) 자녀가 긍정적인 감정뿐 아니라 부정적인 감정도 표현할 수 있도록 수용적 태도를 보여야 한다.
(4) 자녀가 부모의 의견과 다른 의견을 말하더라도 타협의 여지를 갖고 열린 마음으로 듣는다. 만약 자녀가 부모의 잘못에 대해 지적하더라도 그 부분에 대해 인정한다.
(5) 자녀가 언제든지 자신이 하고 싶은 말을 부모에게 할 수 있다는 믿음

을 갖도록 해야 한다. 그러기 위해서 부모는 항상 자녀의 말을 들을 준비가 되어 있어야 한다.

(6) 자녀가 말을 하려고 할 때 부모는 하던 일을 멈추고 자녀의 말에 집중하는 태도를 취한다. 만약 당장 대화를 할 수 없는 상황이라면 다른 시간을 약속하고 그 약속을 반드시 지킨다.

(7) 자녀와 말할 때 대화에 방해되는 요인들을 제거한다. 예를 들어, 동생이 대화 중간에 끼어들면 형과의 대화가 끝난 다음에 말할 기회를 주겠다고 하면서 방해하지 못하게 한다.

(8) 건성으로 듣지 말고 자녀에게 집중하면서 진정성을 가지고 듣는다.

(9) 자녀가 사건이나 자신의 경험을 분명하게 표현하지 못하면 다시 말하기, 명료화하기 등의 기본적인 의사소통 기술을 사용하면서 자녀가 명확한 의사소통을 할 수 있도록 도와준다.

6) 자녀가 부정적인 경험을 했을 때에 취해야 할 태도

(1) 자녀가 어릴수록 감정을 먼저 다루어 주어야 한다. 이때 부모는 자신의 가치관과 규칙 등에 의거하여 자녀의 감정을 판단하거나 문제를 해결하려 들지 말아야 한다.

(2) 자녀의 감정에 공감을 해 준 다음에 비슷한 상황에 처한 경험이 있다면 이러한 경험을 나누고, 그 상황을 어떻게 해결했는지 들려준다.

(3) 자녀의 감정을 먼저 인정해 준 다음, 다른 적절한 방식으로 자신의 감정 또는 원하는 것을 표현할 수 있도록 도와준다.

(4) 자녀가 위협적인 사람으로 인한 두려움 때문에 해야 할 말과 행동을 못했다면 다음에는 어떻게 자신을 보호해야 할지에 대해 미리 연습을

시킨다.

(5) 자녀가 실패나 실망감 등을 표현하였을 때 감정으로부터 자신을 분리시켜 자존감이 낮아지지 않도록 도와준다.

(6) 자녀가 부정적 감정을 표현하는 것도 대화하고자 하는 시도이다. 부모를 감정적으로 공격하더라도 자녀의 감정을 그대로 인정하고 대화를 끌어간다. 자존감이 낮은 부모는 자녀가 자신의 의견을 이야기하거나 부모의 생각이나 명령을 따르지 않으면, 무시당했다고 여겨 받아들이지 못한다.

(7) 자녀가 다른 사람에게 부적절한 말을 했을 때에는 섣불리 자녀에게 면박을 주거나 자녀의 행동에 대해 비난하지 않는다. 자녀에게 우선 상대방에게 진심으로 사과하도록 하고 다르게 이야기하는 방식을 가르쳐 준 다음, 가능하면 상대방에게 다르게 말해보도록 격려한다.

(8) 자녀가 다른 사람들에게 부적절한 말을 들었을 때 아이들은 스스로를 보호할 수 있는 힘이 없기 때문에 상처입고 당황해 한다. 이때 부모들이 아이 편을 들어주지 않거나 상황을 축소시키면 아이들은 자신에게 상처를 준 다른 사람보다 오히려 부모의 태도에 더 상처를 받게 된다. 이런 경우, 자녀의 감정을 충분히 인정하면서 공감해 주고, 다른 사람의 잘못에 대해 당당하게 직면할 수 있어야 한다. 아이는 이러한 부모의 반응을 통해 외부로부터 자신을 보호할 수 있는 능력을 배울 수 있다.

7) 자녀와의 의사소통 과정에서 절대 해서는 안 되는 대화

(1) 신체적, 언어적 폭력을 가해서는 안 된다.

(2) 친구들과 사이를 끊어놓겠다고 위협해서는 안 된다.
(3) 바보 같다 등의 단어를 사용하면서 비아냥거려서는 안 된다.
(4) 자녀의 친구를 멸시하거나, 무시하는 말을 해서는 안 된다.
(5) 관계단절의 위협을 해서는 안 된다.
(6) 자녀들의 자해 혹은 가출하겠다는 말을 심각하게 받아들여서 다루어야 한다.

8) 식사시간 또는 외식자리에서 자녀와의 대화를 시도할 때 부모가 유의해야 할 점

(1) 식사시간 혹은 외식을 자녀들을 혼내는 시간, 비판하는 시간, 이래라저래라 명령하는 시간으로 만들지 않는다.
(2) 식사시간에 말하라고 해놓고 이러한 시간을 통해 하게 된 말에 대해 나중에 꼬투리 잡고 야단치지 않는다.
(3) 아이들이 말할 때 어른들이 말을 끊지 않는다.
(4) 아이들뿐만 아니라 부모 역시 전화통화를 한다든가 스마트폰을 들여다본다든가 하는 행동을 통해 식사모임을 망쳐서는 안 된다. 필히 전화통화를 해야 한다면, 우선 양해를 구하고 식사에 방해가 된 것에 대해 미안하다는 언급을 하는 것이 좋다. 자녀는 그러한 부모의 모습을 자연스럽게 배우게 된다.
(5) 반드시 기억해야 할 것은 대화 자체 혹은 내용이 자녀들에게 의미 있는 것이어야 한다는 점이다. 자녀의 관점은 무시된 채 부모에게만 의미 있고 중요한 자리가 되어서는 안 된다.

9) 자녀와 좀 더 나은 관계를 맺기 위한 조언

(1) 자녀와의 원활한 연결을 위한 대화

① 부모 자신이 항상 옳다거나, 중요하다거나, 또는 피해자라는 태도를 취하지 않는다.

② 흥분한 상태에서 자녀와 똑같이 심한 언사를 내뱉기보다는 자녀가 감정을 가라앉힐 시간을 준다.

③ 자녀들이 부모에게 도움을 청할 때는 지나치게 충고 한다든가 장황하게 이야기하지 않는다. 부모가 간단명료한 조언을 해줄 때, 자녀는 그 대답을 듣고 스스로 깊이 생각할 여유가 생기게 되고, 부모에게 더 많은 조언을 구할 수 있게 된다.

④ 이미 끝난 대화를 다시 꺼내 다그치지 않는다. 두 사람 사이에 결론이 맺어졌음에도 불구하고 재차 "그래. 어제 우리가 이야기한 것에 대해 생각해봤어?", "그래서 어떻게 하겠다는 거야?", "엄마가 말한 것에 대해 어떤 생각이 들어?" 라고 대화를 강요하게 되면 자녀 입장에서는 이미 그 대화에 대해서는 잊어버렸을 수도 있고, 그리 중요한 문제가 아님에도 부모가 왜 자꾸 지난 대화를 들먹이는 것인지 의아해 하며 부모에 대한 부적절한 감정을 느낄 수 있다.

⑤ 부모는 자녀와 대화해주고, 조언해주면 자녀들이 고마워할 것이라 기대한다. 어떤 부모는 그런 말을 듣고 싶어 그렇게 하도록 유도할 수도 있다. 그러나 부모가 그렇게 반응할 경우 자녀는 부모와 대화하고 싶은 마음이 사라지게 된다. 단지 자녀와 조금이라도 가까워진 것에 대해 그냥 마음으로 감사함을 간직하라.

⑥ 자녀의 나이에 따라 부모가 갖는 주도권, 구체적인 제안, 동등한 위치

등이 달라져야 한다.
⑦ 자녀가 어릴수록 이야기, 책읽기 등을 해주고, 자녀가 질문하면 그에 답하는 방식으로 대화를 하는 것도 좋다.
⑧ 자녀가 어릴수록 취침 시간, 기상 시간, 목욕시킬 때를 활용하여 자녀와 따뜻한 대화를 나누어 본다.
⑨ 자녀와 질적인 시간을 가지면서 대화를 시도한다. 그러나 질적인 시간이라는 것이 어떤 특정한 모습을 의미하는 것은 아니다. 자녀는 짧은 순간을 통해서도 부모와 연결되었다고 느낄 수 있기 때문에, 부모와의 대화시간이 꼭 재미있고, 자극적이고, 시간의 양이 많아야 할 필요는 없다. 질적인 시간은 부모와 자녀가 함께 즐기면서 감정을 공유하는 데서 찾아오는 것이다. 부모가 기억할 것은 이렇게 할 수 있는 시간이 길지 않다는 사실이다.

(2) 자녀의 자존감을 높이는 대화
① 부모가 먼저 자녀에게 원하는 것을 명확하고 구체적으로 표현하여 자녀가 배울 수 있게 한다.
② 자녀가 자신이 원하는 것을 명확하게 표현하지 못하면 명료화 기술을 통해서 자녀가 잘 표현할 수 있도록 돕는다.
③ 자녀가 요구하는 것이 적절할 경우 받아들이고, 적절하지 않다면 타협을 통해서 자기의 욕구를 조절하는 능력을 키울 수 있도록 한다.
④ 자녀의 부적절한 행동이 선천적인 기질의 영향을 받은 것은 아닌지 파악하는 것도 중요하다. 어떤 아이들은 선천적 기질과 특징 때문에 가만히 앉아 있는 것 자체를 힘들어 하기도 하고, 또 어떤 아이들은 육체

적 운동을 하는 것이 어려울 수도 있다.

⑤ 자녀가 자신의 필요를 스스로 충족시킬 수 있는 능력을 키워주기 위해서는 자녀가 스스로 할 수 있는 상황에서는 가능한 혼자 해볼 수 있도록 격려한다.

⑥ 자녀가 스스로 선택해야 하는 상황에 놓였을 때는, 부모가 자녀 대신 선택해주지 말고, 도움이 되는 조언을 해주면서 자녀 스스로 선택할 수 있도록 충분히 기다려준다.

⑦ 모든 아이는 하나의 생명체로서 선하고 호기심이 넘치고 무엇인가를 해보고자 하는 자발성을 가지고 태어나며, 자신만의 재능과 관심이 있음을 믿는다.

⑧ 자녀가 자기의 능력을 펼치면서 성장하도록 돕기 위해 자녀에게 적절한 관심과 지지를 제공해주고, 자녀가 부모와는 다른 관심이나 재주, 특성을 보일 때에도 이를 충분히 지지할 수 있어야 한다.

⑨ 자녀가 부적절한 행동을 했을 때에는 자녀 빙산의 내면을 파악하려고 노력한다. 어떤 기대나 열망이 충족되지 않아서 부적절한 행동으로 표출되었는지 알아차리도록 노력한다. 그리고 알아차린 것을 자녀에게 물어서 확인한다.

마지막 말

이 책을 끝까지 읽으신 부모님들은 이미 충분히 좋은 부모입니다. 자칫 이 저서가 부모님들에 대한 비난으로 비칠까 저자는 염려스럽습니다만, 이 책은 엄밀히 말해 자녀양육을 위한 책이라기보다 부모님을 위한 책입니다. 부모의 성장 없이는 자녀의 변화와 성장이 어렵기 때문입니다. 이 책이 자녀를 행복한 사람으로 키워내고, 부모 역시 행복한 사람이 되는 데 조금이나마 도움이 되길 저자는 희망합니다. 그러나 그 길을 닦고 선택하는 것은 어디까지나 부모, 여러분의 몫입니다. 부모역할은 죽을 때까지 지속되며, 언제나 후회를 남기곤 합니다. 돌아보면 그때 왜 그렇게 하지 못했을까 회한을 하지만 그것은 이미 시간이 많이 지난 뒤의 후회일 것입니다. 모든 변화는 지금 이 순간, 부모님들의 용기 있는 선택과 자녀에 대한 따뜻한 관심에서 비롯됨을 기억해 주시기 바랍니다. 만약 혼자 그 길을 가기 힘드시다면 같이 가고자 하는 사람들과 함께 하시길 제안합니다. 언제나 저희 연구소는 더 좋은 프로그램과 훈련과정으로 여러분들의 노력을 돕겠습니다. 부족한 책을 읽어주신 것에 대해 진심으로 감사드립니다. 여러분과 여러분의 자녀 모두 행복해지시길 진심으로 바랍니다.

참고문헌

Agin, D. (2009). More than genes. Oxford: Oxford University Press.
Amen, D. G. (1998). Change your Brain Change your Life. N.Y.: Three Rivers Press.
Amen, D. G. (2008). Healing the Hardware and the Soul: Enhance your brain to improve your work, love, and spiritual life. N.Y.: Free Press.
Bancroft L. (2002). Why Does He Do That?. London: Penguin Books.
Beesdo, K., Lau J., McClure-Tone E. B., Guyer A. E., Monk C. S., Nelson E. E., Fromm S. J., Goldwin M. A., Wittchen H-U., Leinbenluft E., Ernst M., Pine D. S. (2009). Common and specific amygdala function perturbations in depressed versus anxious adolescents. Arch General Psychiatry.
Bloomfield, H. (1983). Making Peace With Your Parents. Toronto, Canada: A Ballantine Book.
Booth, P. B and Jernberg, A. M (2010). Theraplay: Helping Parents and Children Build Better Relationship Through Attachment-Based Play, 3rd. ed., N.Y.: John Wiley & Sons, Inc.
Bowlby, J. (1988). A Secure Base: Parent-Child Attachment and Healthy Human Development. N.Y.: Basic Books.
Brown, N. W., Ed. D., LPC. (2008). Children of the Self-Absorbed Second Edition: A grown-up's guide to getting over narcissistic parents. Oakland : Raincoast Books.
Campbell, J. D. (1990). Self-Esteem And Clarify Of The Self-Concept. Journal of Personality And Social Psychology. 59, 538-549.
Carlock, C. Jesse. (1998). Enhancing Self-esteem, 3rd ed., Ann Arbor, MI: Edward Brothers.
Doidge, N. (2007). The Brain That Changes Itself. N.Y.: Penguin Books.
Engel, B. (2006). Healing Your Emotional Self: A Powerful Program to Help You Raise Your Self-Esteem, Quiet Your Inner Critic, and Overcome Your Shame. N.J.: John Wiley & Sons, Inc.

Eyeberg, S et., al.(1999) Parent-Child Interaction Therapy Treatment Manual

Faber, A. & Mazlish, E., <How to Talk so Kids will Listen & Listen so Kids Will Talk> N.Y.: Avon Books, 1980. <자녀와의 사랑 만들기> 김진숙 · 김지은 역, 양서원, 1999)

Faber, A. & Mazlish, E., <Siblings without Rivarly> N. Y.:Avon Books, 1987.

Finkelhor, D. (2008). Childhood Victimization: Violence, Crime, and Abuse in the Lives of Young People. England: Oxford University Press.

Forward, S. (1989). Toxic Parents: Overcoming Their Hurtful Legacy and Reclaiming Your Life. C.A: Bantam Books.

Freeman, W. J. (1995). Societeis of Brains : A study in the neuroscience of love and hate. N.J.: Hillsdale.

Goldsmith, R. & Freyd, J. (2005). Awareness for emotional abuse. Journal of Emotional Abuse, 5(1), 95-123.

Harris, A. & Curtin, L. (2002). Parental perceptions, early maladaptive schemas, and deptressive symptoms in young adults. Cognitive Therapy and Research, 26, 405-416.

Herman, J. L. (1997). Trauma and Recovery. N.Y.: Basic Books.

Holmes, J. (2012). John Bowlby and Attachment Theory. N.Y.: Routledge

Kandel, E. (2006). In Search of memory. N.Y.: W. W. Norton & Co.

Kernberg, O. F. (1975). Borderline condition and pathological narcissism. N.Y.: Jason Aronson.

Klein, M. (2002). Love, Guilt and Reparation: And Other Works 1921-1945 (The Writings of Melanie Klein, Volume 1). N.Y.: Free Press.

Klein, M. (2002). Envy and Gratitude (1946 - 1963). N.Y.: Free Press.

Koh, L. et al., <Essential Parenting Tips, Family Branch, Ministry of Community Development> Singapore, 1999.

Kohut, H. (1971). The analysis of the self. N.Y.: International University Press.

Krause, E., Mendelson, T., & Lynchg, T. (2003). Childhood emotional invalidation and adult psychological distress: The mediating role of emotional inhibition. Child & Abuse Neglect, 27(2), 199-213.

Lerner, R. (2009). The Object of my affection is in my Reflection coping with Narcissists. FL: Health Communications, Inc.

Loeschen, S. (1997). Transforming the Inner and Outer Family. N.Y.: The Haworth

Press.

Lopez, F. G., Mauricio, A. M., & Gormerley B. (2001). Adult Attachment Orientation and College Student Distress: The mediating role of problem coping styles. Journal of Counseling and Development.

Lowen, A. (1997). Narcissism: Denial of The True Self. N.Y.: Touchstone Rockefeller Center.

Masterson, J. F., M.D. (1988). The Search For The Real Self: Unmasking the Personality Disorders of Our Age. N.Y.: The Free Press.

Marrone, M. (1998). Attachment and Interaction. London, UK: Jessica Kingsley Publishers.

Masterson, J. (1990). The Search for Real Self. N.Y.: Free Press.

McKay, M. et al,, <When Anger Hurts Your Kids> N.Y.: MJF Books, 1996.

M. G. MD (1988). Holding Time. N.Y.: A Fireside Book, Simon & Schuster.

Paleg, K., <The Ten Things Every Parent Needs to Know> Oakland : New Harbinger Publications, Inc., 1997.

Pantley, E. <Kid Cooperation> Oakland: New Harbinger Publications, Inc., 1996.

Penley, J. & Stephens, D., <Understanding Personality Type in Mothering> <성격유형과 자녀양육 태도> 심혜숙, 곽미자 역, 서울: 한국심리검사연구소, 1998Welch.

Satir, V. (1983). (3rd Ed). Conjoint Family Therapy. CA: Science & Behavior Books.

Satir, V, & Baldwin, M. (1984). Satir step by step. CA: Science & Behavior Books.

Satir, V. (1988). The New Peoplemaking. CA: Science and Behavior Books.

Segal, H. (1988). Introduction to the Work of Melanie Klein. N.Y.: Karnac Books.

Shapiro, F. (2001). (2nd Ed). Eye Movement Desensitization and Reprocessing: Basic Principles, Protocols, and Procedures. N.Y.: The Guilford Press.

Siegel, A. M. (1996). Heinz Kohut and the Psychology of the Self. N.Y.: Routledge

Stern, D. N. (2000). The Interpersonal World of the Infant: A View from Psychoanalysis and Developmental Psychology. N.Y.: Basic Books.

Susan, A. C. (2010). The Trauma Myth: Truth About the Sexual Abuse of Children and Its Aftermath. N.Y.: Basic Books.

Schore, A. N. (2003). Affect dysregularion and disorders of the self. N.Y.: W. W. Norton & Co.

Scharff and Scharff. (1987). Object Relations Family Therapy. Northvale, London: Jason Aronson.

Satir, V. (1967). Conjoint Therapy. (3rd ed., in 1983) Palo Alto, CA: Science and Behavior Books.

Satir, V. (1971). Personal communication with Barbara Jo Brothers.

Satir, V., Stachowiak, J., & Taschman, H. (1975). Helping families to change. N.Y.: Jason Aronson.

Satir, V. (1975). Self-esteem. CA: Celestial Ares.

Satir, V. (1976). The Five Freedoms. CA: Celestial Arts.

Satir, V. (1977b). What's in the pot?. 1(Spr.):2. Newsletter of the International Human Learning Resources Network.

Satir, V. (1978). Your Many Faces. Millbrae, CA: Celestal Arts.

Satir, V. (1983). Conjoint Family Therapy. CA: Science and Behavior. University of California.

Siegel, D. J., & Hartzell M. (2003). Parenting from the Inside Out. N.Y.: Penguin Books.

Siegel, D. J. (1999). The Developing Mind. N.Y.: Guilford Press.

Slipp, Samuel, M.D. (1984). Object Relations: A Dynamic Bridge Between Individual & Family Treatment. London: Jason Aronson.

Smith, M. J. (1975). When I Say No I Feel Guilty. N.Y.: Dial Press.

Stern, D. (1985). The Interpersonal World of the Infant. N.Y.: Basic Books.

St. Clair. Michael, (1996). Object Relations and Self Psychology: An Introduction. CA: Cole Publishing Company.

Sullivan, H. S. (1953).The Interpersonal Theory Of Psychiatry. N.Y.: Norton.

Travis, C. (1982). Anger-The Misunderstood Emotion. N.Y.: Simon & Schuster.

Wright, M., Crawford E., & Del Castillow C. (2009). Childhood emotional maltreatment and later psychological distress among college students: The mediating role of maladaptive schemas. Child Abuse Neglect, 33.

Campbell, R., <How to Really Love Your Child> N.Y.: The New American Library, Inc.